Giuliana Conforto

Das Sonnenkind

Von der Geburt der inneren Sonne

Deutsch von Julia Rader und Sabine Schirmer

Genius Verlag

Titel des italienischen Originals:
BABY SUN REVELATION
4. Auflage September 2022
Deutsche Erstausgabe

Genius Verlag, Poststelle 486, Lindenstr. 9
28755 Bremen
info@genius-verlag.de
www.genius-verlag.de

Übersetzung: Julia Rader, Sabine Schirmer, Dagmar Neubronner
Lektorat: Dagmar Neubronner,
Korrektorat: Gaby Splett
Layout: Röser MEDIA GmbH
Titelbild: Thomas Schäfer
ISBN: 978-3-934719-52-1

Der Wahren Sonne, die jedes lebende Wesen belebt und mit unendlichen intelligenten Universen verbindet

INHALTSVERZEICHNIS

Danksagungen

»Die Völker führen keine Kriege. Die Regierungen wollen sie«, sagte mein Vater. Ich verdanke es ihm und auch mir selbst, dass ich immer gespürt habe: Die Menschen wollen Glück, Freude, Ehrlichkeit, sie sehnen sich nach all den Schlüsseltönen der wunderbaren intelligenten KRAFT, die unbegrenzte Welten bewegt und verbindet. Es ist die universale und ewige BOTSCHAFT, das LEBEN, dem ich vor allem danken möchte.

Viele Menschen realisieren heute, dass sie Weltbürger sind und dass Grenzen uns niemals wirklich trennen. Insbesondere habe ich oft öffentlich erklärt, dass Deutsche und Italiener gemeinsame tiefe Wurzeln haben, obwohl sie auch mal ›Feinde‹ waren. Nun ist der Beweis erbracht: Ich suchte nicht nach deutschen Herausgebern, doch sie sind aus dem Nichts erschienen, aus jenem ›NICHTS‹, das uns jenseits von Entfernungen und Sprachbarrieren vereint.

Daher möchte ich danken:

Dieter Broers, der mein erstes auf Deutsch erschienenes Buch – *Das organische Universum* – sehr schätzte und mich in seinen wunderbaren Film *Solar Revolution* einbezog. Ich war ihm bis vor ein paar Monaten nie persönlich begegnet. Als wir uns trafen, waren wir sofort ›alte Freunde‹, wir hatten einander seit ewig gekannt. Ich freute mich, als ich unsere ähnlichen wissenschaftlichen Einstellungen erkannte und unseren gemeinsamen Willen, die Matrix zu transformieren, in die wir eingebettet waren. Ich möchte ihm für sein wunderbares Vorwort danken, dass dieses Buch verziert und es dem großen Publikum ans Herz legt, dass seine Arbeit als begabter Wissenschaftler und ernsthafter Wahrheitssucher bereits schätzt.

Barbara Bessen, die mich zum Saint Germain Kongress in München im September 2013 eingeladen hat, und die auch Dagmar Neubronner vorgeschlagen hat, dieses Buch auf Deutsch zu veröffentlichen. Barbara ist ein weiterer Beweis dafür, dass die inneren ›Wege der KRAFT‹ durch einen liebevollen ›Äther‹ kommunizieren, der unsere Herzen berührt, empfänglich ist für das LEBEN und keine Computer braucht.

Dagmar Neubronner, meiner deutschen Verlegerin. Da das Buch auf Italienisch vorlag, wusste sie nichts über den Inhalt. Und doch beschloss sie, es herauszubringen, weil sie auf das HERZ der Universen hörte, die Zentralsonne der Erde. Während sie nach guten professionellen Übersetzern suchte, spürte ich, dass unsere Zusammenarbeit extrem wichtig sein würde. Keine normale Interaktion zwischen einer Verlegerin und einer Autorin, sondern eine tiefe Freundschaft zwischen zwei Frauen, die das ›Salz der Welt‹ sein wollen, diejenigen, die den Quarks, aus denen die sichtbare Matrix besteht, einen neuen Geschmack geben. Unsere Begegnung ist eine der großen Gelegenheiten, die den Übergang in das Goldene Zeitalter, das Hauptthema dieses Buches, begünstigen.

Außerdem möchte ich den Übersetzerinnen für ihre gute professionelle Arbeit an einem schwierigen Text danken, der eine Mischung zwischen wissenschaftlicher Abhandlung und Liebesroman darstellt.

Und schließlich möchte ich Ihnen danken, den Leserinnen und Lesern, die alle Begrenzungen überwinden wollen, um das zu werden, was Sie wirklich sind: ein unsterblicher Bürger dieser Welt.

Guliana Conforto

Vorwort

Von Dieter Broers

Was für ein großartiges Buch! Von allen Büchern, die ich in den letzten Jahren intensiv gelesen habe, zählt dieses Buch nun zu meinen wertvollsten Schätzen. Der Hauptgrund hierfür ist für mich die einzigartige, umfassende und kompetente Aufklärung zum Thema ›Erwachen der Menschheit‹. Giuliana Conforto ist es gelungen, eine ganzheitliche Erklärung des Weltenwandels zu erstellen, mit ihrer ganzen Kompetenz als Astrophysikerin und – was sie ganz besonders auszeichnet – mit einem hohen Maß an Intuition. Wie in keinem anderen Buch ergänzen sich Giuliana Confortos Aussagen mit meinen Basisthemen. Durch unsere persönlichen Begegnungen konnte ich diesen besonderen Menschen noch auf eine andere Art erfassen, als es mir nur beim Lesen ihrer sensationellen Erkenntnisse möglich gewesen wäre. Bei Giuliana Conforto stimmten Aussagen und persönliche Grundhaltungen überein. In diesem Vorwort mag man mir meine Zeilen noch als subjektive Schwärmereien auslegen. Ich prognostiziere jedoch: Sobald Sie dieses Buch in sich aufnehmen, werden Sie in einen ähnlichen Zustand geraten. Was in diesem Buch beschrieben wird, überschreitet die Grenzen der konditionierten Vorstellungen. Und es erhält durch die Tatsache, dass diese Aussagen von einer früheren Astrophysikdozentin stammen, die in ihrem Fachbereich von vielen Kollegen hoch geschätzt wird, einen besonderen Stellenwert. Giuliana Conforto berichtet über ihre Erkenntnisse lebendig und verständlich in Form der inspirierenden Gespräche, die sie mit ihren Wissenschaftler-Kollegen und Freunden geführt hat.

Mein eigener Forschungsschwerpunkt ist die Biophysik, speziell die Interaktion zwischen Geist und Materie. Hiermit befasse ich mich seit über 30 Jahren. Giuliana Confortos Schlussfolgerungen decken sich mit den Ergebnissen meiner Grundlagenforschung in geradezu magischer Weise. Im Grunde bestätigen sich unsere Aussagen gegenseitig. Um Ihnen einen kleinen Vorgeschmack auf dieses so besonders wertvolle Buch zu vermitteln, möchte ich hier einige zentrale Aussagen vorwegnehmen:

»Das beobachtete Universum, das Sonnensystem und die Erde sind dabei, sich auf unvorhergesehene Weise und unvermittelt zu wandeln«, schreibt die Astrophysikerin, *»das Erdinnere ist dabei, sich umzuwandeln.«*

Nach Giuliana Conforto ist ein universeller Quantensprung im Gange. Und dabei geht es nicht um einen technologischen Quantensprung, wie wir ihn zum Beispiel mit der Erfindung von Computern und der modernen Mobilfunktechnologie erlebt haben. Eine – für mich – ganz besondere Aussage ist: *»Die Biosphäre, in der wir eingebettet sind, ist eine virtuelle Realität, eine Matrix … Aber sie muss vom Mittelpunkt der Erde stammen …«* Nach Giulianas Ansicht bildet das bis jetzt beschriebene Universum das Bühnenbild für ein Theaterszenario, das wir als Realität empfunden haben, ein Theater, das dabei ist, sich grundlegend zu wandeln. Aber von diesem grundlegenden Wandel nimmt die ›offizielle‹ Astrophysik nahezu keine Notiz.

In diesem Buch erfahren wir auch, dass unser Erdmagnetfeld schon mehrfach Schübe erfahren hat, die von sprunghaften Entwicklungen der Spezies begleitet wurden. Die letzte erfolgte vor etwa 12.000 Jahren. Frau Confortos Einschätzung ist, dass sich beim Übergang von einem Zeitalter zum nächsten sowohl die Beschaffenheit der DNA als auch der Rhythmus der Zeit ändern.

Wer allerdings erwartet, die Bestätigungen ihrer sensationellen Herleitungen bei Wikipedia (et al.) zu finden, wird enttäuscht werden. Zu weit klaffen die Ansichten der Lehrwissenschaft – die dogmenhaft verteidigt werden – und der Realwissenschaft auseinander. Und so zitiert die ehemalige Astrophysikdozentin Giordano Bruno:

»Wenn eine Wissenschaft zugunsten des Menschen die Bedeutung ihrer Entdeckungen für die Menschen nicht erkennen will, dann wendet sie sich gegen die Menschheit.«

Beispielsweise berücksichtigt die klassische Physik nicht den Beobachter, sie betrachtet ihn als einen ohnmächtigen Zuschauer eines Schicksals, das von Beginn an festgeschrieben ist.

Und so argumentiert Giuliana Conforto, dass der Tag kommen wird, *»an dem der Mensch aus seiner Selbstvergessenheit erwachen und endlich begreifen wird, wer er wirklich ist und wem er die Geschicke* *seiner Existenz überlassen hat: einem irreführenden lügnerischen Geist, der ihn zum Sklaven macht und als solchen hält...«*

Durch die Begrenzung unserer Sinne und die einseitige Konditionierung unseres Intellekts können wir die tatsächliche Multidimensionalität des Universums kaum erfassen. Wir brauchen neue Dimensionen des Denkens und Verstehens, in denen wir alle ausgetretenen Pfade verlassen und uns trauen, die Matrix abzustreifen. Je mehr Menschen dies tun, desto schneller werden sich die neuen Schwingungen ausbreiten. Das ist das Erwachen der Menschheit, auf das bereits Heraklit hinwies. Im Geiste eines Heraklit und eines Giordano Bruno setzen Visionäre wie Giuliana Conforto ihre Weckrufe fort. Wir sind aufgerufen, aus der Matrix heraus und in die alles umfassende Wirklichkeit einzutreten, in der wir fest geglaubte Strukturen verändern und einen qualitativen Bewusstseinssprung der Menschwerdung verwirklichen können. Sonst werden wir weiter den Traum leben, den andere für uns träumen. Die Weckrufe der Natur sind lauter geworden, obwohl sie als solche erst von wenigen Menschen gedeutet wurden. Giuliana Conforto erklärt uns – mit Herz und Verstand – die Finalphase des Erwachens, sie beschreibt die Geburt einer angstbefreiten neuen Welt. Es ist höchste Zeit zu erwachen.

Dieter Broers
Biophysiker

Einführung

Auf ins Goldene Zeitalter

Wir erleben eine überwältigende, immer schneller ablaufende Transformation. Verborgene Wahrheiten tauchen in beschleunigtem Tempo auf und schwemmen die Illusionen und die Arroganz der Macht hinfort. Es ist ein weitverbreitetes Gefühl und für mich eine Gewissheit: Diese Welt funktioniert nicht mehr.

Ein immer akuterer Wahnsinn greift um sich in einer Krise, die alle menschlichen und politischen Ebenen betrifft.

›Demokratie‹ heißt eigentlich ›Regierung des Volkes‹.

Dient sie den Interessen des Volkes, sichert sie gerechte Verteilung der Bodenschätze oder Ressourcen, Chancengleichheit und die Gesundheit für den Menschen und den Planeten? Nein, das ist deutlich. ›Demokratische‹ Regierungen sind nicht demokratisch, sie sind abhängig von einem internationalen Netzwerk der Besitzenden, einer Art ›Superentität‹, die globalen Wettbewerb und die Stabilität der Finanzmärkte beeinflusst und unter dem Schutz der militärischen Macht weltweit das Handeln der Menschen kontrolliert, dies ist ein allgemeiner Eindruck und auch das Ergebnis zahlreicher Studien.

Die Menschen sehnen sich nach Gerechtigkeit, Fülle und Wohlbefinden. Ein paar wünschen sich Utopia, individuelle Freiheit und kollektive Harmonie. Utopia wurde immer erträumt, schien aber bislang unerreichbar. Wir sind alle dazu erzogen, an Grenzen zu glauben, die den Wohlstand aller Menschen verbieten. Aber wenn wir wissen, wie wir die *›wunderbaren Schleier der Natur durchdringen‹*, wie Giordano Bruno[1] schrieb, können wir erkennen, dass es in Wirklichkeit keine Begrenzungen gibt. Wir haben bisher lediglich ignoriert, was die universalen Kräfte, die in jedem Körper wirken, für den Menschen bedeuten.

Große und extrem schnelle Veränderungen beeinflussen, was viele sich berechtigt gefühlt haben zu verachten: *die Materie*, speziell

1 Giordano Bruno (1548-1600) wurde von der Katholischen Kirche zum Tode verurteilt.

die *nukleare Materie*, aus der sich 99,99% der Masse der sichtbaren Körper zusammensetzen. Unsichtbare, sehr feine Mutationen betreffen insbesondere die *organische nukleare Materie*, aus der unser menschlicher Körper und unser Gehirn bestehen. Utopia ist kein Ort, sondern ein Bewusstseinszustand, den mehr und mehr Menschen ganz natürlich erreichen.

Die Materie ist scheinbar an die *Anziehung* der Schwerkraft gebunden. Aber die universale *Ausdehnung* überwindet sie oder ist stärker, und ein neues *Bewusstsein*, das wie Salz verteilt ist, wird überall auf unserem wunderschönen Planeten erkennbar, der einzigartig ist im Universum: der einzige, der ›einzigartige‹ Beobachter zu beherbergen scheint.

Was ist das Leben? Soweit ich weiß, kann kein ›Experte‹ diese grundlegende Frage beantworten. Das Leben kommuniziert über Grenzen und Begrenzungen hinweg, regeneriert sich selbst durch Tod und Geburt. Die Menschheit ist in der Lage zu schöpferischem Tun und großen Errungenschaften, aber auf Dienstbarkeit reduziert sowie darauf, natürliche Ressourcen auszubeuten und sich untereinander zu bekämpfen.

Warum befinden wir uns in einer Welt, in der Menschen hungern und unter ihrer Bank›schuld‹ ächzen? Weil wir an deren scheinbare Realität glauben, wir verwechseln die überkommenen Deutungen der orthodoxen Religionen und mechanistischen Wissenschaften mit ›Gewissheiten‹. Die Religionen behaupten, sie würden einen Gott ›repräsentieren‹, der sich ganz schrecklich für die menschliche Sexualität interessiert, und die Wissenschaften haben bisher nur den winzigen Anteil von 1% der von ihnen selbst errechneten Gesamtmasse beobachtet. Es überrascht vielleicht nicht, dass 99% der Menschheit auf öffentlicher und privater Ebene harte, widersprüchliche Beziehungen leben.

Wir haben jetzt die Mittel, die wirkliche Geißel zu erkennen, unter der wir alle seit Jahrtausenden leiden. Es ist eine *bipolare Kommunikation*, der verzweifelte Glaube an eine nicht existierende Unterscheidung zwischen Gut und Böse. Wie ich in diesem Buch zeigen werde, beruht eine solche *bipolare Kommunikation* letztlich auf bedeutungslosen Worthülsen und ein paar übermächtige Ideen. Bei diesen Ideen handelt es sich um unsere üblichen Vorstellung von *Raum*, *Zeit* und *Materie*.

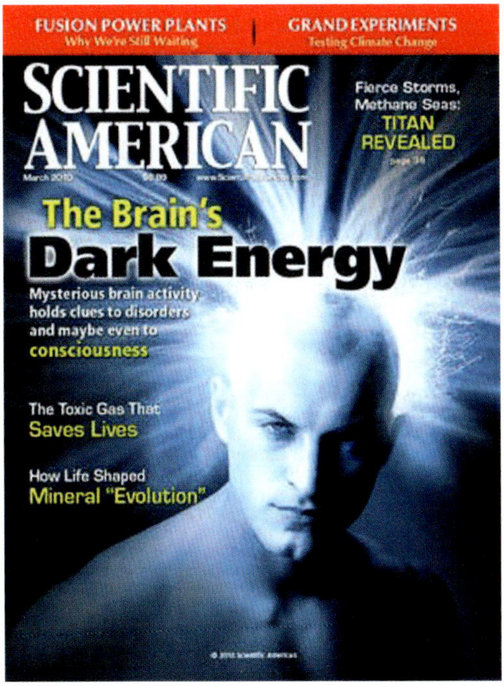

Abbildung 1A – Die Dunkle Energie ist auch im menschlichen Gehirn vorhanden. Dies ist eine unbestrittene Entdeckung, die 2010, wie das nebenstehende Titelbild zeigt, in Scientific American mitgeteilt wurde.

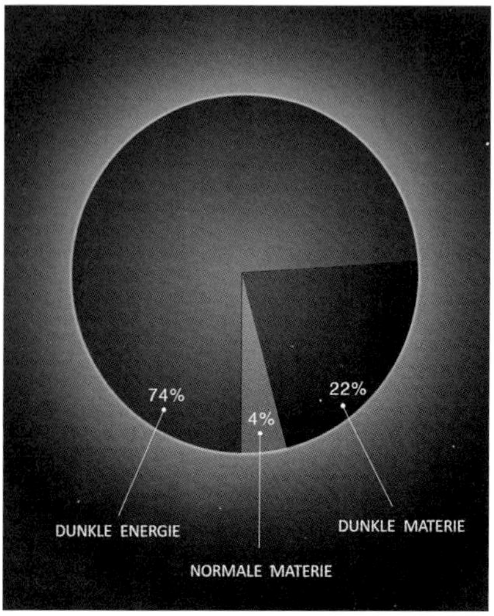

Abbildung 2A – Die Zusammensetzung der kosmischen Torte, wie sie erst kürzlich von den Astrophysikern neu berechnet wurde, zeigt, aus welchen Bestandteilen die errechnete Gesamtmasse besteht. 4% sind die ›normale Materie‹, aus der sich das beobachtbare Universum zusammensetzt. Von diesen mageren 4% sind aber bis jetzt erst 1% beobachtet worden.
22% sind dunkle Materie mit Schwerkraftauswirkungen auf ›normale Materie‹.
74% sind dunkle Energie, die stärker ist als die Schwerkraft und die Ausdehnung der 4% beschleunigt.

Gesten, Handlungen, Blicke, nonverbale Mitteilungen sagen viel mehr als alle Worte und machen einen Großteil der Kommunikation zwischen uns aus. Manchmal sind auch Worte schön und anmutig, aber die bipolare oder besser ›rationale‹ Logik erlaubt nicht, dass sie praktisch umgesetzt werden. Politiker sind in Debatten, Konflikte und Bündnisse verwickelt, die für das Wohlbefinden der Menschen irrelevant sind.

Es ist heute anerkannt, dass eine ähnliche bipolare Kommunikation im menschlichen Gehirn vorkommt, in der sogenannten *grauen Substanz*, die ... bei jedem Konflikt eine Rolle spielt.[2] Im üblichen Sprachgebrauch werden die sogenannten *grauen Zellen* praktisch mit dem Gehirn gleichgesetzt. Aber fast eine Hälfte des Gehirnvolumens ist nicht *graue*, sondern *weiße Substanz*, die dicht gepackte Sammlung isolierter Neuronenfortsätze, die zwischen den weit verstreuten Gebieten mit grauer Substanz verlaufen.

Wenn die *graue Substanz* angeblich das ›Gehirn‹ ist, was macht dann all diese *weiße Substanz* in unserem Kopf? Das Übergewicht von *weißer* oder *grauer* Substanz hat Einfluss darauf, wie Menschen, gemeinsam und alleine, arbeiten. Die weiße Substanz ist zuständig

2 Das durchschnittliche männliche Gehirn hat sechsmal mehr *graue Substanz* als das weibliche Gehirn, und das weibliche Gehirn hat zehnmal mehr *weiße Substanz.*

für Multitasking, integriert Informationen aus vielen Bereichen und geht über lokale Verarbeitung hinaus; die graue Substanz unterstützt uns bei der Erfüllung einzelner Aufgaben und bei der Konzentrierung auf ein bestimmtes Ziel.

Weiße Substanz wurde lange für ein passives Gewebe gehalten, aber sie beeinflusst aktiv, wie das Gehirn lernt und arbeitet. Nach einhelliger Überzeugung liegt in der *weißen Substanz* das Geheimnis des *Bewusstseins*, der Schlüssel zu allen menschlichen Beziehungen und zu einem Wissen, das diesen Namen verdient. ›*Erkenne dich selbst*‹, sagte Sokrates vor Jahrtausenden. Der entscheidende Schritt für unsere Entwicklung ist tatsächlich die Selbstbeobachtung. Die Blindheit der Wissenschaft wird heute von der Wissenschaft selbst offenbart, aber viele Menschen halten wissenschaftliche ›Fakten‹ immer noch für Gewissheit. Unsere weiße Substanz wurde jahrhundertelang weitgehend vernachlässigt, aber sie scheint die entscheidende Vernetzungsfähigkeit zu beinhalten und verschiedene Regionen zu Netzwerken zu verbinden, die vielfältige mentale Operationen durchführen; sie ist wie eine fürsorgliche ›Mutter‹, die unser gesamtes Gehirn mit dem unendlichen und ewigen, intelligenten und lebendigen Organischen Universum verbindet.[3] Dabei handelt es sich nicht um die mageren 1%, die unsere Astronomie bisher mit ihren Teleskopen erkundet hat. Die vornehmsten Fähigkeiten der Menschen wie Kunst, Dichtkunst und Musik haben immer die Existenz des Organischen Universums bezeugt. Die *weiße Substanz* in unserem Gehirn könnte zu diesen Fähigkeiten beitragen, aber wir ignorieren ihre Funktionen, und die Wissenschaften sind nicht in der Lage ihre Kommunikationsweise zu entschlüsseln. ›*Eine andere Welt ist möglich*‹, sagen diejenigen, die sich wie ich nach einer neuen Zeit voller Gerechtigkeit, Fülle und Freude sehnen.

Eine *Neue Erde* existiert bereits und ist hier, vielleicht ist sie das, was im Neuen Testament als ›Land der Verheißung‹ bezeichnet wurde. Wir können sie nicht sehen, denn sie besteht nicht einfach aus ›normaler Materie‹, die sichtbar ist, belastet durch Schwerkraft und begrenzt durch die *starke Kernkraft*. Die *Neue Erde* hat die Form eines Emb-

3 Das *Organische Universum* ist auch der Titel eines von mir bereits erschienen Buches (Mosquito Verlag).

ryos (Seite 131), sie besteht aus Plasma und aus *dunkler Materie,* die unsichtbar ist, frei von der Schwerkraft und den grausamen Banden der Starken Nuklearen Kraft. Die *dunkle Materie* kann heilende Auswirkungen auf unseren menschlichen Körper haben, auch auf unsere ›geheimnisvolle‹ *weiße Substanz.* Wie ich in diesem Buch darlege wird diese Hypothese von zahlreichen Indizien gestützt.

Ende Dezember 2012 haben viele Menschen einen erleichterten Seufzer ausgestoßen. Das Ende der Welt fand nicht statt. Und doch ist etwas geschehen. Das Ereignis war unsichtbar, konnte jedoch wahrgenommen werden, und es berührte nicht nur jene, die überall auf dem Planeten darauf gewartet hatten, es markierte auch die Dämmerung einer alten Ära und den Einbruch der Nacht, bevor nun ein neues Zeitalter heraufdämmern wird. Der Kern der Erde – die unvergleichliche Kindliche Sonne, von Propheten, Mythen, Musikern und Dichtern gleichermaßen gepriesen – hat sich plötzlich verändert.

Viele Menschen haben die Veränderungen als ein neues unwiderstehliches Freiheitsgefühl gespürt, während Kirchen und Regierungen versucht haben, sich über Wasser zu halten, indem sie ihr eigenes Erscheinungsbild und ihre Haltungen änderten. Das war besonders deutlich in Rom, dem Sitz des Papsttums. Das Abdanken des vorherigen Papstes und die Wahl des neuen waren in vielen Prophezeiungen vorhergesagt worden, deutliche Hinweise darauf, dass wir alle in einer Matrix eingebettet sind, deren Hauptskript bereits fertig geschrieben vorlag. Indem sie *die Pfade der KRAFT beschreiten,* erkennen die drei Hauptfiguren dieses Weisheitsromans, dass die Wirklichkeit nicht einfach die historische Geschichte ist, die uns in der Schule beigebracht wird. Die Zukunft war immer vorhanden, und jetzt sind verschiedenartige Zukünfte möglich. Die HauptKRAFT ist das LEBEN, und wenn die Pfade unsere Zellkerne sind, dann bedeutet ›*die Pfade der Kraft beschreiten*‹ eine ›neue‹ Form der Kommunikation, die sich von all denen unterscheidet, die bis heute zugelassen oder gefördert worden sind. Es ist eine Vereinigung, die wir als Bewusstsein fühlen, ein Gefühl der Identität, es ist, was das wahre ›Herz‹ unseres Körpers – unser *emotionales Gehirn* – fühlen könnte, wenn nicht die Furcht vor morgen und vor Gottes schrecklichen Strafen uns lähmen würde. Was ist das Leben? Wenn das Leben sich durch die *schwache Kernkraft* manifestiert wie ich behaupte, wird klar, warum es sich abrupt durch plötzliche Ereignisse weiter entwickelt. Die *schwache Kernkraft* ist tausendmal schneller als die *starke;* sie kann ohne Zeitverzögerung *Betastrahlung* hervorrufen, damit *nukleare Mutation* und auch *nukleare Expansion.* Letztere fühlen wir als Liebe, Freundschaft und Mitgefühl. Die *starke Kraft* hingegen liefert *Anziehung*, in ihr liegen *Kontrolle, Einschränkungen* und der *Glaube an Grenzen,* sowie zynische Gleichgültigkeit gegen das Leiden anderer.

Die beiden Kernkräfte rufen hervor was wir als *Liebe* und *Hass*, *Eros* und *Thanatos* fühlen, die eine blitzartig auftretend, die andere langlebig. Neben der vorherrschenden *elektromagnetischen Kommunikation* gibt es eine *nukleare Kommunikation,* zu der jeder Einzelne von uns selbst die Fäden in der Hand hält. Wenn wir dessen gewahr wären, würden wir erkennen, dass es in Wirklichkeit keine Unterteilung zwischen Gut und Böse gibt. Stattdessen halten wir uns für abhängig von einem unwahrscheinlichen Gott, der zuerst die Sexualität erschuf und sie dann verdammt hat. Übrigens ist dies der Grund, warum die Katholische Kirche Giordano Bruno zum Tode verurteilt hat und warum alle Religionen so stark daran interessiert sind, die menschliche Sexualität zu kontrollieren. Physiker haben entdeckt, dass die *schwache Kernkraft* auch einen massiven Fluss neutraler Boten beinhaltet, der nicht elektrisch geladenen Z-Bosonen. Sie sind in der Lage, jeden sichtbaren Körper mit den unsichtbaren, dunklen Formen der Materie zu verbinden. Dieser *massive Kraftfluss* ist unter Umständen das, was manche die *fünfte Kraft* nennen.

Er ist die universale Liebe und fließt meiner Überzeugung nach wie ein beständiger Fluss von seiner Quelle – der Sonne im Inneren der Erde – hinaus zu allen Körpern.

Ist die Spaltung, vor der wir stehen, finanzieller Natur? Nein, die Spaltung ist die Unterteilung zwischen zwei Arten der Kommunikation. Die elektromagnetische Kommunikation ist vorherrschend und offensichtlich, sie glaubt an Zahlen, virtuelle Werte und hohle Phrasen, während die *schwache Kernkraft* viel gehaltvoller und wichtiger ist für jeden Einzelnen. Dies betrifft die Sexualität, die von einer jahrtausendealten Maschinerie von der Liebe abgespalten wurde, was dazu geführt hat, dass ›gebildete‹ Menschen sich wie Roboter benehmen und sich einzig und allein von der elektromagnetischen Kommunikationsform abhängig machen. Es geht nicht darum, sie zu bekämpfen, sondern zu erkennen, dass sie im Dienst der Menschheit stehen sollten, anstatt sie zu beherrschen.

›Dank‹ eines ›Wissens‹, das ignoriert, was das Leben wirklich ist, glauben wir an die Begrenztheit unserer Ressourcen und an das objektive Vorhandensein von Krankheiten. Der Glaube an Religionen ist mittlerweile ins Wanken geraten, aber der an die Wissenschaft ist immer noch unumstritten, was durch die technischen Errungenschaften begünstigt wird und durch die Überzeugung, dass die Wissenschaft früher oder später die Wahrheit entdecken wird, aber das wird sie nicht. Die wissenschaftliche Methode ist so aufgebaut, dass sie spezifisch menschliche Fähigkeiten ausschließt, darunter die eine, die gerade der Wissenschaft verzweifelt nötig wäre: *Bewusstsein*.

Eine neue Einheit wird in einem sich immer beschleunigenden Tempo sichtbar, besonders nach dem 21.12.2012. Das LEBEN kommuniziert durch den Eros, durch Liebe und Emotionen. Die der Naturwissenschaft konzentriert sich auf Wiederholung. Das LEBEN ist meisterhaft, eine Abfolge unwiederholbarer Erfahrungen, es erneuert unseren Körper in ultrakurzen *Augenblicken*, die so kurz sind, dass sie wissenschaftlich nicht beobachtbar sind und die wir trotzdem erfahren können. Jesus sprach vom ›*Menschensohn*‹, Karl Marx vom ›*neuen Menschen*‹ und Friedrich Nietzsche vom ›*Übermenschen*‹. Sie gehören zu den großen Ankündigern der Offenbarung, der Befreiung von der Täuschung, die uns bis jetzt versklavt gehalten hat.

Diese Täuschung ist die *zeitliche Macht*, nicht nur die, wie der Vatikan sie ausgibt, der die Intelligenz hat, sie öffentlich zu verkünden. Sie betrifft auch das, was im Moment unsere Welt beherrscht: unseren eigenen *Glauben* an eine *einzige, lineare Zeit*, nach der alles berechnet werden ›muss‹, von den Bewegungen der Sterne bis zu jenen auf den Finanzmärkten, von Einkünften über Profite und vor allem Bankzinsen, die unsere ›Schuld‹ festlegen. Die konventionellen wissenschaftlichen Disziplinen sehen die *lineare Zeit* als einen einzigartigen, unwandelbaren und fremden ›Gott‹. Zwei sehr bekannte

Theorien, die Urknalltheorie und unsere angebliche Abstammung vom Affen, unterstützen uns in unserem Glauben an einen fremden, nie in Frage gestellten ›Gott‹.

Am 22. und 23. Dezember 2012 wurde Italien von großartigen Sonnenuntergängen verzaubert; sie machten die von dem großen italienischen Dichter Dante Alighieri besungene ›*Stunde, die das Herz des Seemanns erweicht*‹ fühlbar. Die meisten von uns haben damals die Schönheit der Natur bewundert und empfunden, dass der Himmel mit seinen vielen und großartigen Farben uns etwas sagen wollte...

Das Leben hält keine Wahlen ab. Das Leben trifft eine *Wahl*.

Heute haben wir die Gelegenheit, uns weiterzuentwickeln, unsere wahren Ursprünge zu erkennen, zu unterscheiden zwischen den vielen möglichen Kommunikationsformen und uns aus der Tyrannei zu befreien, die von unserem eigenen Glauben an die *einzige lineare Zeit* ausgeübt wurde. Der Glaube an diesen falschen ›Gott‹ und seine Abkömmlinge – Bruttoinlandsprodukt, Schulden, Spread und Rating – macht das Leben eines Einzelnen zu einem Hindernisrennen mit Endziel Tod, und die ›demokratischen‹ Regierungen mitleidslos angesichts menschlichen Leides. Alle entscheidenden Lebensprozesse in unserem Körper – Orgasmus, Befruchtung, Hormonausschüttung und Zellregenerierung – geschehen millionenfach schneller als die des angeblichen ›einzigen Gottes‹ – und ermöglichen die Planung einer neuen Zukunft.

Diese Tatsachen zeigen, dass es keinen ›einzigen Gott‹ gibt. Darüber hinaus verwandelt sich die gesamte Natur in ultraschnellen Rhythmen und dies wird im Fernsehen nur nebenbei erwähnt. Ein Beispiel ist der Sommer 2012: Das Eis an den Polen schmolz in einer Geschwindigkeit, die nach den wissenschaftlichen Modellen erst 2020 hätte erreicht werden sollen. Die ›Experten‹ wissen nicht, was auf der Erde vor sich geht, sie ›vergessen‹, dass es nicht nur eine Art von ›Materie‹ gibt.

Am 21.Dezember 2012 erfolgte nicht das ›Ende‹ der Welt, und meiner Meinung nach wird es auch nie ein Ende geben. Das wundersame Ziel des Lebens ist die Evolution. Dies bedeutet einen beeindruckenden Übergang, zu dem wir alle beitragen können, wenn wir wollen. Dieser Transit macht die Macht, die uns seit Jahrtausenden in Bann gehalten hat zunichte, die unseres eigenen polarisierten Bewusstseins, Täter und Opfer des allgemeinen Wahnsinns, die Verwirrung zwischen scheinbaren und lebenswichtigen Werten, der Grund, warum die Menschheit bereit ist, sich unter Preis zu verkaufen und ihre eigene Lebensqualität für eine Handvoll Dollar oder Euros oder Yen zu opfern.

Ist das Problem der Welt die Wirtschaft? Nein, das Problem ist die Unwissenheit.

Wir wissen nicht, wie das LEBEN sich erneuert, warum wir geboren werden, leben und sterben, warum wir leiden, um Ziele zu erreichen, die wie Trugbilder in der Wüste verschwinden und vor dem großen ›Geheimnis‹ des Todes verblassen. Wir wissen, dass das beobachtbare Universum – gerade mal 4% der errechneten Gesamtmasse – seine Ausdehnung in den letzten Jahrzehnten beschleunigt hat.

Die Ursache hierfür ist eine ›mysteriöse‹ *dunkle Energie* – 74% der errechneten Gesamtmasse – eine riesige, universale, unbegrenzte Kraft, die auch in unserem Gehirn aktiv ist.

Die universale *Expansion* überwindet die *Anziehung der Schwerkraft*. Viele Bücher handeln vom ›Gesetz der Anziehung‹, nach dem es darum geht, zu *haben.*

Expansion, die Erweiterung unserer Wahrnehmung, wird hier jenen vorgeschlagen, die Hauptfiguren *sein* wollen.

Das menschliche Gehirn hat ein außerordentliches Potenzial, das jedoch durch falsche Überzeugungen wie die *Einzigartigkeit* von *Materie* und/oder *Zeit* blockiert wird. Eine solche *Einzigartigkeit* ist weitgehend widerlegt, aber die naturwissenschaftlichen Geister geben nicht zu, dass sie nicht wissen, was *Materie* und nicht einmal, was *Zeit* ist. Die Tragödien der beobachtbaren Matrix sind abhängig von der sogenannten ›normalen‹ Materie, aus der sie zusammengesetzt ist.

Eine *kalte Kernfusion* ist notwendig, um diese Matrix aufzuheben, wie Jesus bezeugt hat. Die christlichen Religionen sprechen von der ›Auferstehung des Leibes‹ und lassen uns an ein Wunder glauben. Stattdessen handelt es sich um ein natürliches Ereignis, dass sehr schnell Himmel und Erde verändert. Es ist die überwältigende Evolution, an der wir ›Irdischen‹ alle teilhaben können, wenn wir wollen. Im vorliegenden Buch wird dies anhand der interdisziplinären Forschung der Hauptfiguren gezeigt.

Eine *Kernfusion* tritt überall auf und führt zu einer globalen Erwärmung, die überhaupt keine Gefahr darstellt, sondern eine Veränderung, die dazu führen wird, dass wir länger leben. Das Wetter heizt sich auf, die Todesfälle gehen zurück. Der Beweis hierfür wurde in vielen Studien des angesehenen International Journal of Biometeorology veröffentlicht.

Wie Sie in diesem Buch lesen werden, können wir alle eine solche *Kernfusion* vollbringen durch die sofortige oder augenblickhafte *Wechselwirkung* mit dem *schwachen nuklearen Strom,* einem massiven Kraftfluss neutraler Boten, die jeden von uns in *dahinfließenden Augenblicken* durchdringen und in der Lage sind, unseren Körper zu heilen und unseren Geist von der Angst vor dem Tod zu befreien. Wenn wir uns auf diese *dahinfließenden Augenblicke* konzentrieren, verdünnen wir den Rhythmus der Zeit und bemerken ihre permanenten Auswirkungen, die auch auf gesellschaftlicher Ebene immer deutlicher werden. Die weltweite ›Krise‹ ist in Wirklichkeit die großartige Gelegenheit für uns, zu erkennen, dass wir ›*in dieser Welt, aber nicht von ihr*‹ sind, wie Jesus schon erklärte. Das LEBEN erweitert unser Bewusstsein und zeigt uns den *Weg*, der uns ermöglicht an dem vorstehenden Ereignis teilzuhaben: der Wiedergeburt unserer Selbst und der Menschheit.

Während wir auf ein ›Wissen‹ vertrauten, dass die segensreichen Wirkungen des *schwachen nuklearen Stromes* auf alle Organismen ignoriert, haben wir auch ignoriert, warum und wie die Erde sich schon viel Male abrupt erneuert hat.

Wir sind die Opfer und Befürworter einer mechanistischen Denkweise, die Energie zehrend ist und die unendliche und ewige Quelle des Lebens ignoriert: das Sonnenkind im Zentrum der Erde. Dies hat sich im Dezember 2012 geändert, wie die Protagonisten meines Buches erkennen.

Daher bahnt sich eine schnelle menschliche Evolution an und offenbart sich als eine radikale und friedliche und kulturelle Revolution, ein Übergang zwischen der Abenddämmerung *niederen Bewusstseins* und der Morgendämmerung unseres *Höheren Bewusstseins*. Das niedere Bewusstsein entspricht unserer bipolaren *grauen Substanz*, das Höhere Bewusstsein entspricht unserer *weißen Substanz*, die in der Lage ist, mit dem LEBEN zu kommunizieren, die Gesamtvernetzung zu erkennen und unabhängig von *Raum* und *Zeit* zu sein. Die ›Auslöschung‹ des *niederen Bewusstseins* ist das Ende einer Denkweise, die an die so gefürchteten ›begrenzten Ressourcen‹ geglaubt hat, wie sie von allen Mächten immer noch verkündet werden. Wenn das LEBEN eine nukleare KRAFT ist, wie ich vorschlage, sind alle Energie›begrenzungen‹ falsch und nur zurückzuführen auf unseren globalen Glauben an den ›einzigen Gott‹ – *die lineare Zeit* – und all die *Ideen* oder *Götter*, die sich vor der angeblichen Souveränität dieses einzigen Gottes beugen.

Heute schleppt sich das niedere Bewusstsein voran und findet sich nicht mehr in dem gewohnten und bereits überholten Gesamtrahmen, es ist die ›*triumphierende Bestie*‹ wie Giordano Bruno es nannte, angesichts einer Situation, die es als dramatisch wahrnimmt. Die Ideen, mit denen es sich identifiziert hat, erleiden den ›Tod‹ ähnlich dem ›zweiten Tod‹, den das Neue Testament ebenfalls erwähnt, ein Vorgang, den die frühen Christen ›Tauroktonie‹ (Stiertötung) nannten und stellten ihn in den zahllosen Tempeln des Mithraskultes jener Periode dar. Hier waren die Orte, wo die bedeutenden Ketzereien heranwuchsen. Jesus war ein Mensch, der König einer anderen Welt.

Er sagte dies selbst im Neuen Testament. Das erste Konzil von Nicäa im Jahr 325 nach Christus erklärte, Jesus Christus sei mit Gottvater identisch. Die *Bestie* ist unser *niederes Bewusstsein*, das wie bei einem Tier funktioniert und gebunden ist an Vorstellungen von Einschränkungen und Sünde und an den Glauben, dass beide die Auswirkungen göttlicher Bestrafungen sind. Die ›Stiertötung‹ ist der notwendige Schritt für jeden, der frei werden möchte, er muss seinen/ihren *Roboterverstand* zur Ruhe bringen und lernen, das *höhere Bewusstsein* zu benutzen. Dies ist in unserer *weißen Substanz* verankert, dem gehaltvollsten und edelsten Teil unseres Gehirns, dem biologischen Sitz des BEWUSSTSEINS.

Die Neurowissenschaftler haben endlich die entscheidende Bedeutung der weißen Substanz erkannt, aber nicht ihre Sprache, die weder auf Elektrizität basiert noch auf Mathematik oder der viel gerühmten Quantenphysik. Die Quantenphysik ist nützlich für erfolgreiche Technologien, aber sie ist mit ihrer eigenen Krise konfrontiert. Sie weiß nicht, was BEWUSSTSEIN ist.

Abbildung 3A – Die Tauroktonie (Stiertötung) ist das Töten des niederen Bewusstseins, das an Energiebegrenzungen glaubt und wie bei einem Tier funktioniert, um in einer Welt zu überleben, die es als mangelhaft empfindet. Indem sie dieses Bewusstsein in sich ›töten‹ und zum Schweigen bringen, entdecken Menschen die unbegrenzte Ressource: LEBEN.

Die globale Krise betrifft nicht nur die Finanzen, sondern die Menschenwürde, die von einem ›Wissen‹ unterdrückt wird, das falsche Götzen anbetet und die *universale Sprache* missachtet, in welcher Menschen und Universen kommunizieren. Diese Sprache ähnelt der Kommunikation, wie sie durch Filme geschieht, mit Handlungen und Szenen, Dialogen und Leidenschaften, dem Bedürfnis nach Liebe, Freundschaft und wahrer Gerechtigkeit sowie Musik und Gesang. In diesem Buch verwenden die Helden, drei seit Langem befreundete Physiker, diese Kommunikationsform und ›töten den Stier‹. So entdecken sie neu die QUELLE des LEBENS, den *Sol Invictus*,[4] das lebendige HERZ im Zentrum der Erde. Indem sie ihre fachübergreifende Forschung mit seismischen Daten vergleichen, wird ihnen auch klar, dass der *Sol Invictus* nicht nur eine Idee des Mithraismus ist, jenes vergessenen uralten Kultes.

4 Sol invictus: Der unbesiegbare Sonnengott der römischen Mythologie (A. d. Ü.)

Die QUELLE des LEBENS ist das kristalline Herz der Erde, das Sonnenkind, das sich jetzt schnell verändert und sich so der Menschheit offenbart.

Um an dieser Evolution teilzuhaben und die Welt in ein Goldenes Zeitalter zu bringen, müssen wir ›den Stier töten‹. Das bedeutet nicht den Niedergang authentischer Forschung, sondern nur der falschen Interpretationen, die bislang vorgeherrscht haben. Unsere eigene Taubheit hat die wunderbare OPER vor uns verborgen, die das Sonnenkind beständig und ewig komponiert. In diesem Buch erleben die Protagonisten die Wiederentdeckung der zahllosen Spuren dieser OPER, darunter auch Mozarts Zauberflöte. Wenn wir diesen Spuren der Oper lauschen, bedeutet dies, dass wir ihre unterschiedlichen Tempi anerkennen, verlorengegangene Erinnerungen wiederfinden und die lebendige nukleare Kommunikation benutzen, die von den Wissenschaften weiter ignoriert wird und die von den Religionen immer unterdrückt wurde.

Das Sonnenkind ist unsichtbar, da es nicht das elektromagnetische Licht aussendet, das unsere Augen sehen können. Aber es stellt bewegende Impulse zur Verfügung, es macht alle Organismen lebendig und befähigt uns Menschen, Zeuge seiner außerordentlichen OPER zu werden.

Dieses Buch ist nicht für jene gedacht, die eine Synthese zwischen Wissenschaft und Spiritualität suchen oder das Bedürfnis nach wissenschaftlichen ›Gewissheiten‹ haben. Es ist für jene, die ernsthaft nach dem Sinn des ewigen und universalen LEBENS suchen.

Das Sonnensystem stülpt sich vollständig von innen nach außen um, aufgrund der vollständigen Umkehrung unserer menschlichen Wahrnehmung.

Jeder glaubt an die Kopernikanische Revolution, ohne zu wissen, dass deren Berechnungen auf einem einzigen Prinzip beruhen – dem Kopernikanischen Weltbild von einem leeren, isotopen und homogenen Raum, der jedoch von Weltraumflügen überhaupt nicht bestätigt wurde. Die bemannte Raumfahrt hat niemals den äußeren Van-Allen-Gürtel (50.000 km) überwunden und bewegt sich normalerweise innerhalb des inneren Gürtels, der in ungefähr 500 bis 700 km Höhe und in weiten Bereichen des Planeten sogar noch niedriger lokalisiert ist. Unbemannte Sonden allerdings haben beide Grenzen überwunden. Die beiden Voyagersonden, die 1977 ihre Reise antraten, haben den Rand des Sonnensystems erreicht, aber ... haben sie ihn überwunden? Das ist nicht klar, auch weil dieser ›Rand‹ vielleicht ... etwas ganz anderes ist.

Die Ptolemäische Astronomie wird neu gewürdigt und als Grundlage einer Astrologie anerkannt, die sich ebenso weiterentwickelt wie alles andere. Die Helden in diesem Buch erkennen dank neuerer Daten, dass die ›Kristallsphären‹ – von denen die ptolemäischen Astronomen sprachen – gar keine naiven Fantasien sind. Sie sind verschiedenartige Plasmapopulationen, mit Ähnlichkeit zur Struktur unseres Blutes, natürlich keine festen Mineralien, sondern *Flüssigkristalle*, begrenzt durch Magnetfelder. Sie sind wie verzerrende und selektive[5] Spiegel in der Lage, Bilder zu reflektieren, und erschaffen so jene Spezialeffekte, die uns als *Entfernungen im Raum* erscheinen.

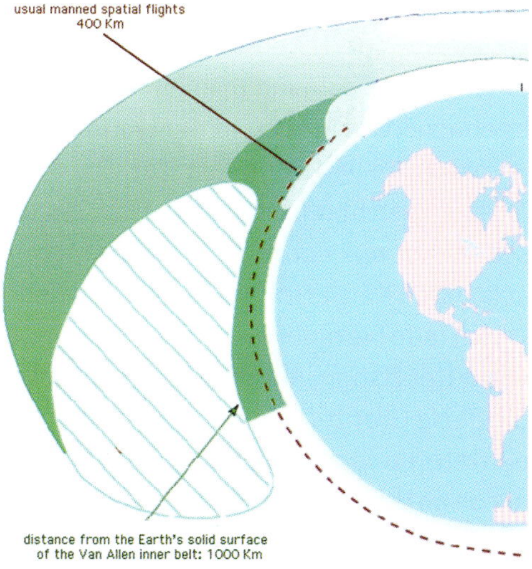

Abbildung 4A – Die meisten bemannten Raumflüge finden zwischen der festen Erdoberfläche und dem inneren Van-Allen-Gürtel statt. Früher war der innere Gürtel etwa 1000 km hoch, aber er hat sich in weiten Bereichen des Planeten herabgesenkt, siehe weiter unten.

5 Selektiv: in Abhängigkeit von der Wellenlänge.

Abbildung 5A – Beispiel für eine Wahrnehmungskatastrophe. Ist dies eine Vase oder zwei einander anblickende Gesichter? (Kanizsa, G., Legrenzi, P., Sonino, M., Katz, D., 1946.)

Der Himmel ist ein Spiegelkabinett, ein interaktives kosmisches Spiel.[6]

Jeder Mensch kann sich jetzt seiner selbst bewusst werden und innerlich ›sehen‹ und ›fühlen‹, was Viele bereits bezeugt haben. Die beobachtbare Matrix, in der wir immer noch eingebettet scheinen, ist nicht die wirkliche Realität. Die Matrix ist eine Phase in einem interaktiven Spiel, einem 3D-Film, der absolut abhängig ist von dem seltsamen *nuklearen Zustand* der Materie, aus dem sich alle beobachtbaren Körper inklusive unseres menschlichen zusammensetzen.

Ich lade Sie nicht ein, mir zu glauben, denn wie Sie vielleicht schon vermutet haben, mag ich keine Gläubigen. Ich wende mich an jene, die diese Grenzen überwinden wollen, in ihr volles eigenes Potenzial eintreten und zu einer Organischen Gesellschaft beitragen wollen, die ohne Privilegien funktioniert und mit so viel Fülle, dass wir unseren Durst nach Liebe an der Ewigen Quelle stillen können, dem Kristallinen Herz im Zentrum der Erde, dem Sonnenkind.

Zu diesem Zweck sind zwei ›Katastrophen‹ erforderlich: Eine betrifft unsere Wahrnehmung und die andere unser überkommenes ›Wissen‹.

6 *LUH, Man's Cosmic Game* ist der Titel eines anderen Buches von mir.

Beide Katastrophen sind schmerzlos für jene, die das Leben lieben.

Dieses Buch wendet sich an die Pioniere, die bereit sind, sich diesen Katastrophen zu stellen.

Ich hoffe, es wird hilfreich sein.

Giuliana Conforto

Die interdisziplinäre Quer-Forschung

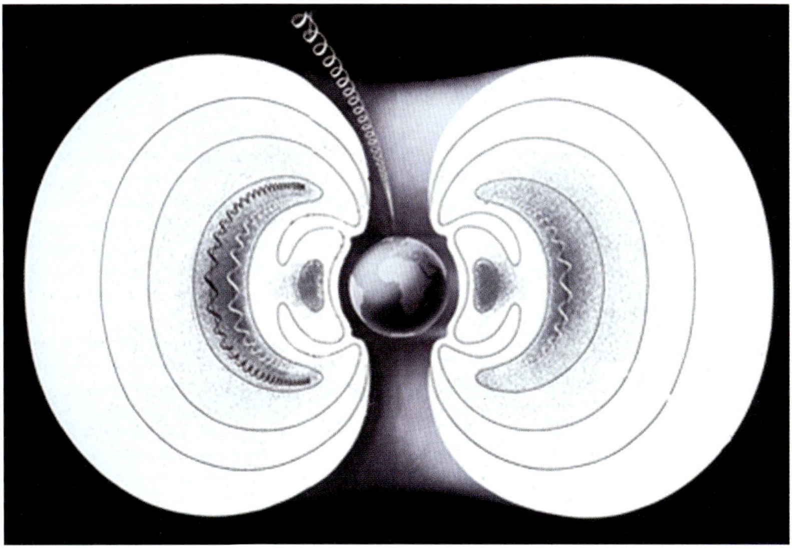

Abbildung 1 – Das apfelförmige Erdmagnetfeld ist viel großräumiger als die blaue Kugel, die wir Erde nennen: Der ›Apfel‹ umfasst die beiden Van-Allen-Strahlungsgürtel, zwei Plasmabildschirme, die den Blick auf die wirkliche Realität verbergen.

Unterwegs

Ein Sommerabend im Jahr 2012.

Noch immer ist die Hitze unerträglich, nichtsdestotrotz sind die beiden langjährigen Freunde Giorgio und John, unterwegs nach Rom, einer in jeder Hinsicht brodelnden Stadt.

Sie kommen von L'Aquila und wollen ihre gute alte Freundin Giulia besuchen, die sie mit einer gewissen Dringlichkeit zu sich bestellt hatte. *»Warum treffen wir uns in der Hauptstadt, Giorgio? Wenn sie zu uns gekommen wäre, hätten wir in die Berge gehen und frische Luft atmen können!«*

»Ich weiß es nicht, aber sie bestand darauf, dass wir uns in Rom treffen ... hier ist für sie der Dreh- und Angelpunkt der Transformation.«

»Hm, in dem Punkt hat sie nicht Unrecht. Die ganze Welt schaut nach Rom, in der Hoffnung, dass es die Krise löst.«

Giorgio, Giulia und John sind Physiker und schon seit langer Zeit miteinander befreundet. Bereits als junge Menschen träumten sie davon, die Welt zu verändern, und nun beobachten sie sorgenvoll die Ereignisse, durch die sich die Welt auf unvermutete Weise und weitaus schneller verändert, als sie zu hoffen gewagt hätten.

»Mit Giulia haben wir außergewöhnliche Reisen erlebt«, erinnert John sich lächelnd, wobei sein Blick über die abruzzesischen Hügel schweift. Er ist glücklich und beinahe erleuchtet. Ein hochgewachsener, nüchterner Mann mit tief liegenden dunklen Augen und graumelierten Haaren, die seinem ungestümen Temperament, seinem unwiderstehlichen Drang nach Freiheit einen Hauch von Weisheit verleihen.

»Reisen in der Zeit... Ach, vielleicht verstehe ich den Grund für das Treffen.« Giorgio dreht sich zu seinem Freund herum und fragt ihn in seiner ruhigen Art: *»Hast du von dem iranischen Nuklearingenieur gehört, der Reisen ins All anbietet?«*

»Du meinst den Ingenieur Keshe, der Fahrzeuge entwickelt, die die Schwerkraft überwinden können? Hm, wer hätte nicht gern ein Fahr-

zeug, das sich ohne Treibstoff fortbewegt... Aber ohne eine Veränderung des Denkens, Giorgio, sind und bleiben fortschrittliche Technologien nutzlos.«

»Aber sie könnten die Vorzeichen für das Ereignis sein, das der Welt ihr früheres Antlitz wiedergeben wird.«

Die beiden wechseln einen Blick voller Übereinstimmung.

Der Satz stammt von Giordano Bruno und steht in seinem Buch ›*Lo Spaccio de la Bestia Trionfante – Die Vertreibung der triumphierenden Bestie*‹ geschrieben. Immer und immer wieder haben sie einen Absatz aus seiner berühmten ›*hermetischen Klage*‹ gelesen.

»Die Finsternis wird über das Licht siegen, der Tod wird für zuträglicher gehalten werden als das Leben, niemand wird die Augen zum Himmel erheben ... Nur die bösen Engel werden zurückbleiben, sie werden sich mit den Menschen vermischen und die Elenden zu jeder Verwegenheit und jeder Untat, als sei sie Gerechtigkeit, zwingen. Aber fürchte nichts, Asklepios, denn nachdem all dies geschehen ist, wird zur rechten Stunde der Herr und Gottvater, Herrscher der Welt, allmächtiger Lenker, ohne Zweifel diesen Schandfleck austilgen und der Welt ihr früheres Antlitz wiedergeben.«

»Das frühere Antlitz ist das Goldene Zeitalter«, John lächelt in der Erinnerung an das *Museo de Oro*, das Goldmuseum, das er in Bogotà, Kolumbien besucht hatte. Was man dort sieht, sind nicht nur Werke erlesener Kunstfertigkeit, sondern auch deutliche Beweise für eine Auffassung vom Menschen und der Welt, die sich von der heutigen unterscheidet.

»Gottvater ist der Herrscher der Welt, nicht jenes teuflische Wesen, das erst den Sex hervorbringt und ihn dann verbietet.« Giorgio fährt gelassen und unerschütterlich, wie es seine Art ist.

»Wir brauchen eine neue Sichtweise des Menschen und des Universums.«

»Und zwar dringend ... weißt du, John, auch all die, die Kontakt mit UFOs hatten, bezeugen es, sie sprechen von intelligenten Wesen und sogar von der Seele.«

»Ebenso wie die unterschiedlichen Religionen, aber diese glauben, dass die Seele ein Objekt sei, das man verkaufen, stehlen oder kaufen kann. Wir haben verstanden, dass die Seele die Kraft ist, die alles belebt. Glücklicherweise ist die Kindliche Sonne dabei, die Welt umzuwälzen. Wie verwirrt der menschliche Geist doch ist...«

»Zum Beispiel hinsichtlich des Unterschiedes zwischen den Interessenten für eine Weltraumreise und uns, die wir die Reisen in der Zeit lieben.«

Giorgio schaut ihn zufrieden lächelnd an. *»Ich bin aber gespannt, zu hören, was Giulia dazu meint.«* Er bremst ab und biegt in die Autobahnraststätte kurz nach Carsoli ein. *»Komm, wir tanken, holen uns etwas zu trinken und rufen sie an.«*

Während Giorgio an der Theke bezahlt, spricht John mit Giulia.

»Sie sagte, dass wir persönlich darüber sprechen werden und dass sie uns erwartet.«

Nachdem sie ihren Durst gestillt haben, fahren die beiden gemächlich und schweigend weiter, versunken in den Anblick des rotglühenden Horizontes, den sie seit ihren gemeinsamen Forschungsjahren mit ihr schon immer erahnt hatten.

Sie hatten von der Existenz des Kristallinen Herzens der Erde erfahren, das sich schneller dreht als der gesamte übrige Planet. Seine Entdeckung war der Menschheit von den Wissenschaftlern zugestanden, aber wenigen ›Experten‹ zugeschrieben worden, die überzeugt waren, dass es aus Eisen bestehe und 3000 km tief unter unseren Füßen begraben liege. Für uns aber ist es eine Kleine Sonne.

Unterdessen schlägt die NASA angesichts der wachsenden Sonnenstürme Alarm, die Meteorologen beobachten, dass die Klimaerwärmung sich auf das gesamte Sonnensystem erstreckt und weitaus schneller voranschreitet, als sie es mit ihren Modellen vorhersagen.

Für die strenggläubige Wissenschaft ist die Erde wie eine ›Raumkapsel‹, deren fossile Brennstoffe versiegen.

Für die Unsrigen ist sie ein Organismus voller einzigartiger Lebendigkeit, der sich im Prozess einer rasch, ja sogar ungeheuer rasch fortschreitenden Entwicklung befindet.

Die Erforschung dieser Vorgänge und die Geburtswehen, die sie mit sich brachten, haben ihren Geist für neuartige Wahrnehmungen, eine Wirklichkeit geöffnet, die sie sich zuvor niemals vorzustellen gewagt hätten.

»Die Medien und Regierungen sagen uns nicht die Wahrheit: alles ist virtuell, vorgetäuscht.«

»Erinnerst du dich an den Beginn unserer Forschung, John?«

»Aber natürlich! Wir waren auf dem Campidoglio, dem Kapitolsplatz in Rom.«

*****

Im Jahr 2006 war John, der in den USA lebte, nach Rom gekommen und hatte die Gelegenheit ergriffen, sich mit Giorgio zu treffen.

»Rom ist die auf den sieben Hügeln[7] ausgestreckte Hure, die bereit ist, sich der Macht zu verkaufen, anstatt das Wohl gerecht auf alle zu verteilen«, hatte Giorgio gesagt, als sie die Treppe zum Kapitolsplatz hinaufstiegen.

Sie waren auf dem Zwölf-Stern[8] angelangt und ließen den Blick bewundernd über das ausgefallene Panorama der umliegenden Paläste gleiten.

»Zur Zeit des alten Roms betrat man diesen Platz vom Forum Romanum aus«, erzählte Giorgio. *»Michelangelo hat den Eingang in Richtung des Petersdoms verlegt.«*

»Der Sitz des neuen Reiches«, kommentierte John und schaute auf das Forum Romanum.

»Dort ist der Tempel der Venus, der Mutter Roms, und Mars ist der Vater der Zwillinge Romulus und Remus. Für mich sind die Götter menschliche Ideen, John, jene grundlegenden Ideen, die die Zivilisation erhalten.«

»Venus und Mars sind die mythischen Ursprünge Roms ... ist sie die Schönheit und die Sinnlichkeit, er die Glut und der Krieg?«

»Ja, und sie siegt über ihn, aber den Mythos der Jungfräulichkeit haben die Priester immer auf den Altar gehoben...«

»...wozu, um den Krieg zu schüren?«

7 ›*Die Hure ausgestreckt auf sieben Hügel*‹ ist ein Satz aus der Apokalypse des Johannes.

8 Der Zwölf-Stern befindet sich im Fußboden des Kapitolsplatzes und ist ebenfalls ein Werk Michelangelos.

»Ich weiß es nicht, aber er besteht in vielen Kulturen fort: Rhea Silvia, die Mutter der Zwillinge, die Rom gründeten, war eine Vestalin, sie hatte das Keuschheitsgelübde abgelegt und wurde lebendig begraben...«

»Aus einem ähnlichen Grund endete Norma im römischen Zeitalter in Gallien auf dem Scheiterhaufen«, erinnert John sich, und nahm innerlich das Echo der Callas wahr, wie sie *Casta Diva* singt.

»John, für mich hat der Mythos der Jungfräulichkeit einen umfassenderen Grund und hängt nicht mit der Vagina zusammen!«

»Woran denkst du?«

Abbildung 2 – Piero di Cosimo, Öl auf Leinwand (1490), Gemäldegalerie Berlin – Venus, Mars und Amor. Der Gott Mars ist durch den ›kleinen Tod‹, die Erschlaffung, die auf die sexuelle Vereinigung folgt, besänftigt. Venus ist die Mutter Roms, sie inspirierte ihren Sohn Aeneas zu seiner Gründung, und Mars ist der Vater der Zwillinge Romulus und Remus, die es gründeten.

»An die Jungfrau Maria und die vielen Basiliken, die ihr gewidmet sind.« Giorgio lebte in L'Aquila und hatte schon oft die Basilika von Collemaggio bewundert. *»In den Kathedralen kommt der Geometrie eine entscheidende Bedeutung zu, sie ist die Matrix, die auch in die Gleichungen von Einstein einfließt. Ja, denk an die Materie. Sie ist noch Jungfrau, und wir sind keineswegs in sie eingedrungen. Warum wohnt ihr eine so immense nukleare Energie inne, und warum benutzt der Mensch sie so ungeschickt?«*

»Ja, entweder baut er Bomben, die töten, oder er baut Kernreaktoren, die verseuchen... Und ich denke an die Mutter Erde, die fruchtbar ist, aber angeblich isoliert und ohne Ressourcen... Doch die Erde erwärmt

sich, und niemand weiß, warum.« Er sprach ein heikles Thema an: den Klimawandel.

»Du meinst, der Treibhauseffekt ist Quatsch?«

»Guck dir die Fakten an: Die Polkappen des Mars und des Pluto sind dabei zu verschwinden. Die Gletscher auf der Erde schmelzen von unten her und nicht durch die Sonne von oben. Aus den Gründen der Ozeane und aus Vulkanen quillt glühende Magma hervor, und unter der Kruste, im Mantel finden gigantische unterirdische Stürme statt.«[9]

»Auch die Sonne hat ihre Magnetstürme, mit ungeheuren koronalen Emissionen, die das Erdmagnetfeld erreichen«, fügte Giorgio hinzu.

»Ja, ein Glück, dass es uns schützt.«

»Apropos. Hast du bemerkt, dass es wie ein Apfel aussieht?«

John hatte das zunächst für einen Scherz gehalten: *»Der, den Adam und Eva aßen?«*

»Das weiß ich nicht, aber immer spielt ein Apfel eine Rolle.«

Der *Big Apple* New York, der vergiftete Apfel in Schneewittchen, der Apfel, der Newton auf den Kopf fällt und schließlich, der berühmteste von allen, der biblische Apfel.

»Die wirkliche Ursache für die Erderwärmung scheint die wachsende Intensität der kosmischen Strahlen zu sein: Wenn es so ist, dann spielt die Magnetosphäre, dein Apfel, eine entscheidende Rolle. Vielleicht sollten wir das erforschen.«

»Und zwar dringend, John. Erinnerst du dich, was man in den 70er Jahren über das Energieproblem gesagt hat? Das Erdöl sollte innerhalb weniger Jahre erschöpft sein, und jetzt redet niemand mehr davon.«

»Auch hinsichtlich des fossilen Ursprungs des Erdöls bestehen erhebliche Zweifel. Weißt du, dass die abgebauten Erdölvorkommen sich von selbst wieder auffüllen?«

»Wie bitte?! Und das sagt niemand! Natürlich, der Erdölpreis ist ein politisches Faktum!«

»...das übliche Spiel der Interessen... An Energie fehlt es nicht, sie wird zur Produktion von Gütern verwendet, und zwar solchen, die Schaden anrichten, Waffen, Medikamente, die immer gleichen Benzinfahrzeuge...«

---

9 Diese sind dank der seismischen Tomographie, eine Art auf den Planeten angewandte TAC (computerisierte axiale Tomographie) sichtbar (siehe die Abbildungen auf Seite 40).

Dort auf dem Campidoglio lief die Geschichte wie ein Film in Zeitlupe in ihren Köpfen ab. Nach dem Untergang des antiken Reiches das neue Reich, das Papsttum, das Könige und Kaiser inthronisiert und ihre Heere segnet.

Giorgio deutete auf ein kleines, kürzlich erbautes Schutzdach. *»Dort drunter liegt der Lapis Niger, ein Stein aus schwarzem Marmor, der von weißem Marmor umhüllt ist. Man sagt, dass darauf der Plan der römischen Zivilisation, einer offenen, gerechten und klugen Zivilisation eingeschrieben steht.«*

»Auch Rom wurde auf einem Felsen gegründet!«

»Petrus, du bist der Fels und auf diesem Fels werde ich meine Kirche bauen«, kommentierte Giorgio, und dann hüllten sie sich in Schweigen, das John erst Minuten später durch eine überraschende Frage brach: *»Was ist für dich der Stein der Weisen?«*

»Der Stein, der den Faden der Weisheit enthält. Es könnte unser Körper sein, oder vielleicht, wer weiß, unser Gehirn.«

Ein prickelnder Schauer überlief John, als er diese Erklärung vernahm.

Bis dahin hatte er ihn für ein Objekt gehalten, das Blei in Gold verwandelt.

»Ehrlich gesagt, John, ich weiß es nicht. In der Antike sagte man Dinge, die in vollkommenem Widerspruch zu der als gesichert geltenden Wissenschaft stehen, aber sie ist voller Geheimnisse!«

»Man braucht nur die kalte Fusion zu sehen: Sie ist Alchemie, das ist offensichtlich, zuerst von der Kirche verfolgt und jetzt von der Akademie. Aber sie würde viele Probleme lösen! Manchmal denke ich, das Spiel der Macht besteht darin, Probleme zu schaffen.«

»Oder zumindest Hürden zu errichten! Zwischen dem Menschen und Gott stehen die Religionen, zwischen dem Menschen und der Natur die Wissenschaften, zwischen Erde und Himmel das Magnetfeld, der Apfel, ein vermeintlicher Schutz.«

»Du meinst, er fungiert als Schutzschild?« John äußerte Zweifel, die Giorgio zum Nachdenken brachten. *»Die Natur ist nicht feindselig und kann uns eine Freundin sein, sofern wir sie pflegen und respektieren. Schau dir die kalte Fusion an, die das Energieproblem lösen würde. Warum fängt man damit denn nicht an? Nicht aus Mangel an Finanz-*

mitteln und an Beweisen, die sind mittlerweile reichlich vorhanden. Die Wahrheit ist, dass wir nicht wissen, warum sie funktioniert. Alle glauben an den Kampf: Die Physik an den zwischen den Kräften, die Politik an den mit Waffen und die Wirtschaft an den zwischen den Märkten. Die Vorstellung von der Schlacht ist mit dem Gott Mars verknüpft, der die Geschichte ununterbrochen beherrscht. Aber die Venus, die Sinnlichkeit, wird in den Bereich flüchtiger privater Momente verbannt; sie wird aus der Geschichte ausgeklammert, die ... ohne die Sexualität allerdings längst geendet hätte.«

»In den USA spricht man vom Gesetz der Anziehung.«

»Ja, und das wiederholen sie in Italien, kulturelle Provinz des Reiches USA.« Giorgios Miene spiegelte Verzweiflung wider. *»Die wahre Liebe, die universelle Liebe ist die Ausdehnung, und das ist das einzige Gesetz, die einzige Regierung, die über unendliche Welten herrscht, sagte unser Giordano Bruno.«*

»Die Anziehung dient dazu, eigene Wünsche zu befriedigen, aber sie ist die Konzentration auf sich selbst, und im Grunde stellt sie den üblichen Egoismus dar«, stimmte John zu.

Entschlossen und voller Überzeugung drehte Giorgio sich zu seinem Freund herum. *»Die Ausdehnung überwindet die Grenzen mit Liebe und ohne Waffen, sie ist das Bewusstsein, dass Wünsche und Bedürfnisse sich durch die Freundschaft und mit gegenseitigem Respekt erfüllen.«*

»Sie ist die Triebkraft, die der Welt den Frieden zurückbringt und uns wieder mit dem Himmel vereinigt...«, schloss John träumerisch und wandte sich erneut entschieden an den Freund: *»Diese Forschung drängt wirklich, Giorgio, die Welt geht vor die Hunde.«*

Von dem Hügel aus, der das antike Caput Mundi, die Hauptstadt der Welt, beherrscht hatte, war der Vorstellungshorizont auf den ganzen Planeten erweitert worden: Unfähige Regierungen, arrogante Banken, entrüstete Völker, gnadenlose Heere, Gewalt und ungeheuerliches Leid...

»Und wenn das Fieber des Planeten keine Gefahr wäre, John, sondern eine Auswirkung der Triebkraft?«

»Das gesamte Sonnensystem ist dabei sich aufzuheizen...«

»Dann kann die Triebkraft nur eine universelle Kraft sein!«

Giorgio und der Eros

Giorgio hatte John auf dem humanistischen Gymnasium kennengelernt, gemeinsam mit ihm die Universität besucht, und nach dem Abschluss war er sein bester Freund geblieben. Giorgio war ein schöpferischer Mensch und verfügte über einen analytischen Scharfblick. Er galt als Original, und wissbegierig wie er war, begeisterte er sich für jede Innovation und schloss sich nie einfach den Theorien an, die gerade am meisten in Mode waren; anstatt sich allein auf die Quantenphysik zu beschränken, hatte er auch die post-relativistischen Theorien studiert, welche die Dehnbarkeit und Umkehrbarkeit der Zeit anerkannten.

Seit 2005 war er in jeder Hinsicht aus dem *Mainstream* ausgestiegen; er hatte sich von seiner Frau getrennt, blieb jedoch freundschaftlich mit ihr verbunden; häufig blieb er zum Essen bei ihr und ab und an auch in ihrem Bett. Seine Liebe zu ihr war aufrichtig, doch er fühlte sich zu frei und liebte das Leben zu sehr, als dass er in ehelicher Treue hätte leben können, die seiner Meinung nach eine ungebührliche Inbesitznahme der Genitalien eines anderen darstellte. Darüber hinaus wachte er als warmherziger Vater über das Aufwachsen seines Sohnes. Seine menschlichen Beziehungen waren problemlos, die mit der Akademie hingegen kompliziert, insbesondere seitdem er sich mit Phänomenen der Kernfusion bei niedriger Energie beschäftigte.

Im Jahr 1989[10] waren diese ins internationale Rampenlicht gerückt und wurden in der Folge in LENT umbenannt. Sie hätten das Energieproblem lösen, die Abhängigkeit von der Erdölindustrie verringern, womöglich den Mittleren Osten endlich befrieden und uns insbesondere vom Mangelsyndrom befreien können.

Giorgio hatte sich daher dem gewidmet, was gemeinhin als **kalte Kernfusion** bezeichnet wurde, die auf experimenteller Ebene an Boden gewann, auf theoretischer aber immer noch unverstanden war. Seine von den herkömmlichen, orthodoxen Rastern abwei-

10 Das Fleishmann-Pons-Experiment an der Universität Utah hat ein enormes öffentliches Echo bewirkt. LENT steht für *Low Energy Nuclear Transmutations* (Nukleartransmutationen bei niedriger Energie).

chende Forschung hatte ihn von seinem Arbeitsumfeld an der Universität L'Aquila, an der er forschte, isoliert. Der Traum, den er seit jeher hegte, der Traum von der Freiheit, hatte in Giorgio die große Liebe wieder entflammt, die Liebe zu einer Forschung, die nicht abstrakt, sondern praktisch und nützlich ist und dem Wohl der Menschen dient.

Die Theorien erklärten die kalte Kernfusion jedoch nicht und stießen immer wieder gegen eine ›*Wand*‹: die sogenannte elektromagnetische Barriere.[11] Eine ähnliche Wand hatte sich daher zwischen Giorgio und der konventionellen Wissenschaft aufgetan.

Man betrachtete ihn als einen Illusionisten, und er sah sich nicht nur mit dem ungläubigen Gelächter seiner Kollegen und der unverhohlenen Missachtung seiner Vorgesetzten konfrontiert, sondern auch mit der starrsinnigen und hartnäckigen Weigerung vonseiten der Behörden, seine Forschung zu finanzieren.

Dennoch gingen die Experimente zur kalten Fusion erfolgreich weiter und wiesen dabei eine **Kernkohärenz** auf, die von den Theorien negiert, von den Fakten aber bestätigt wurde.

Kleine Reaktoren, die schweres Wasser enthalten[12], erzeugen einen Wärmeüberschuss, der wahrscheinlich nuklearen Ursprungs ist.

Giorgio beobachtete dieses Phänomen mit dem merkwürdigen Gefühl, dass es mit seiner Stimmung zusammenhing. War er besorgt, fiel der Wärmeüberschuss niedrig und unregelmäßig aus, war er dagegen fröhlich gestimmt, war er reichlicher und beständiger.

Auch von anderen Forschern wurde diese überraschende und den menschlichen Gefühlen ähnliche Sensibilität des Wassers anerkannt.

Er zog daraus den Schluss, dass dem Wasser etwas Besonderes anhaftet, eine Vitalität, die sich mit dem Schmerz vermindert und mit der Freude wächst und empfänglich für Musik ist. Fotografien belegen, dass Wasser, das Gletschern entspringt oder dem oberen Lauf eines Flusses entstammt und bei fünf Grad unter null gefroren

11 Es handelt sich um die elektrische Abstoßung unter den positiv geladenen Protonen, die, um miteinander zu verschmelzen, eine höhere kinetische Energie als die der Abstoßung besitzen müssen. Wie man anhand der neuen hier vorgebrachten Auffassung sieht, ist diese Barriere überwindbar.

12 Das schwere Wasser enthält ein Isotop des Wasserstoffs, das Deuterium.

wird,[13] zauberhafte Kristalle aufweist. Man wusste, dass die kalte Fusion durch das Vorhandensein von Kristallen begünstigt wird, und Giorgio kombinierte sie auf unterschiedliche Weise: Er veränderte die Musik und die Kristalle, er hatte Nanoteilchen[14] hinzugefügt und so erkannt, dass diese die Auslösung der Fusion förderten.

»*Wie merkwürdig*«, sinnierte er vor sich hin, »*die Nanoteilchen haben die gleichen Dimensionen wie unsere Zellkerne und die DNA.*« Damals wusste er noch nicht von der Entdeckung, die später seine Weltsicht umwälzen sollte.

John war ihm während seiner ketzerischen Untersuchungen ein wirklicher Freund gewesen. Er hatte den Kontakt zu Forschern in den USA hergestellt, die ähnliche Experimente durchführten und auf eine bessere Welt mit Hilfe der *Freien Energie* hofften. Alle waren von einer gestrengen und bedrückenden Ausgrenzung betroffen.[15]

Doch zurück zum Wasser. Verfügt das Wasser über ein Gedächtnis, besitzt es vielleicht eine Intelligenz?

Entweder negierte die etablierte Wissenschaft, oder sie zensierte.

Ende 2007 dann geschah etwas Unvorhergesehenes.

Er hatte seine Frau zu einer MRT-Untersuchung[16] begleitet und mit dem diensthabenden Radiologen Freundschaft geschlossen.

»*Schau, deine Frau hat nichts*«, sagte dieser und deutete auf die soeben aufgenommenen Bilder.

»*Woran erkennst du das?*«

»*An der Ausrichtung der Kernspins.*[17] *Sie sind geordnet. Wäre dort ein Tumor, wären sie ungeordnet.*«

»*Welche Kraft kann den Spins eine Ordnung verleihen?*«

»*Die Fröhlichkeit!*«, hatte ihn der Radiologe, ein MRT-Experte, verblüfft. Graziano, so hieß er, schien rein zufällig an diesem trostlosen Ort auszuharren: Er hatte ein gütiges Gesicht, ein vergnügtes Lächeln und wirkte ein wenig schlampig, wie ein Arzt, der allein mit seinem Lachen zu heilen vermag.

---

13 Siehe die Fotografien von Masaru Emoto.

14 Nanoteilchen sind einige Milliardstel Meter klein.

15 Siehe die Theorien über die Phasenkohärenz von Giuliano Preparata (1942-2000), die von der etablierten Wissenschaft stets hartnäckig abgelehnt wurde.

16 Die Magnetresonanztomographie, eine häufig angewandte Diagnosemethode.

17 Die *Kernspins* sind die *Rotationen* der Kernteilchen um sich selbst.

»Fröhlichkeit, hmm... Und wenn es die neutrale schwache Wechselwirkung wäre?«

Graziano erinnerte sich nur mühsam. *»Du meinst die Theorie der elektroschwachen Wechselwirkung und den Kernstrom, den Rubbia*[18] *dem CERN enthüllte?«*

»Ja, genau, der von den neutralen Z-Bosonen übertragen wird.«

»Aber um Ordnung zu schaffen, ist Intelligenz erforderlich, und die Bosonen können nicht intelligent sein!«

»Warum nicht?«

»Aber die Bosonen sind doch Boten; wenn sie intelligent sind ... dann gibt es irgendein intelligentes Wesen, das sie überträgt...« Grazianos Logik war schlüssig.

»Hör zu, in L'Aquila steht der Brunnen der 99 Röhren. Meinst du, dass diese Zahl ein Zufall ist? Nein, es ist unsere Blindheit. 99% der normalen Materie sehen wir nicht, denn dieser Anteil ist in die Kerne verbannt. Und dann gibt es noch die dunkle Materie, deren Anteil fünfmal größer ist. Kann es eine Zivilisation geben, die auch mittels der Bosonen überträgt und nicht nur durch die Photonen?«[19] Giorgio hatte sich weit vorgewagt, einem Tabu getrotzt. Die Vorstellung von der Existenz anderer intelligenter Welten ruft im rational denkenden Geist beinahe unerträglichen Verdruss hervor.

»Ja ... könnte sein«, erwiderte Graziano, dieser sympathische Kerl, ohne im Mindesten die Fassung zu verlieren, und zeigte sich damit geistig flexibler als die meisten. *»Aber die Z-Bosonen haben eine sehr hohe Frequenz. Wenn deine Außerirdischen mittels der Z-Bosonen übertragen, dann haben wir große Probleme, etwas zu empfangen. Delfine und Hunde nehmen sie möglicherweise wahr, aber wir Menschen sind dafür unempfänglich.«*

»Und wenn es die Töne einer Sinfonie wären?«

»Ja, ja. Selbst wenn es die Klänge einer lyrischen Oper mit Trommeln und Trompetenstößen wären, ihre Frequenz ist jedenfalls für unsere Instrumente und auch für unsere Ohren zu hoch.«

---

18 Carlo Rubbia erhielt den Nobelpreis für die experimentelle Enthüllung der Boten der schwachen Wechselwirkung, die drei vektoriellen Bosonen W-, W+ und Z.

19 Die Photonen sind Boten des Elektromagnetfeldes. Die drei vektoriellen Bosonen sind die Boten des schwachen bzw. elektroschwachen Feldes und haben eine Richtung.

»Aber das MRT[20] *verknüpft unsere Gesundheit mit der Ausrichtung der Kernspins, und die können von den Z-Bosonen abhängen. Also nehmen wir sie doch auf irgendeine Weise wahr, und wenn auch nur als Auswirkungen auf unsere Gesundheit«,* beharrte Giorgio.

»Schon, aber ... um sie wahrnehmen zu können, braucht man eine spezielle Ausbildung, vielleicht als Tonmeister«, meinte der Radiologe.

»Und der Orgasmus?« Giorgio äußerte einen frivolen Gedanken.

Abbildung 3 – Die Kernspins orientieren sich immer nach der Richtung des Feldes oder der Vertikalen: Rotieren sie gegen den Uhrzeigersinn, ist der Spin nach oben gerichtet, rotieren sie im Uhrzeigersinn, ist er nach unten gerichtet.

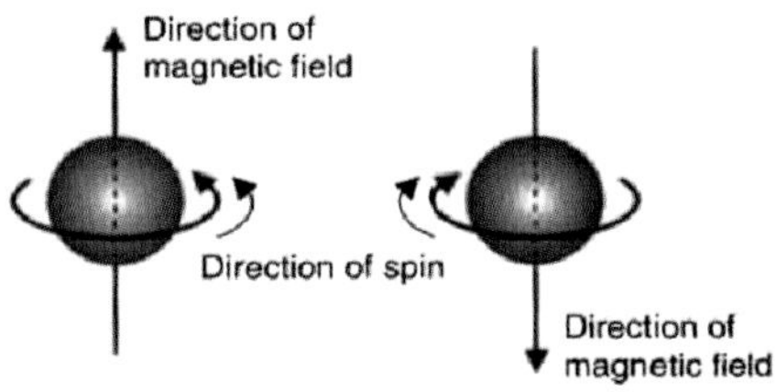

»Als Übung ist er gar nicht schlecht...« Ein unverhohlenes Lächeln war über Grazianos Gesicht gehuscht, seine Gedanken waren zum vergangenen Sonntag geschweift. In L'Aquila war es sehr kalt gewesen, er und seine Freundin waren erkältet gewesen und hatten den Tag daher gemeinsam im Bett verbracht. Der Schnupfen war verschwunden. *»Warum denkst du an den Orgasmus?«*

»Weil sich in dem Moment die Gedanken verflüchtigen und die Zeit stehenbleibt. Vielleicht nicht immer, aber wenn du dich dem Augenblick hingibst, geht es dir so gut, dass du an nichts mehr denkst, was meinst du? Könnte es eine Paarung mit der schwachen Wechselwirkung sein? Und womöglich ist es der Moment der Empfängnis...« Giorgio hatte sich oft gefragt, ob und auf welche Weise die Menschen den *schwachen Strom* wahrnehmen konnten und auch, warum die Jungfräulichkeit und der Eros schon immer im Mittelpunkt eines krankhaften Interesses der Religionen gestanden hatten.

»Hm, nicht übel, nicht übel...« stimmte Graziano zu, in Gedanken immer noch bei seinen angenehmen Erlebnissen. *»Da sind wir, nackt,*

20 MRT steht für Magnetresonanztomographie.

bar jedes Gedankens und ... was machen unsere Quarks?[21] *Sie vereinigen sich mit den neutralen Bosonen...«*

»Und sie übertragen neue Kodizes, Gefühle und Empfindungen!« Giorgio schien inspiriert.

Über einen unsichtbaren, aber spürbaren Äther ging das geistige Bild auf den anderen über.

»Schwindelerregende Bewegungen, die einen Pirouettentanz erzeugen ... ja, ja. Das gefällt mir. Der schwache Strom nähert sich wie ein Zyklon, wie ein Strudel, der einen wieder aufpäppelt, unsere Spins wieder in Ordnung bringt... Hm, ja, das ist möglich!« Graziano versuchte diesen Gedanken auszukosten, aber ... unvermittelt hatte er sich mit einem verblüfften Ausdruck umgedreht. *»Wenn es so ist, ist dann der Orgasmus der Kontakt mit einer anderen Welt? Und womöglich auch die Empfängnis! Das heißt, die Moral, die Familie...«*, er hatte nicht gewagt weiterzusprechen.

»Verstehst du, mein Freund?« Giorgio fragte ihn nun drängend. *»Die Moral dient dazu, den Eros unter Kontrolle zu halten, die Kraft zu verbergen, die uns antreibt und mit den intelligenten Welten verbindet! Wenn der Strom der Fluss des Lebens ist, wie Heraklit sagte, dann wissen wir heute, dass er ultraschnell ist. Sofortige Heilungen sind möglich, und sie sind keine Wunder!«*

»Schon, aber was ist mit dem nationalen Gesundheitswesen und der Pharmaindustrie?«

Grazianos Gesicht hatte sich mit einem Mal verdüstert. *»Weißt du was? Wenn du von der Kraft sprichst, verschwindest du, ohne Spuren zu hinterlassen, aber ich hänge am Leben und auch an meiner Arbeit...«*

»Weiß ich, wir werden alle erpresst, aber jetzt haben wir die Beweise, und vielleicht spinnen die Regierungen deswegen so. Sie wissen nicht mehr, wie sie die Völker beherrschen und zu Sklaven der Märkte machen können!«

Graziano stimmte dem zu, aber er fühlte sich nun unbehaglich und wollte das Gespräch beenden, so dass Giorgio sich verabschiedete.

---

21 Die Quarks sind die winzigen Nuklearteilchen, aus denen die Atomkerne bestehen. Es gibt 6 bekannte, aber hinsichtlich der normalen Materie nur 2.

Am Ausgang hatte seine Frau, leichenblass und voller Panik und beinahe in der Gewissheit, sich im Endstadium einer unheilbaren Krankheit zu befinden, seinen Arm gepackt: *»Was habe ich?«*

»Oh, Lucia, entschuldige, gar nichts hast du«, Giorgio hatte versucht ihr zu erklären, warum er sich so lange bei dem Radiologen aufgehalten hatte, sich zu entschuldigen und seine Vermutungen womöglich in die Tat umzusetzen, aber sie war in ihr Auto gestiegen und grußlos davongefahren.

Giorgio hatte daher die Gelegenheit ergriffen, das Restaurant seines Freundes Gaspare aufzusuchen, in dem es schmackhaftes Essen gab.

»Du wirkst gut gelaunt, Giorgio; was ist los, eine schöne Frau, was?«

»Etwas viel Besseres; ich habe die Kraft entdeckt.«

»Ach, du bist und bleibst der Physiker! Gestern bin ich in der Küche ausgerutscht und hätte mir beinahe das Bein gebrochen. Was ist das, die Schwerkraft? Was hat mich das für eine Mühe gekostet, mich wieder aufzurappeln! Warum beseitigt ihr Physiker sie denn bitte schön nicht? Was treibt ihr denn immer da, eingesperrt in euren Laboratorien? Ich würde so gern fliegen können, wie ein Schmetterling von einer Blume zur nächsten flattern«, albern gestikulierte der Gastwirt in Gedanken an seine Abenteuer herum.

»Gaspare, das ist die gewaltigste Kraft des Universums, die, die das Blut bewegt, uns berührt und auch unseren Pimmel steif macht!«

»Echt?!? Damit werden wir Millionäre! Du weißt doch, das ist ein immer häufigeres Problem! Es funktioniert nicht mehr.« Gaspare setzte sich an den Tisch und wandte sich an den Kellner: »Ermete, bring den Wein, du weißt schon, welchen, wir müssen mit Giorgio anstoßen«, und dann zu ihm. *»Was ist also mit dieser Kraft?«*

»Es ist der Eros, die kreative Kraft.«

»Das ist aber nichts Neues; die hat es schon immer gegeben. Gestern war eine Frau hier ... sie sah gar nicht besonders gut aus, aber sie zog mich an. Weißt du, was ich an ihr mochte? Den Ellenbogen. Ich sah sie zwar nur von hinten, aber, wie sie ihn bewegte, das gefiel mir... Der Eros ist Leben, mein Lieber.«

»Das Neue daran ist, dass sie eine nukleare Kraft ist!«

»Ach, du bist ja verrückt, Kernkraft ist schädlich!«

»Nicht jede Kernkraft schadet. Es gibt zwei Kernkräfte, die eine ist die starke, die wir alle kennen, und die andere ist die schwache, von der die meisten nichts wissen. Und dennoch ist sie die schnellste Kraft von allen, sie verändert auch die Materie, sie kann wirkliche Wunder bewirken.«

»Dann ist es klar, dass niemand sie kennt! Wunder vollbringen nur Heilige. Du kennst die Geschichte, da haben die sich das alleinige Recht gesichert!« Gaspare brachte damit als kundiger Einheimischer die lange kirchenfeindliche Tradition der Stadt, in der Papst Celestino V. geboren war, zum Ausdruck, *›jener, der die große Verweigerung betrieb‹*, wie Dante schrieb, war Celestino doch einer der wenigen Päpste, die das Papstamt niedergelegt hatten. Während Ermete Bruschetta und Wein brachte, fragte Gaspare weiter: *»Aber sie produzieren doch Bomben mit der Kernkraft? Das verbieten sie doch gerade dem Iran!«*

»Die üblichen internationalen Intrigen! Israel besitzt Atombomben, die es nicht haben dürfte, und bei der UNO hat niemand etwas dagegen einzuwenden. Die schwache Kraft allein ist aber nicht explosiv... Und da ist noch mehr, Gaspare. Die Kraft ist ein wahres Füllhorn, sie ist freie, überreichliche Energie, und sie steht allen zur Verfügung.«

»Wie wunderbar, der Überfluss!« Gaspare war wie in einen Traum versunken; plötzlich war er daraus erwacht, und mit verschwörerischer Miene hatte er sich zu Giorgio hinüber gelehnt und gewispert. *»Du musst einen Anwalt kennenlernen, der gestern hier war. Er hat mir von einem ungeheuren Betrug erzählt: dem Schlagsatz. Das ist der Preis, den der Staat den Banken dafür zahlt, dass sie Geld drucken, und der wird auf die gleiche Weise berechnet, wie man es früher machte. Und damit nicht genug: Leben wir in einer Demokratie? Die Finanzhoheit muss beim Volk sein, nicht bei den Banken«*, mit einem Faustschlag auf den Tisch verlieh er seinen Worten Nachdruck. *»Und weißt du, was er mir außerdem gesagt hat? Wenn der Staat den Schlagsatz nicht mehr zahlen würde, würde die öffentliche Verschuldung sich erholen, ohne dass neue Steuern erzwungen werden müssten. Hier muss es eine Revolution geben!«*

»Ja, eine Revolution, aber eine, die nur mit der Wahrheit bewaffnet ist.«

Abbildung 4 – L'Aquila – Der Brunnen der neunundneunzig Röhren – einer der historischen Belege für eine weitreichendere Wahrnehmung, die in der Lage ist zu erkennen, was in den Atomkernen, in die 99% der Masse eines jeden Körpers verbannt ist, geschieht: das kosmische WASSER strömt im Kontakt mit der Ewigkeit.

Der Fluss des Lebens

»Ich habe die Triebkraft gefunden!« Giorgios Ankündigung erfolgte in den letzten Monaten des Jahres 2007.

»Was?!?«

»Der Katalysator, der Himmel und Erde wiedervereint!«

Die fragende Miene des anderen war deutlich erkennbar.

»Das ist die schwache Wechselwirkung, John, ein mächtiger Fluss von Bosonen, die unsere Körper, die Erde und das ganze Universum überfluten.«

»Aber sie ist schwach...!«

»Alles Lügenmärchen! Für die künstlichen Messinstrumente ist er das, nicht aber für den Organismus. Und weißt du, was ich glaube? Wir spüren sie wie die Liebe, das Leben, den Eros, die Gefühle!« Seine Stimme klang verändert, was zum einem an der Übertragung per Computer, zum anderen an der Erregung über seine Entdeckung lag.

»Welche Beweise gibt es dafür?«

»Einen gewaltigen: Die Paritätsverletzung, die Vorliebe für die Drehung nach links. Organische Moleküle, Muscheln und Spiralgalaxien drehen sich häufiger nach links als nach rechts, genau wie die Kernspins in unserem Körper!«[22]

»Das hängt also, meinst du, mit der Wechselwirkung zusammen?«

»Ja, klar ... hast du dich noch niemals gefragt, warum die Elementarteilchen nicht altern, die Organismen aber doch, nein?«

»Nein, aber die Erde dreht sich auch nach links...«

»...die Erde ist auch ein Organismus.«

John stimmte zu, die Erde lebt, aber er sah den Zusammenhang mit dem Fluss der Bosonen nicht. *»Warum die Triebkraft?«*

»Weil sie wie ein Mixgerät wirkt, die das Eiweiß zu Schaum schlägt. Kennst du die beiden Kräfte des Ostens, Yin und Yang? Die eine ist zentrifugal und entsteht durch die Rotation, und die andere ist zentripetal und entsteht durch die Anziehung: Wenn du mich fragst, sind das die beiden nuklearen Kräfte, die die Physik als schwach

22 Der Beweis stammt aus dem 1956 von Madame WU durchgeführten Experiment. Der neutrale Strom ist Teil des schwachen Nuklearkraft, die die Linksrotation bevorzugt.

und stark bezeichnet. Die schwache expandiert und transmutiert, die starke dagegen konzentriert und bewahrt und reproduziert den vorhandenen Zustand.«

»Dann hat der Osten Recht! Alles spielt sich zwischen den beiden ab!«

»Ja, aber der dritte Weg, also ihr Gleichgewicht, funktioniert nicht, John, das beweist die Geschichte.«

»Bist du immer noch der Ansicht, dass ein vierter Weg nötig ist?«

»Natürlich, und das ist die organische Alchemie: Die beiden Nuklearkräfte haben Auswirkungen auf den menschlichen Körper. Die Z-Bosonen können die Kernspins wie Pirouetten in einem unsichtbaren Tanz ausrichten, die Rotation beschleunigen und somit die zentrifugale Kraft, die expandiert. Die starke Kraft zieht dagegen an und wirkt trennend,[23] *sie ist wie der Hass und ist tausendmal langsamer. Für mich sind sie Eros und Thanatos, unterschiedliche Auswirkungen, die sich schon in ihrer Dauer unterscheiden.«*

»Ist die Liebe blitzartig und der Hass immerwährend? Das ergibt einen Sinn... Das sind also verschiedene Auswirkungen, aber sie gehen keineswegs auseinander, ganz im Gegenteil, sie sind in jedem Atomkern vereint!!! Und dabei wird immer der Anspruch erhoben, das Gute vom Bösen zu trennen!«

»Ja, und so schaffen sie eine heuchlerische Moral, sie täuschen vor, gut und heilig zu sein, aber im Inneren sind sie pervers und quälen sich mit unglücklicher Seele. Die Ausrichtung der Kernspins, John, hängt mit unserer Gesundheit zusammen. Eine gesunde Sexualität kann sie verbessern, und das wissen auch Ärzte. Das Problem ist, dass die gesunde Sexualität in Harmonie mit den Gefühlen und den Empfindungen der Seele stehen muss...«

»Ist die Psyche zufälligerweise auch die Auswirkung einer Kraft?«

»Der elektromagnetischen! Erinnerst du dich an die Sage? Psyche trifft im Dunkel der Nacht auf Eros, den Gatten, der sie liebt. Sie wäre glücklich, aber es quält sie, dass sie ihn nicht sehen kann, denn das hat der König der Götter, Jupiter, verfügt. Schließlich kann sie nicht widerstehen, sie beleuchtet ihn mit einer Öllampe und ... verliert ihn.

23 *Die schwache Kernkraft wirkt auf alle Teilchen, auch auf die Leptonen (Elektronen und Neutrinos), auf die die starke Nuklearkraft dagegen keinerlei Wirkung hat.*

Psyche spürt die Liebe von Eros und fühlt sich wohl in seinem Palast, aber das reicht ihr nicht. Das Drama ist die beschränkte Sicht, die uns das wenige, das wir wirklich sehen, fälschlicherweise für etwas anderes halten lässt.«

»Trennt die Sicht die Psyche vom Eros und quält auch unseren Geist, Giorgio? Also zerfleischen uns drei Kräfte, die beiden nuklearen und die elektromagnetische!«

»Stimmt, und der vierte Weg ist die Triebkraft, die sie alle drei miteinander auf neue Weise verquickt, vielleicht zu einer glücklichen Verbindung aus Eros, Thanatos und einer anderen Psyche als in der Vergangenheit. Woran glauben wir: an das, was wir sehen, oder an das, was wir spüren?«

Er wusste zwar, dass er eine solche Qual am eigenen Leib erlebt hatte, dennoch war John verblüfft: *»Der Eros ist für jeden anders, er verändert sich von einer Minute auf die andere. Eine Kraft kann die Menschen nicht unterscheiden, sie kann den Moment, den wir durchleben, nicht erkennen. Dafür müsste sie intelligent sein!«*

»Also auch du, John! Warum sollten denn die Bosonen mechanisch wie Roboter sein? Wer verwehrt ihnen eine Intelligenz?«

»Aber ... die gesamte Physik! Die Kräfte folgen mathematischen Gesetzen und können nicht frei wählen...«

»Das gilt nicht für alle! Die schwache Wechselwirkung ist unvorhersehbar, tatsächlich aber behandelt die etablierte Wissenschaft sie nach der Statistik, ein bisschen so, wie sie es auch mit dem Verhalten der Menschen machen.«

»Dann ist die Vorstellung, dass die Natur mit der Mathematik kommuniziert, eine falsche Denkweise?«

»Ja, arrogant und ignorant, sie negiert die Intelligenz der Felder und glaubt an die der Politiker ... das ist verrückt!«

»Ein intelligentes nukleares Feld, Giorgio ... dann gibt es intelligente Wesen, die damit umgehen können...«

»Außerirdische? Warum denn nicht? Geh ins Internet, und du findest alle möglichen Arten und auch, wenn du dir ›Krieg der Sterne‹ anschaust. Ein so ausgedehntes Universum und auf so einem kleinen Planeten Menschen, die dumm genug sind, sich gegenseitig umzubringen! Findest du das nicht absurd?«

»Ja, du hast Recht, aber die schwache Kraft hat sehr hohe Frequenzen und, wenn ich mich recht erinnere, steuert sie die Kernfusion im Herzen aller Sterne...«

»Liebe ist die Kraft, die die Sonne bewegt und alle anderen Sterne...«

Der berühmte Satz Dantes traf John wie Amors Pfeil. Die Dichter wissen schon lange im Voraus, was die Wissenschaft nur mühsam begreift. Ist die universelle Liebe die schwache Kraft, die das Herz der Materie antreibt? *»Dann könnte die Triebkraft das gesamte Universum erwärmen!!!«*, rief der Geophysiker aus.

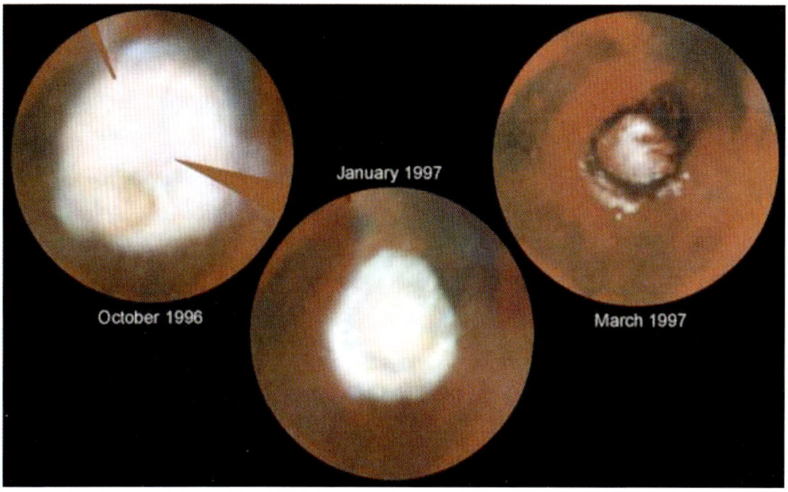

Abbildung 5 – Auch die Gletscher auf dem Mars bilden sich zurück. Und dies ist nur einer von vielen Hinweisen darauf, dass die Erwärmung tatsächlich global ist und mit der normalen Materie zusammenhängt, aus der das beobachtete Universum besteht, das sich in Ausdehnung befindet.

»Und das gesamte beobachtete Universum dehnt sich tatsächlich mit wachsender Beschleunigung aus.«

»Ist die Triebkraft nuklear?« Johns Gesicht hatte sich aufgehellt; er hatte der Vorstellung immer misstraut, dass die globale Erwärmung mit dem durch den Menschen verursachten **Treibhauseffekt** zusammenhänge.

Die Luft in den großen Städten ist nicht mehr zu atmen, aber dafür gibt es viele Ursachen, nicht zuletzt die Ängste der Menschen.

Dem Menschen die Schuld zu geben, war der Schwindel, um die ›Gutmenschen‹ zum Kauf neuer Autos zu bewegen, eine geschickte Stimmungsmache, mit der man versuchte, der Automobilindustrie aus der Krise zu verhelfen.

»Die kalte Fusion reproduziert sich in der ganzen Welt, John. Ich habe langsam den Verdacht, dass die Natur dies bewirkt.«

»Es ist die Triebkraft«, der andere dachte an die schmelzenden Gletscher. Waren dies Auswirkungen einer natürlichen Kernfusion?

Also ist das Mangelsyndrom falsch, die fixe Idee, die sich durch die gesamte Menschheitsgeschichte hindurchzieht! *»Giorgio, stellt in deinen Augen die Erderwärmung eine Gefahr dar?«*

»Keineswegs! Sie ist der Beweis für einen großen Überschuss an Energie, und wenn wir wirklich intelligent sind, ist das die Chance für ein neues Bündnis zwischen dem Menschen und der Natur.«

»In der Sahara schlummern ungeheure Wasserreserven im Untergrund. Mit Solarpumpen kann man sie an die Oberfläche holen und den Boden bewässern. Die Wüste ist ein riesiges und äußerst fruchtbares Terrain und kann zu einem neuen Garten werden!«

»Stimmt. Anstatt um die Außerirdischen im Himmel sollten wir uns um die Geistesgestörten kümmern, die unsere Erde in eine Wüste verwandeln.« Johns Gedanken wirbelten in einem Ideenstrudel, er spürte irgendetwas, was er nicht genau erfassen konnte. *»Eine Kernfusion erzeugt Wärme und transmutiert die Materie. Wenn Letzteres die Ursache für die globale Erwärmung ist, könnte das alles ändern, und nicht nur die Geographie, sondern auch das Sonnensystem und das beobachtete Universum... Und wächst für uns der Eros?«*

»Die Liebe, die uns erlaubt, den Quarks eine neue Geschmacksrichtung zu verleihen, wächst. Jesus hat gesagt, wir sind das Salz der Erde.«[24] Der Eros war tatsächlich explodiert und sorgte in der ganzen Welt und sogar in ›anderen Sphären‹ für Skandale: Er heizte das *soziale Klima* an und erregte die Aufmerksamkeit der Medien. Unterdessen wird das atmosphärische Klima immer extremer, aber weder sind die Ursachen in irgendeiner Weise geklärt, noch stellen die Verän-

24 Das sagt Jesus Christus in den Evangelien. Es ist kurios, dass die Quarks, aus denen die Atomkerne bestehen, nach ihrer ›Geschmacksrichtung‹ definiert werden, Giorgio spielt hier mit Worten.

derungen eine wirkliche Gefahr dar. Die Geschichte beweist ganz im Gegenteil, dass die Menschheit gerade in den heißesten Zeitepochen am meisten gedeiht.

In Afrika herrschen Dürre und Hunger, in Europa Ängste, die mit Sex, Krankheit und Tod zusammenhängen. Warum lösen die Menschen die Probleme nicht, bevor alles in einer Tragödie gipfelt? Es fehlt das Geld...

»John, es mag dir absurd erscheinen, aber die Misere liegt an der Materie, aus der unser Körper besteht. Sie ist in ein Gefängnis eingezwängt, in ein winziges Volumen. Sie braucht die Triebkraft, um wieder aufzuleben, und das ist kein Wunder. Das ist eine nukleare Mutation, die wir alle vollbringen können. Jesus selbst hat gesagt, ihr werdet die Werke tun, die ich tue, und ihr werdet größere als diese tun.«

»Wir sind das Salz...«

»Wenn wir nicht handeln wie Psyche, John.«

»Und wofür steht die Öllampe?«

»Vielleicht für den exzessiven Konsum von Erdöl, unsere Unfähigkeit, die Triebkraft einzusetzen, die unendliche Ressource, die ausdehnt und uns Grenzen überwinden lässt«, entgegnete Giorgio verliebt.

»Der Eros ... die Psyche spürt ihn, aber sie sieht ihn nicht.«

»Die Psyche ist Gefangene widersprüchlicher Vorstellungen, sie befindet sich in einem verzwickten Labyrinth. Sie braucht den Faden Ariadnes,[25] *um wieder herauszufinden...«*

»Und was wäre der Faden für uns?«

»Vielleicht ist er unser Gehirn... Hast du gesehen, dass es aus Fasern besteht? Und dann bleibt die Tatsache, dass unsere organischen Moleküle sich eher nach links drehen als nach rechts. Denn, gibt es nicht die Parität, John? Ich dachte sogar, aber ... du wirst sagen, es ist verrückt!«

»Sag es mir, du weißt, dass mich nichts schockiert.«

»Wenn fast alle Körper gegen den Uhrzeigersinn rotieren, was dreht sich dann im Uhrzeigersinn, was, John?«

»Ist es zu banal zu antworten, die Zeit?«

»Hm, ja, es sei denn, du sagst mir, was die Zeit ist.«

25 Das ist der Mythos des Theseus, der das Labyrinth betritt, den darin eingeschlossenen Minotaurus, der halb Mensch und halb Stier ist, tötet und dank des Fadens, den er von Ariadne erhielt, wieder herausfindet.

Er überlegte einen Moment: *»Ich weiß es nicht.«*

»John, niemand weiß es. Die Zeit ist das Geheimnis, auf dem alle Berechnungen basieren.« Ja, natürlich, Gehälter, Gewinne, Schulden...

»Und was dreht sich dann im Uhrzeigersinn?«

Giorgio schwieg, und die Übertragung per Skype schien wie eingefroren. *»Bist du noch da?«*, fragte der andere.

»Ja, ja ... aber die Antwort wird dich verblüffen: Es ist der genetische Code, der Samen des Lebens, die DNA«, sagte Giorgio friedlich. *»Weißt du, die Standardform der DNA, die sogenannte B-Form, dreht sich im Uhrzeigersinn.«*

»Dann sitzen wir *alle auf dem Karussell! Unsere DNA dreht sich im Uhrzeigersinn, und daher sehen wir alles andere gegen den Uhrzeigersinn rotieren...«*

Abbildung 6 – Der Brunnen der Ewigen Jugend in Reggia di Caserta. Sie kann die Quelle des Lebens sein: Die kristalline Sonne im Mittelpunkt der Erde schafft die Ewige Harmonie, die aus in der Zeit hin- und zurückreisenden Tönen besteht.

»Ja, das Universum besteht aus lauter Karussells, John, aber es ist das Innere, das die Vorliebe für die Linksrotation bestimmt.«

»Und ... kann man nicht absteigen?«

»Vielleicht ... kann man das. Eine andere Form der DNA, die sogenannte Z-Form, dreht sich gegen den Uhrzeigersinn und man kann sie in die Standardform, die B-Form, überführen und damit die Rotationsgeschwindigkeit verlangsamen...«

»Aber dann ist dieses Z doch das Z der Zorro-DNA!«

Die DNA wurde 1953[26] entdeckt und ist der seit Milliarden Jahren auf der Erde wurzelnde Samen, der Beweis für ein genetisches Projekt ist, das über seine eigenen Niederlagen triumphiert, stirbt, wieder aufersteht und in einem unaufhaltsamen Aufstieg zu einer immer größeren Komplexität voranschreitet. Mit ihren unterschiedlichen **Rotationen** fordert die DNA die Einzigartigkeit der Zeit heraus. Und nicht nur das. Alle natürlichen Rotationen sind, wie John bemerkte, ultraschnell. Am Äquator dreht die Erde sich mit einer Geschwindigkeit von 1.670 km/h um die eigene Achse und erzeugt unseren Tag, während sie mit einer durchschnittlichen Geschwindigkeit von 108.000 km/h um die Sonne rotiert und unser Jahr erzeugt. Gemeinsam mit dem gesamten Sonnensystem reist sie mit circa 900.000 km/h, ohne jemals anzuhalten, um Treibstoff aufzunehmen!

»Giorgio, alle Himmelskörper rotieren mit atemberaubenden Geschwindigkeiten, und das ohne erkennbare Antriebe und auch ohne Kraftstoffe!«

»Und noch größer sind die Geschwindigkeiten der Atome, auch in unserem Körper. Die Elektronen drehen sich mit etwa 100.000 km pro Sekunde[27] und die Rotationsgeschwindigkeit der Quarks bleibt ein Geheimnis. Ich habe den Verdacht, dass sie höher ist als die Lichtgeschwindigkeit.«

»Und wenn es so wäre, was würde es für uns bedeuten, Giorgio?«

»Dass sich der Zeitpfeil umkehrt, dass er aus der Zukunft kommt.«

»Wie ... die Zukunft existiert bereits?«

»Seit dem Zeitpunkt der Empfängnis befindet sie sich in der DNA, ein Plan mit unterschiedlichen Wahrscheinlichkeiten, die letztendlich von unseren Entscheidungen abhängen.«

»Leider unterliegen wir so vielen Zwängen.«

»Eher falschen Überzeugungen... Erinnerst du dich daran, was wir auf dem Campidoglio sagten? Die Ideen sind wie die Götter, und die Idee der Zeit ist der Gott Saturn, der dann von Jupiter entthront wurde.

---

26 Die Desoxyribonukleinsäure; James Watson und Francis Crick identifizierten sie und erhielten 1962 für ihre Entdeckung den Nobelpreis.

27 Das ist ein Drittel der Lichtgeschwindigkeit, die 300.000 km/s beträgt.

»Die Zeit … Giorgio, die Wissenschaft rühmt sich, sie bis zum Millionstel eines Milliardstel einer Sekunde zu messen.«

»Aber … misst sie sie tatsächlich? Sie vergleicht sie mit einer Frequenz eines Metalls![28] *Wir nehmen die Zeit unterschiedlich wahr, manchmal rast sie wie ein Zug, ein anderes Mal steht sie. Vom Reich des Gottes Saturn zu dem von Jupiter überzugehen, ist eine Revolution ohne jedes Blutvergießen. Wir brauchen lediglich einen Kampf gegen unsere eigenen Überzeugungen zu führen. Noch benutzen wir den gregorianischen Kalender!«*

»Die Maya haben andere Kalender erstellt.«

»Ja, und andere Zivilisationen haben ihre Kalender gemacht, John, sie haben unterschiedliche Zyklen erkannt, aber über den entscheidenden Punkt sind sie alle hinweggegangen. Die Zeit ist keine fremde und unbekannte Einrichtung: Sie hängt von den Rotationsgeschwindigkeiten ab, die ihrerseits von den Beziehungen zur Ursache abhängen, die sie erzeugt.«

»Zum Fluss des Lebens?«

»Ja, zum Fluss des Lebens, der an Intensität zunimmt und immer ungestümer wird.«

---

28 Der universellen Zeit, die sogenannte UTC (Universal Time Coordinate) liegt als Basiseinheit eine spezielle Frequenz des Cäsium 137 zugrunde.

John und die Entwicklungssprünge

Nach dem Treffen in Rom 2007 war John in die USA zurückgekehrt und hatte sich in die Forschung gestürzt. Die Erderwärmung wuchs mit der Häufigkeit von Dürren, Erdbeben und Vulkanausbrüchen, immer extremeren Phänomenen, mit denen die Umwelt immer instabiler und zerbrechlicher wurde; durch die Nachlässigkeit, die man der Natur gegenüber walten ließ, war sie ›Abstürzen‹ jeglicher Art ausgesetzt.

Giovanni Ackermann, für seine Freunde John, hatte bis zu seinem Universitätsabschluss in Physik mit seiner italienischen Mutter in Rom gelebt. Daraufhin hatte ihm sein Vater, Professor für Biologie an der Universität Berkeley, ein Stipendium für die Promotion in Geophysik verschafft. John hatte gedacht, dass er Italien lediglich für drei Jahre den Rücken kehren würde, aber er war in den USA geblieben. Seine brillante Karriere und zwei Eheschließungen hatten ihn dort festgehalten, beide waren jedoch ... gescheitert. Die erste Ehe, während derer einerseits nächtliche Leidenschaft und andererseits täglicher Wettstreit sein Leben prägte, war nur von kurzer Dauer gewesen. Die zweite mit Elena, der perfekten Gattin, die alles regelte, Rechnungen, Konten, das Zuhause und anfänglich auch die Sexualität, war von der Geburt der Zwillinge gekrönt worden. Vielleicht hatte sie aus diesem Grunde länger gehalten. Als kleine Kinder waren sie süß, und er beschäftigte sich viel mit ihnen, aber seitdem sie die Schule, eine Art Schmiede für gute amerikanische Bürger besuchten, hatte sich die Kommunikation auch mit ihnen als schwierig entpuppt. John hatte sich immer als ein einzigartiges Individuum empfunden, mit dem Quäntchen Verrücktheit, das ihn kreuz und quer durch alle Kontinente reisen, andere Völker aufsuchen, auf Menschen treffen, Unterschiedlichkeiten respektieren und die Übereinstimmung der menschlichen Bedürfnisse erkennen ließ.

Das Reisen bedeutete für ihn weit mehr als nur touristische Besichtigungen. Er sprach mehrere Sprachen gut, und insbesondere beherrschte er die Sprache, deren Fundamente Respekt, Freundschaft, Lächeln und ... Würde sind. Seine Eltern hatten sich zu Beginn seiner Jugendzeit getrennt. So hatte damals seine innere Reise zwischen Verlangen, Träumen und unerfüllten Bedürfnissen begonnen.

Von seiner italienischen Mutter, einer feinsinnigen, introvertierten und komplizierten Kunsthistorikerin, hatte John die Leidenschaft für den guten Geschmack, die Kunst und antike Mythen geerbt. Von seinem Vater, einem Biologen mit einer brillanten Laufbahn, der theoretisch offen für alles war, tatsächlich aber an den wissenschaftlichen Materialismus glaubte, hatte er den Pragmatismus, die Professionalität und den so tief in der amerikanischen Seele verankerten Wunsch, Grenzen zu überwinden. John hatte daher zwischen zwei Welten und mit zwei unterschiedlichen Denkweisen gelebt. Das Bedürfnis nach einer Querschnitts-Forschung empfand er als drängende Notwendigkeit, und im Übrigen wurden seine Thesen durch die wissenschaftlichen Daten, die er mit Giorgio austauschte, bestätigt.

Giorgio – »Der Apfel verändert sich«

Es wurde ein Gürtel von Antiprotonen (Abbildung 8, Seite 64) entdeckt, der sich mehr oder weniger auf der gleichen Höhe befindet wie der innere aus Protonen bestehende von Van-Allen-Strahlungsgürtel (Abbildung 7, Seite 63).

Was machen Antiteilchen und Teilchen der gleichen Art nebeneinander? Sie vernichten sich gegenseitig, und sie verwandeln sich in Energie! Folglich verflüchtigt sich auch der äußere Gürtel, der aus Elektronen mit negativer Ladung besteht. Letzterer spürt nicht mehr die Anziehung des inneren Gürtels, der positiv geladen ist. All dies kann auf eine jähe Veränderung des Apfels hindeuten.

John – »Hat der Apfel sich vor 12.000 Jahren verändert?«

Der *Apfel*, das Erdmagnetfeld, hat Schübe durchgemacht, die von sprunghaften Entwicklungen der Spezies begleitet wurden. Die Letzte erfolgte vor etwa 12.000 Jahren. Damals kennzeichnete eine starke vulkanische Aktivität das Ende des Pleistozän, das für etwa zwei Millionen Jahre bestanden hatte, und die Megafauna wurde ausgelöscht. Dann begann das Holozän, auch **Anthropozän** genannt, weil es mit dem Entstehen menschlicher Zivilisationen zusammenfällt. Die Ursachen für diese Entwicklungssprünge des *Apfels* sind unbekannt. Wenn du die Dauer der geologischen Zeitalter betrachtest, siehst du, dass sie zuerst sehr lang und dann immer kürzer sind (Abbildung 9, Seite 66). Meine Empfindung ist, dass beim Übergang von einem Zeitalter zum nächsten sowohl die DNA als auch der Rhythmus der Zeit sich ändern.

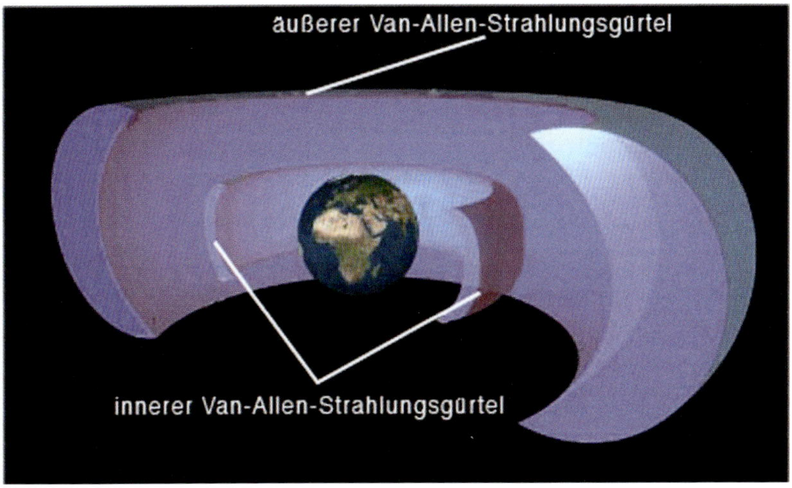

Abbildung 7 – Die beiden Van-Allen-Strahlungsgürtel: Der nähere, der sich 500-1000 km von der Oberfläche entfernt befindet, besteht aus Protonen und hat positive Ladung, der äußere dagegen aus Elektronen mit negativer Ladung. Zwischen beiden entsteht ein elektromagnetisches Feld in einer einzigen Richtung (von positiv nach negativ), das heißt, von der Vergangenheit in die Zukunft. NASA

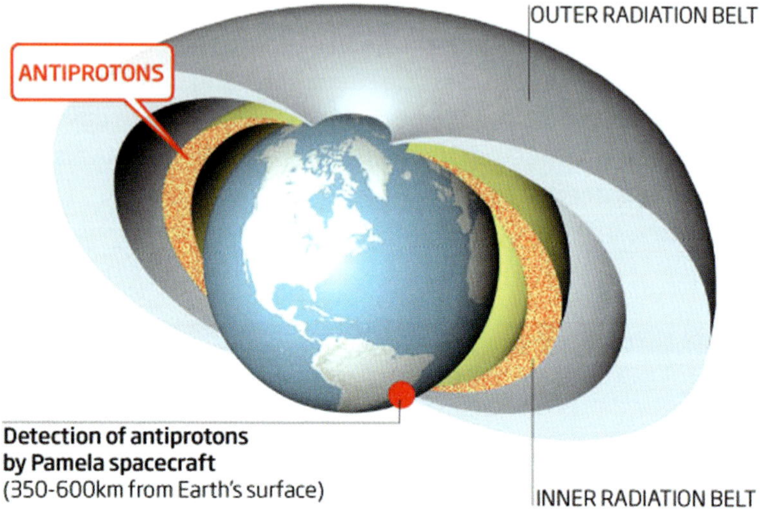

Abbildung 8 – 350 bis 600 km von der Erdoberfläche entfernt gibt es einen Antiprotonengürtel, der durch das Pamela-Experiment entdeckt wurde. Die Antiprotonen zerstrahlen sich mit den Protonen aus dem Van-Allen-Gürtel. Die Satelliten hatten bereits die Positronen entdeckt, bei denen es sich um Antielektronen handelt, und die sich mit den Elektronen des äußeren Gürtels gegenseitig vernichten können. NASA

Giorgio – »Re: Hat sich der Apfel vor 12.000 Jahren verändert?«

Also ist die Zeit kein ewiger ›Gott‹! Ich frage mich, ob über den Rhythmus der Zeit hinaus auch das Atom verändert ist. Wir verwenden die **Atomzeit,** die womöglich nicht einzigartig und auch kein ›universeller‹ Referenzpunkt ist, wie eine internationale Übereinkunft von Technikern behauptet.[29] Wenn sich der Rhythmus der Zeit beim Übergang von einem Zeitalter in ein anderes verändert, ist es nur logisch zu denken, dass auch das Atom sich verändert. Giordano Bruno sprach von einer **Verfestigung**, ähnlich der **Zustandsveränderung**, die verschiedene Theorien erwähnen. Das ist wie der Übergang von Wasser zu Eis, aber mit einem entscheidenden Unterschied: Daran sind nicht nur die molekularen Bindungen beteiligt, sondern

29 Die *Atomzeit*, die sogenannte ›Universalzeit‹ ist an eine bestimmte Frequenz eines Metalls, das Cäsium 137 gebunden. Dies war eine Entscheidung, die auf der Stabilität dieses speziellen Metalls beruhte.

auch die nuklearen, das heißt, ihre Beziehungen zu allen Feldern. Wenn sich vor 12.000 Jahren die **Atomkerne verengt** haben, haben ihre Beziehungen zu den Feldern sich verändert: Die Beziehungen zu den starken nuklearen Feldern sind stärker, die zu den schwachen sind schwächer geworden, und die zu den elektromagnetischen haben sich intensiviert. Und bedenke, die schwache Wechselwirkung bestimmt den Zerfall von radioaktiven Isotopen wie dem Kohlenstoff 14, mit dem Datierungen vorgenommen werden. Wenn dieser Zerfall sich verändert hat, dann muss die gesamte Geschichte neu geschrieben werden!

John – »Re: Re: Re: Hat sich der Apfel vor 12.000 Jahren verändert?«

Die Mythen sprechen tatsächlich von einem **Sturz der Titanen** und auch von Atlantis, einer Zivilisation mit fortschrittlicher Technologie, die mit der **universellen Sintflut** verschwand. Man hat nie Spuren davon gefunden, sind sie mit der Zustandsveränderung ausgelöscht worden? Und warum finden sie sich in unseren **Erinnerungen** wieder?

Giorgio – »Ausgelöschte Geschichte«

Die Erinnerung ist ein weiteres Mysterium. Wir glauben an die Geschichte, die wir in der Schule lernen, an die Existenz von Kulturen, die angeblich nur während der vergangenen 13.000 Jahre entstanden sind und nicht vorher. Das Universum ist 13 Milliarden Jahre alt, es ist eine Million Mal älter! Haben sie es beobachtet? Nein, sie haben sich die Urknalltheorie ausgedacht.

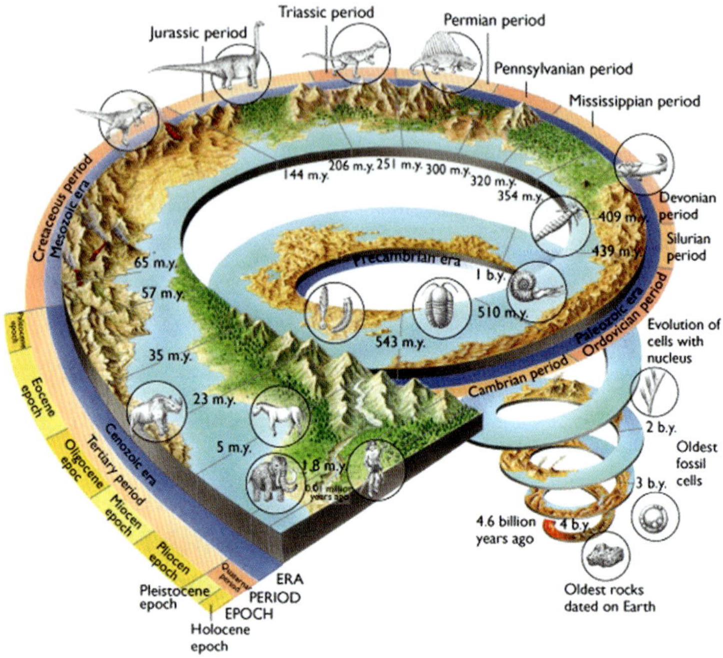

Abbildung 9 – Die Zeitalter dauern zuerst sehr lang und werden dann immer kürzer. Der Rhythmus der Zeit war unter Umständen in den verschiedenen Zeitaltern unterschiedlich, und eine Geschichte, die in Bezug auf die heute ›gemessene‹ Zeit beschrieben wird, ergibt dann keinen Sinn.

John – »Ausgelöschte Geschichte und die verbotene Archäologie«

In Sibirien wurde ein aufrechtes, halb kniendes Mammut in einem fast perfekten Konservierungszustand gefunden; und was noch erstaunlicher ist, im Maul hatte es Ranunkeln, Blumen, die bei milden Temperaturen wachsen. Irgendetwas hatte es von einem auf den anderen Moment gefroren. Wäre dies langsamer erfolgt, hätte ein Verwesungsprozess eingesetzt, worauf es aber keinerlei Hinweise gibt. Die Epoche ist das Ende des Pleistozän vor etwa 12.000 Jahren. Weitere Nachrichten: Dr. Withney, ein Geologe, hat Instrumente und Geräte von vor 55 Millionen Jahren ausgegraben;[30] eine Geologin hat in Mexiko Reste einer Kultur von vor 300.000 Jahren gefunden:

30 Siehe die Webseite http://www.mcremo/index.html

an verschiedenen Stellen scheint es, hat man menschliche Skelette gefunden, die mittlerweile Millionen Jahre alt sind. Man spricht von Kulturen, die unserer vorausgehen, und von einem Land zwischen Asien und Südamerika, dem alten Lemurien, wo Menschen fast 1000 Jahre alt wurden. Weitere Mysterien der Archäologie sind die Jahreszahlen. Man ermittelt sie durch die Messung der Menge an Isotopen, wobei man davon ausgeht, dass der **radioaktive Betazerfall** immer konstant war. Ich bestätige dir also, dass, wenn er sich durch die Zeitalter hindurch verändert hat, **sämtliche Daten falsch sind.**

Giorgio – »Der Übergang in ein neues Zeitalter?«

Es ist eine **übergangslose Veränderung** des gesamten Sonnensystems im Gange. Die Marspole sind fast verschwunden, der große rote Fleck des Jupiter hat sich in drei kleinere geteilt, die Leuchtkraft der Venus ist um 2500% gestiegen, und auf den Polen des Saturn erscheinen merkwürdige Polarlichter.

Auf der Erde bietet uns die Natur spektakuläre Bilder: Wolken und Blitze aus dem Untergrund, gewaltige rotglühende Flüsse aus den Vulkankratern fließen ins Tal, und auf den Inseln ergießen sie sich ins Meer. Meiner Ansicht nach wird sich etwas Unbeschreibliches ereignen.

John – »Das Ende der Bipolarität?«

Hi Giorgio, noch eine Neuigkeit, die dir gefallen wird. Die Sonde Ulysses hat entdeckt, dass das Sonnenmagnetfeld multipolar und nicht nur polar ist. Andere Untersuchungen zeigen, dass auch das Magnetfeld der Erde vier Polaritäten aufweist und nicht nur zwei wie zuvor (Abbildung 10, Seite 68).

»Bricht die Bipolarität im gesamten Sonnensystem zusammen, John? Das ist ja wirklich eine tolle Nachricht! So wird offensichtlich, dass die ›Gegensätze‹ überhaupt keine Gegensätze sind: Sie sind verschieden, aber alle beide Geiseln der Finanzen.«

»Die Finanzen, Giorgio... Sind sie natürliche Realitäten?«

»Nein, und das wissen wir nur zu gut, sie sind virtuelle Übereinkünfte, die mit dem ›Gott‹ Zeit und der Verrücktheit dieser Welt verquickt sind.«

»Die Nationen bewaffnen sich, um sich gegeneinander zu verteidigen, und doch sind sie in einem einzigen internationalen Währungsfond vereint.«

»Man brauchte nur die Waffen niederzulegen, einzusehen, dass wir nicht mehr dafür sterben wollen, ›deren‹ Geldschränke weiter zu füllen. Und vielleicht wird es uns dank der wachsenden Triebkraft diesmal gelingen.«

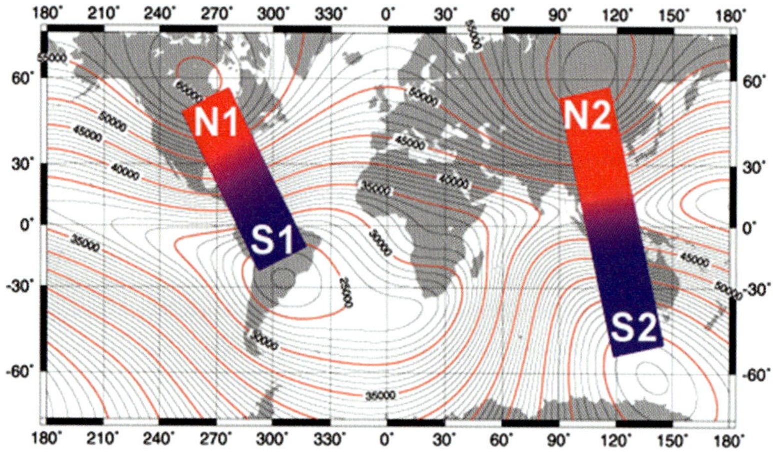

Abbildung 10 – Die Linien des Erdmagnetfeldes und die Offensichtlichkeit der vier Polaritäten, zwei in Nord- und Südamerika und zwei in Asien und Ozeanien. Die Polarität S 1 fällt außerdem mit einer großen Anomalie, in Südamerika und im Südatlantik zusammen, die sich in Bezug auf die Oberfläche mit der gleichen Geschwindigkeit bewegt wie der kristalline Kern. Dies beweist den direkten Kontakt zwischen der Kruste und dem Kern.

John – »Vollzieht sich gerade ein Phasenübergang?«

Das Innere der Erde ist in Aufruhr.

Mit einer Art TAC[31] ›sehen‹ sie die Bewegungen des Erdmantels, der den größten Teil, nämlich 84% des Volumens des Planeten ausmacht. Mit der gleichen Technik haben sie die gewaltigen Wärmeflüsse ›gesehen‹, die an der Grenze zwischen dem Kern und dem Mantel entstehen.

31 TAC = computerisierte axiale Tomographie

Die Geophysiker nennen sie CMB (*Core Mantle Boundary – Kern-Mantel-Grenze*) und aus ihr entsteht eine Hitze, die wesentlich höher ist als in früheren Modellen beschrieben. Der Kern macht nur 15% des Volumens aus, verfügt aber über eine sehr hohe Dichte und hat sich innerhalb nur weniger Jahre verändert. Der Mantel überträgt seine Wärme an die dünne Kruste auf der wir ›leben‹ und die nur 1 % des gesamten Volumens ausmacht.

Sind die globale Erwärmung und das beschleunigte Schmelzen der Gletscher auf der Oberfläche zufällig Auswirkungen des **Phasenübergangs**, das heißt, eines Übergangs in eine neue nukleare Phase, der anders als der letzte Übergang vor 12.000 Jahren?

Giorgio – »Katastrophe«

Deine Hypothese ist faszinierend, auch weil die Instabilität überall greifbar ist und die Einleitung einer Zweiteilung sein kann, wie die **Katastrophentheorie** besagt.[32] Der Begriff kommt aus dem Griechischen ›katastrophé‹, was einen plötzlichen Umsturz bedeutet und nicht mit einer negativen Bedeutung behaftet ist.

Die Katastrophentheorie zeigt, dass ein instabil gewordenes System sich in zwei neue stabile Zustände verzweigt, einen, der **freier** ist, und einen anderen, der noch festgelegter ist auf den vorherigen Zustand.

John – »Re: Katastrophe«

Jedenfalls lässt die Wärme, die aus dem Untergrund kommt, die Gletscher schmelzen. Man sagt, der Meeresspiegel steige, aber wenn die Polargletscher zu Wasser werden, überflutet dieses die Ozeane und verändert die Masseverteilung; dies kann die Stabilität der Polarachse untergraben. Warum sagt man uns das nicht? Vielleicht, um keine Panik auszulösen...

32 Die *Katastrophentheorie* formulierte der Mathematiker René Thom (1923).

Giorgio – »Re: Re: Katastrophe«

Aber genau das machen sie doch! Sie verbreiten Angst, um uns von der Notwendigkeit des Systems, das uns ›beschützt‹, zu überzeugen.

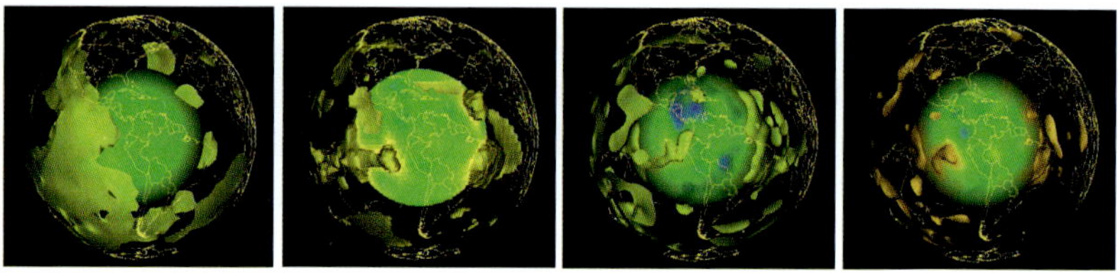

Abbildung 11 – Verschiedene Bilder, die die Erdmantelbewegungen zeigen. Sie wurden mit einer speziellen Technik ähnlich der TAC-Technik, (computerisierte axiale Tomographie) erzielt.

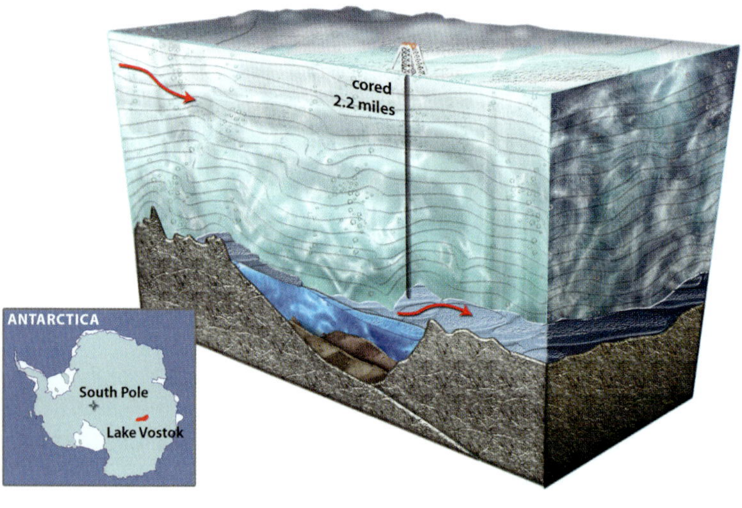

Abbildung 12 – Bei einer zirka 3 km tiefen Bohrung ins Eis haben die Russen den Wostoksee erreicht, der bereits per Radar ermittelt worden war, und sind erstaunlicherweise unter dem Eis auf milde Temperaturen von etwa 30° über null gestoßen.

John – »Katastrophe? Ja, Freiheit!«

Hi Giorgio, schau dir an, was in der Antarktis passiert. Die Russen haben 3000 Meter tief ins Eis gebohrt und sind auf den Wostoksee gestoßen, dessen Existenz sie schon vorher per Radar festgestellt hatten. Und das Unglaubliche daran ist, dass sie milde Temperaturen von 30° über null vorgefunden haben. Unter den Gletschern ist Sommer! Und dann dieses umwälzende Buch über die Plattentektonik:[33] ›*The Earth's Shifting Crust*‹. Nur durch ein plötzliches Gleiten der Erdkruste vor etwa 12.000 Jahren soll die Antarktis sich an den Südpol verlagert haben und daher mit Eis bedeckt worden sein. Viele glauben, dass Atlantis eben die Antarktis sei, eine große, von Ozeanen umgebene Insel. Man hat tatsächlich verschiedene geographische Karten gefunden, auf denen die Umrisse der Antarktis ohne Gletscher verzeichnet sind. Ein solches Ereignis könnte die berühmte ›Universelle Sintflut‹ erklären. Die Verschiebung ist nachvollziehbar: Die Kruste ist nicht fest im Mantel verankert, das zeigen die Bilder im Internet. Es gibt eine **Diskontinuität** zwischen ihnen, die ihnen gegenseitige Bewegungsfreiheit lässt.

Der Autor des Buches, Charles H. Hapgood, war ein Geschichtsprofessor, der über Atlantis forschte. Zu seinem 1953 erschienenen Buch hatte Einstein das Vorwort geschrieben. Wenig später wurde dem Autor jedoch bewusst, dass die Masse der Gletscher nicht ausreichte, um die Erdachse zu verschieben, wenn dies nur die Kruste betraf und nicht den gesamten Globus. Es fehlten die Spuren von Einschlägen, Asteroiden, Kometen oder anderen äußeren Ursachen, die auf die Erdkruste hätten treffen und die Verschiebung bewirken können.

Das Geheimnis blieb ungelöst, und mit ihm jenes der verschiedenen Karten ohne Gletscher, die man tatsächlich vor der Entdeckung der Antarktis selbst gefunden hatte.[34]

Giorgio – »Übergang in ein neues Zeitalter?«

Es könnten innere Ursachen sein, nukleare. Die Triebkraft ist blitzartig und die Z-Bosonen sind zahlreich, hundert Milliarden Mal zahlreicher als die Protonen, aus denen das beobachtete Universum besteht. Und nicht nur das: Jedes Boson hat eine hundertmal größere Masse als ein Proton. Nach dieser Sichtweise ist die **normale Materie**,

33 Dies ist orthodoxe Theorie, derzufolge die Erde feste Dimensionen hat.

34 Eine der Karten ist die berühmte Karte von Piri Reis, die 1513 gefunden wurde, einer Epoche, in der die Antarktis unbekannt war.

die aus Atomen besteht, so spärlich und einmalig wie ein Stäubchen, das über einem Fluss aus Licht verteilt ist, der sie durchdringt und aus der Zukunft kommt.

»Ist das also die Triebkraft, die das Universum erwärmt und ausdehnt?«

»Vielleicht ja, aber das Universum erwärmt sich erst seit wenigen Jahrzehnten, John, und die Kraft hat es schon immer gegeben.«

»Aber genauso entwickelt sich das Leben! Es weist lange Phasen der Stabilität auf, und mit einem punktuellen Ereignis verändert sich alles.«

»Sind die Zeitalter von Meilensteinen gekennzeichnet, wie der Film ›2001, Odyssee im Weltraum‹, besagt? John, lass es mich wissen!«

Abbildung 13 – Der Archaeopteryx soll vor 150 Millionen Jahren ausgestorben sein, wenn der Betazerfall konstant wäre. Das ist er aber nicht.

John – »Evolution und Schwerkraft«

Das **Aussterben** alter Spezies und das **Auftreten** neuer Spezies sind plötzliche Veränderungen der DNA, die für mich mit einer Zunahme der Schwerkraft zusammenhängen. Die Saurier, von denen einige fliegen konnten, waren so riesig, aber wendig und flink, weil die Schwerkraft damals geringer war. Mit jedem neuen Zeitalter haben die physikalischen Gesetze sich verändert, Fauna und Flora verloren an Größe, um sich an das höhere Gewicht anzupassen. Auch die Geographie veränderte sich. Nach einer als ketzerisch geltenden Theorie dehnt die Erde sich aus. Man weiß, dass sie im Jura kontrahierter war und die Kontinente näher zueinander lagen. Aber die orthodoxe

Wissenschaft leugnet das und will uns weismachen, dass die Erde feste Dimensionen habe.

Vor 80 Millionen Jahren

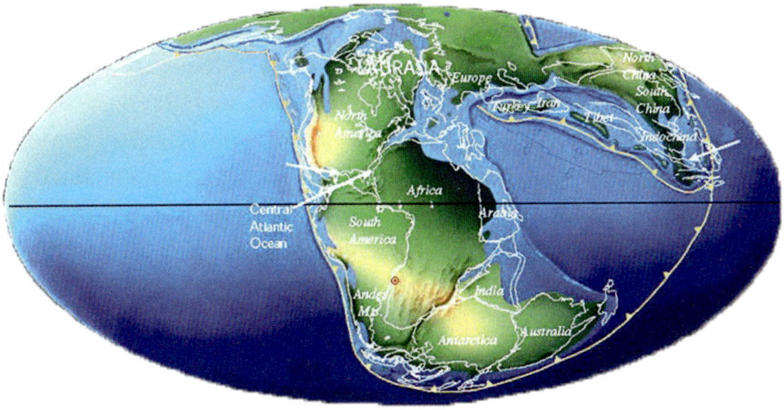

Abbildung 14 – Im Jura lagen die Kontinente näher zueinander. Diese Tatsache erklärt sich gut aus der Expansion der Erde, des Universums und der Kosmischen Schwangerschaft.

»Das ganze Universum expandiert, und der einzige Planet, der über Beobachter verfügt, soll unveränderlich sein? Der Wissenschaftsbetrieb ist Sklave des alten Reiches: Divide et impera – teile und herrsche.« Angesichts so vieler ungelüfteter Geheimnisse reagierte sogar Giorgio verärgert. *»Und ich sage dir noch etwas, John. Wenn bei einem Wechsel des Zeitalters das Kernmaterial verändert wurde, ist das Gewicht der Körper gestiegen, und die Elektrizität hat die Oberhand über andere Arten der Kommunikation gewonnen.«*

Giorgio – »Welche Realität: Die Beziehungen«

Die enge Beziehung zwischen den beiden Feldern, dem Gravitationsfeld und dem Elektromagnetfeld wird durch die allgemeine Relativitätstheorie und die unterschiedlichen Theorien, die in der Folge von dieser abgeleitet wurden, belegt. Heute sind alle fasziniert von der Quantenphysik, auf der die handelsübliche Technologie und sogar die Spiritualität, die heute in Mode ist, basieren.

»Wenn eine Wissenschaft zugunsten des Menschen die Bedeutung ihrer Entdeckungen für die Menschen nicht erkennen will, dann wendet sie sich gegen die Menschheit«, schrieb Giordano Bruno.

Wie jeder andere Körper steht der menschliche Körper mit allen vier Feldern in Beziehung, auch den beiden Kernfeldern, des schwachen und des starken. Die Medizin bedient sich der MRT, um Diagnosen zu stellen, ohne zu ahnen, dass der ›schwache‹ **Fluss** diese im Nu wertlos machen kann. Und das wäre keineswegs ein Wunder, sondern die Wirkung einer neuen Beziehung zwischen dem menschlichen Wesen und dem **Fluss**. Darin verbirgt sich die Tatsache, dass die **Beziehungen** auch von uns abhängen, von unseren Entscheidungen und unseren Handlungen und nicht von einem grausamen Schicksal, von Krankheiten, die wir für real halten oder von Entscheidungen vonseiten der Regierungen.

Die Beziehungen verändern sich, zeigen die Tatsachen auf, aber sie haben nicht das Schicksal der Menschen verändert, die im **Schweiße ihres Angesichts** arbeiten müssen und nicht das der Frauen, die gezwungen sind, unter Schmerzen zu gebären, manchmal sogar ihr Gesicht zu verbergen. Können wir die biblischen Strafen verändern? Ja, wir müssen jedoch ihre Ursachen erkennen. **Der Schweiß des Angesichts** ist die Anstrengung, die durch die Schwerkraft bewirkt wird.

Die **Geburt unter Schmerzen** liegt an der Unbeweglichkeit der Beckenknochen, deren Verbindungen sich kaum dehnen können.

Die Schwerkraft und die Unbeweglichkeit sind die Auswirkungen des **festen Zustandes** der Materie, ein Zustand, der durch die Anziehung zu sich selbst bewirkt wird. Auf den Menschen übertragen, ist dies die Neigung, sich auf die eigenen Probleme zu konzentrieren, von den anderen abzusondern und sie als Fremde zu betrachten. Es ist die Beziehung zu **Thanatos**, die uns einsam macht, selbst wenn wir eine Familie haben. Der **Eros** dagegen rettet uns, aber nur für flüchtige Momente und häufig, ohne dass die Psyche beteiligt wäre. Die schwache Kraft ist blitzartig, die starke ist tausendmal langsamer und die elektromagnetische, die unsere **Psyche** beeinflusst, ist äußerst langsam, so langsam, dass man sie für die einzig mögliche Betrachtungsweise halten könnte. Können wir unsere Beziehungen zu den drei Feldern verändern? Ja, wenn wir erkennen, dass der Eros die Kraft ist, welche die Kerne erweitert und auch unseren Blutkreislauf: Sie erigiert den Penis, die ›Waffe‹, die wir brauchen, um uns zu reproduzieren. Und sie ist die Liebe, die das **Wohl** aller Kinder und aller Organismen will, die unsere Welt bevölkern.

John – »Das allgemeine Wohl«

Verschiedene Kulturen haben in Harmonie mit der Natur gelebt, und dies trifft nicht nur auf die primitiven Völker zu. Denk an die Etrusker: Sie schufen eine florierende Zivilisation mit einem regen Austausch unter ihren Stadtstaaten, die sich über ganz Mittelitalien erstreckte, von Kampanien bis über den Po hinaus. Sie hatten eine unbeschwerte Beziehung zum Tod, und Rom hat sie niemals erobert, im Gegenteil, Rom wurde von den Etruskern erobert, und sie waren die Könige von Rom und auch seine besten Ingenieure.

Die Herrscher haben die Spuren der wirklichen Geschichte verborgen, aber unser Gedächtnis konnten sie nicht unterdrücken. Wenn nun die Triebkraft die organischen Moleküle unseres Körpers ausdehnt, werden die lebendige Botschaft und die Erinnerung an die wahre Geschichte klarer.[35] Außer Atlantis gab es auch noch Lemurien, und die Lage beider Kontinente scheint sich nicht mit der uns bekannten Geographie zu decken.

An diesem Punkt war Giorgio hinausgegangen, um in die Berge hinaufzusteigen. Er wusste von Lemurien, er hatte es immer gewusst.

Der versunkene Kontinent rief bei ihm eine starke Sehnsucht hervor: Er war, so hieß es, von Riesen bewohnt gewesen, und Giorgio, selbst von großer und beeindruckender Statur, fühlte sich diesen Wesen wie ein Bruder verbunden. Der Duft der Natur erinnerte ihn daran, wie er als Kind mit seinen Eltern in die Berge gestiegen war

35 Das größte Sammelbecken von Rom, die noch heute funktionierende Cloaca Maxima, ist Teil einer Trockenlegung des Forum Romanum, die von der etruskischen Familie Tarquni verwirklicht wurde. Sofort nach seiner mythischen Gründung im Jahre 753 v.Chr. haben tatsächlich die Etrusker Rom mit einer Reihe von städtebaulichen Maßnahmen in großem Stil bereichert.

und jemand flüsternd von einer unsichtbaren Parallelwelt zu ihm gesprochen hatte. Diese bewusste Erinnerung war über sein Leben hinweg intakt geblieben.

Die Erinnerung ist ewig, aber ... kann man sie mit falschen Nachrichten auslöschen beziehungsweise verzerren? Ist es möglich, dass sie von der bekannten Geschichte auf die eine oder andere Weise unterdrückt wurde?

Er erinnerte sich an den 12. September 2001, den Tag nach dem Einsturz der Zwillingstürme in New York.

»Das waren die Amerikaner«, hatte ihm der Gemüsehändler gesagt, bei dem er einkaufte.

»Die CIA?« Giorgio hatte das Gleiche gedacht.

»Ja, womöglich auch der Mossad und der KGB; die Geheimdienste spielen Feindschaft, aber sie sind sich alle untereinander einig!«

Die Stimme des Volkes war von denen verschüttet worden, die an die offizielle, von den Medien verbreitete Version glaubten. Fünf Jahre später sollte der Dokumentarfilm herauskommen, der sie in Frage stellte.[36] Die Türme waren aus der Tiefe unterminiert worden.

Das war das Zeichen für eine tiefgreifende Krise des Systems.

»Die Zeiten beschleunigen sich«, hatte er im September 2006 an John geschrieben, nachdem er den Film im Fernsehen gesehen hatte. *»Von vielen großen Verbrechen des vorigen Jahrhunderts weiß man noch gar nichts. Für den 11. September haben fünf Jahre zur Aufdeckung gereicht.«*

Die Wahrheit kam also ans Tageslicht, die Hinweise auf eine andere Vergangenheit kehrten ins Gedächtnis zurück, und es entstanden Ahnungen von einer neuen Zukunft.

Dies war etwas, was man aus ... dem ›Nichts‹ empfing.

Weiß das ›Nichts‹, kündigt es im Voraus an, was erst nach langwierigen Untersuchungen an die Öffentlichkeit kommt und im Fernsehen gesagt wird?

Denn trotz seiner unendlichen Möglichkeiten ist das menschliche Gehirn in einer bipolaren Logik voll zerreißender Gegensätzlich-

36 Der Dokumentarfilm Fahrenheit 9/11 des Regisseurs Michael Moore.

keit gefangen, die dich dazu zwingt, dich auf eine Seite zu schlagen und dich gegen eine andere zu stellen. Welches tragische Übel lässt dich in einen Zustand der Verdammnis verfallen, wie Odysseus dem Gesang der Sirenen verfiel? Die Versklavung durch eine konstruierte Erinnerung.

Eines Abends war Giorgio mit diesen Fragen eingeschlafen, und am nächsten Morgen war er mit der Antwort aufgewacht: Das menschliche Wesen muss sich emanzipieren, es kann den **schwachen** Gesang des Lebens wahrnehmen und sich selbst erkennen.

In Giorgio wuchs eine neue Entschlossenheit, die von dem Bedürfnis bestimmt war, sein gesamtes Gehirn zu benutzen und nicht nur den roboterhaften Teil, der immer und immer wieder an die vom System vorgeschlagenen Kulte glaubte. Schluss mit der Oberherrschaft einer durch Kenntnissen verschleierten Ignoranz! Er hatte sich an Giulia erinnert, ihre Kommilitonin aus der Studienzeit und die kürzliche Begegnung mit ihr an der *Sapienza*, der Universität von Rom. Sie war es gewesen, die ihm gesagt hatte: *»Ich arbeite am Projekt Bewusstsein.«*

Giorgio hatte sie angerufen, um den Austausch hierüber zu vertiefen.

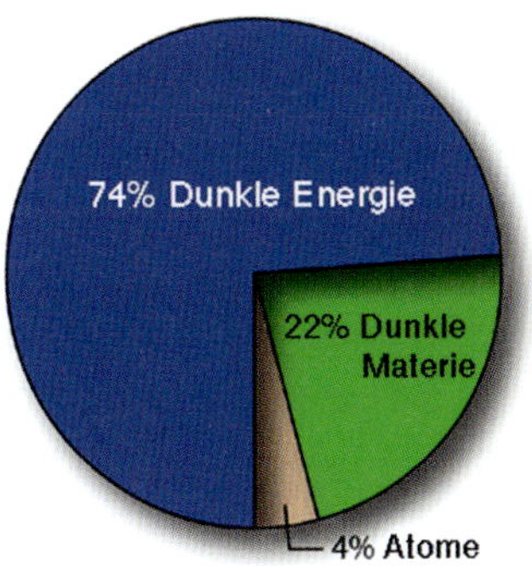

Abbildung 15 – Das kosmische Rezept zeigt die Zutaten, aus denen sich die reale Wirklichkeit zusammensetzt.
Die ***normale Materie,*** *die aus Atomen besteht, macht kaum 4% der berechneten Masse aus. Diese 4% sind theoretisch beobachtbar, aber tatsächlich hat die Astronomie über mehr als drei Jahrhunderte hinweg nur einen winzigen Anteil davon beobachtet (Abbildung 18, Seite 83).*

ROMA wird zu AMOR

Unterdessen stellt Giulia die Getränke im Kühlschrank bereit und wartet auf die beiden Freunde. Die werden vor Hitze zerfließen, denkt sie schmunzelnd. Die beiden hätten gern gehabt, dass *Giulia* nach L'Aquila fährt, um mit ihnen in die Berge zu steigen, aber sie hatte darauf bestanden, dass sie nach Rom kommen. Es ist ein Freitag im Sommer 2012.

Die Stadt ist wie ausgestorben und deshalb schöner; es ist heiß, aber auf der abendlichen Terrasse kann man es aushalten, und hier, im *Caput mundi*, der Hauptstadt der Welt, spielt sich die Zukunft der Welt ab.

L'Aquila, die an Kunstschätzen und Musik reiche Stadt inmitten eines von einer Bergkrone umrahmten Tals ist seit dem 6. April 2009 durch ein Erdbeben zerstört, das sie ihres Zentrums beraubte und in einer Art Lähmung verharren lässt, die ihren Entschluss wiederaufzuerstehen, hinauszuzögern scheint.

L'Aquilas Schicksal ist jedoch in seinem eigenen Stadtplan, der dem des eingestürzten Jerusalems entspricht, vorgezeichnet. Sie hat die richtige Größe, um Begegnungsstätte zu sein, bietet eine fantastische Natur, Parks, die vor erneuerbarer Energie strotzen: Sie kann tatsächlich die Stadt werden, ›die vom Himmel herabkommt‹, wie Johannes in der Apokalypse schreibt, ›das Neue Jerusalem‹, das den Boden für die Harmonie zwischen dem Menschen und seiner Umgebung bereitet.

Giulia ist überzeugt, dass L'Aquila aus der Asche wiederauferstehen wird, aber für eine Welt, in der es keine Grenzen mehr gibt und ganz viel Frieden. Der Betrug, der in der **weltlichen Macht** liegt, muss enden.

Der Hauptsitz ist Rom – Roma, die Hauptstadt des tausendjährigen Reiches, das sich in AMOR umkehren muss.

Ist dies ein weltumspannendes Erdbeben?

Nein ... es ist ein **universales Himmelsbeben.**

Wie in L'Aquila vor dem Beben spüren die Menschen das Herannahen eines allgemeinen unmittelbar bevorstehenden Aufruhrs, aber diesmal wissen sie nicht genau, worum es sich handelt. ›*Die Mächte der Himmel werden erschüttert werden*‹, steht in den Evangelien geschrieben, aber alle sprechen nur von einem einzigen Himmel und ignorieren die Existenz der verschiedenen ›Himmel‹, das heißt, der Plasmapopulationen, die den Planeten umhüllen und von denen die Van-Allen-Gürtel die dichtesten sind (Seite 63).

Sowohl die beiden Plasmabildschirme als auch der *Apfel*, die Magnetosphäre, die diese gefangen hält, sind im Wandel begriffen. Ein epochales Ereignis, das die Experten fürchten und die Medien scheuen. Werden wir also den ›mörderischen‹ Sonnenstrahlen ausgesetzt sein, wie sie sagen? Nein, es ist die **Enthüllung,** dass **die Sonne ein Freund** ist, dass sie nicht gottverlassen ist in einem Raum, der leer und leblos ist, wie wir bisher glaubten, sondern ganz im Gegenteil voller Raumschiffe und intelligenter Welten steckt.

Außerirdische? Das Wort ›Außerirdischer‹ selbst ist Täuschung, Folge eines Glaubens an nicht existierende Grenzen zwischen dem Beobachtbaren und dem nicht Beobachtbaren, dem Sichtbaren und dem Fühlbaren. Ja, es stimmt, die Sonnenstürme intensivieren sich, gigantische **Sonnenwindböen**, die zehn- oder elfmal größer sind als die Erde, gehen von der Sonnenoberfläche aus und erreichen unseren Planeten.

Sie setzen sich aus leichtem Plasma zusammen und schaden weder der Natur noch dem Menschen, sie können höchstens Stromausfälle bewirken. Die NASA schlägt Alarm, die ›Zivilisation‹, deren Existenz auf der ›Elektrizität‹ begründet ist, sei in Gefahr. Ist dies das Ende? Nein, für Giulia ist es die Chance, die organische Kommunikation, die bislang ignoriert wurde, anzuerkennen.

Abbildung 16 – Das Südlicht am 2. März 2012.
Die Adlerform ist Symbol der Wiedergeburt, der Auferstehung.

Wir können gut ohne Elektrizität leben: Das haben wir jahrtausendelang gemacht. Und möglicherweise ist dies keine Rückkehr in die Vergangenheit, sondern es kann eine Chance sein zu erkennen, dass es viele andere Arten der *Kommunikation* gibt, inklusive der beliebtesten: Die Liebe, das universelle nukleare Feld, die ›schwache‹ Wechselwirkung, vom üblichen Denken bislang in den ... privaten Bereich verbannt.

»Und alsdann werden sie sehen des Menschen Sohn kommen in der Wolke mit großer Kraft und Herrlichkeit.«, sagt Jesus in den Evangelien.

Raumschiffe, womöglich ganze Sternenflotten?

Immer nachdrücklicher spricht man von ›Außerirdischen‹.

Verschiedene Regierungen haben ihre geheimen Archive geöffnet, und allein in England zählt man an die 100.000 Sichtungen, in Italien aber weiß man nichts. Hier webt der Vatikan die Geschicke der Politik, während die Laizisten fest an die Urknalltheorie glauben, daran, dass wir von den Primaten abstammen und dass die Wahlen Ausdruck des ›Volkswillens‹ sind.

Viele sprechen von einer internationalen Verschwörung.

Eine Handvoll von kaum 300 Familien hat die Zügel in der Hand, herrscht über die Finanzen und verschiedene Lobbys (Waffen, Medikamente, Zement, Erdöl), lenkt die Welt, ändert politische Systeme und die Gesichter der Herrschenden und behält die Macht unbeschadet dessen immer bei. Die Nachrichten über diese wenigen, zu denen die Kurie des Vatikans, die Freimaurerei und die großen Banken gehören, kursieren seit mehreren Jahrzehnten. Manch einer entdeckt sie jetzt erst, verbreitet die Informationen und löst damit Diskussionen, Wut und Rebellionen aus, die sogenannte **Selbstbewusstwerdung.**

Warum hält eine so kleine Gruppe die gesamte Menschheit in Schach?

Und warum haben die Begriffe von Gerechtigkeit und sozialer Gleichheit, die vielen herausragenden Ideen, die es schon immer in der Welt gegeben hat, der Tragödie von Krieg und Elend unter den Völkern niemals ein Ende gesetzt?

Weil genau diese Ideen nur Mogelpackungen darstellen, die dazu dienen, Stimmen für eine unfähige Politik zu sammeln. Diese Politik basiert auf einem ›Wissen‹, das die natürliche Magie, die vielfältigen und wandelbaren Kommunikationsformen des Lebens, ignoriert.

Abbildung 17 – Die Bildung der Wolken hängt von den kosmischen Strahlen ab, dies erkennt auch die Wissenschaft an, die sie für untereinander nicht organisierte Zusammenballungen aus Teilchen mit höchster Energie hält. Und wenn stattdessen Raumschiffe der Zukunft sie bilden? Sie würden Wärme ausstrahlen, die den Wasserdampf erzeugt und uns die Form erkennen lässt, die dies verursacht hat.

Die **Selbstbewusstwerdung** kann eine weitere Täuschung sein.

Wir brauchen das Bewusstsein, brauchen es dringend. Einige verwechseln die beiden Begriffe, aber das **Bewusstsein** und die **Selbst-**

bewusstwerdung sind zwei unterschiedliche Fähigkeiten: Ersteres ist **Wissen**, Letzteres ist **Fühlen.**

Das **Bewusstsein** ist der Einklang mit der schwachen Kraft, dem Leben, der unendlichen Ressource, die man nicht sieht, die wir aber als Liebe, als das Bedürfnis nach einer vollkommenen, schönen und für alle gerechte Welt spüren. Es ist der große Traum von dem, was man verloren glaubt, die Utopie. In Wahrheit ist sie nur von listigem ›Wissen‹ besänftigt, das die eigene Unkenntnis hinter leeren Worten verbirgt.

Leben, Liebe, Eros und Gefühle sind erweiterte Urbi et Orbi (Stadt und Erdkreis, Anspielung auf den österlichen Segensspruch des Papstes), werden aber als Privatsache betrachtet. Auf dem öffentlichen Altar stehen die Idole, virtuelle Werte wie Geld, Handelsspanne, BIP (Bruttoinlandsprodukt) usw. Sie dienen einer Politik, die unter dem Vorwand, uns vor dem ›Abgrund‹ retten zu wollen, Völker aushungert und vor den wahren Krisen die Augen verschließt. Diese wahren Krisen betreffen den menschlichen Verstand, der in der ganzen Welt durchdreht, und den natürlichen Lebensraum, der sich in fortschreitendem Zerfall befindet.

Auf welche Weise hängen Virtualität und Realität miteinander zusammen?

Die allgemeine Unfähigkeit, beide auseinanderzuhalten, wird nach Giulias Ansicht vom Glauben an den einen tyrannischen ›Gott‹ genährt, der scheinbar die Welt regiert: die einzigartige und unveränderliche Zeit. Die **weltliche Macht,** vor der sich tatsächlich alle verneigen, die Gläubigen wie die Laien, die Kunden wie die Banken.

Fundament all dessen ist der irrige Glaube an eine über jeden Zweifel erhabene Wissenschaft. Die Astronomie hat mehr als drei Jahrhunderte hindurch nur einen winzigen Bruchteil des Beobachtbaren beobachtet, das **Sichtbare** (Abbildung 18, Seite 83), das kaum 4% der heute von der Astronomie selbst berechneten gesamten Masse ausmacht (Abbildung 15, Seite 77).

Das **Himmelsbeben** ist der Zusammenbruch der Erdatmosphäre, des *Apfels;* er könnte schmerzlos sein, wäre der Mensch nicht von der Panik der Einsamkeit ergriffen, würde er nicht von der Angst vor dem Mangel erdrückt, die in ihm die Bereitschaft weckt, gegen Windmühlen zu kämpfen oder zu hoffen, dass die Außerirdischen ihn retten. *›Niemand wird die Augen zum Himmel erheben‹*, schrieb Giordano Bruno, womit er die Zeiten vorwegnahm, die wir erleben. Die Wolken weisen merkwürdige Formen und die Sonnenuntergänge außergewöhnliche Farben auf. Das sichtbare elektromagnetische Spektrum verlagert sich allmählich zum Violett hin, aber niemand weiß warum.

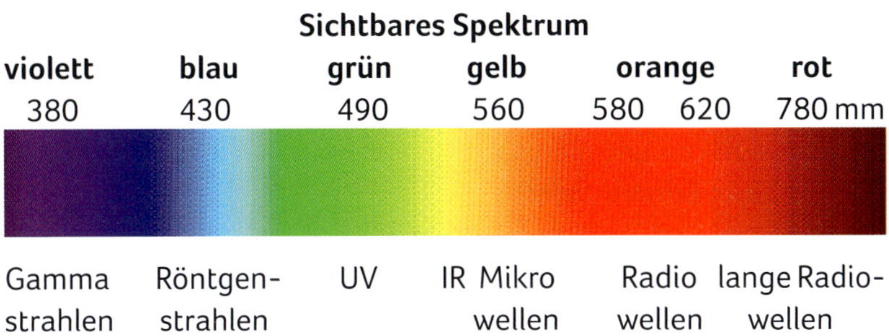

Abbildung 18 – Das Sichtbare ist ein winziger Teil der elektromagnetischen Frequenzen. Über drei Jahrhunderte hinweg hat die Astronomie nur das Sichtbare beobachtet und dabei ignoriert, dass Räume und Zeiten in anderen Frequenzen anders sind.

Das Problem besteht in der Art der Kommunikation. Die *weiße Substanz* – der größte Teil des menschlichen Gehirns – bedient sich nicht der Elektrizität, wie es im Gegensatz dazu die *graue Substanz* tut, die an Polarität und an den Kampf der unterschiedlichen Vorstellungen glaubt. Dies ist die Folge der ausschließlichen Nutzung des Elektromagnetfeldes; sie ist das einzige Feld, das Wissenschaft und Technik beobachten und mit Leichtigkeit manipulieren können.

Im Jahr 2012 herrscht eine beträchtliche Verwirrung.

Die Finanzkrise wird auf die Völker abgewälzt, die Überwachung wird immer unerbittlicher; nachdrücklich diskutiert man über in Handgelenke eingepflanzte und mit Informationszentralen verbundene Mikrochips. Das **Bewusstsein** ist lebendige Kommunikation, in jedem präsent, der für sich und seinen Nächsten Liebe fühlt und auf die Träume und Bedürfnisse aller Acht gibt.

Nach Giulias Überzeugung entsteht eine neue Beziehung zwischen einem großen Teil der menschlichen Spezies und der hellen Seite der Kraft, mit der gewaltigen großen Kernkraft, die die Physiker als ›schwach‹ bezeichnen. Ohne dass es die ›Experten‹ wüssten, gibt es heute Menschen, die diese nuklearen Bewegungen – des Herzens – als ein Bedürfnis nach Freundschaft, Harmonie mit der Welt, nach wahrer Gerechtigkeit verspüren. Es ist die Chance, der Matrix einen neuen Geschmack zu verleihen, sich weiterzuentwickeln und mit einem neuen Bewusstsein wieder zu erwachen.

Giulia erwartet auf ihre Freunde, bereit, sie mit einem prickelnden Aperitif willkommen zu heißen. Aber sie verspäten sich und so stellt sie Musik an und macht es sich auf der Terrasse bequem. Dann versinkt sie in Erinnerungen.

*****

Damals an dem Donnerstag im März 2008 der Ausflug nach Campotosto.

Gaspare hatte ihn am Abend zuvor vorgeschlagen. *»Ach, fahr mit ihnen in die Berge, in die Monti della Laga. Geh hinauf nach Campotosto, das ist wunderschön für Giorgio, er ist doch Geophysiker. Da sind ganz besondere Felsen… Warte, wie heißen die noch? Ach, ja, Sandstein. Erst vor Kurzem sind sie aus dem Meer emporgestiegen. Und es gibt dort Hirsche, und vielleicht trefft ihr sogar auf Bären, die da herumwandern, bei dieser Wärme halten die keinen Winterschlaf mehr … ihr könntet sogar bis zum Corno Grande auf 2900 Meter hinaufsteigen…«*

»Ich bin nicht so durchtrainiert, Gaspare«, hatte Giulia eingewandt.

»Dann bleibt im Park. Dort gibt es Bäume jeder Art. Man nennt ihn Europäisches Denkmal der Artenvielfalt, es gibt unendlich viele verschiedene Pflanzenarten, die alle miteinander auskommen. Ach, warum nehmen die Menschen sich daran eigentlich kein Beispiel?«

»Genau meine Meinung. Das Problem ist, dass wir alle vereinheitlicht sind«, stimmte sie zu.

»Wir sind alle Schafe, Giulia. Die machen Schulden, und wir müssen sie bezahlen. Und was macht der deutsche Hirte? Was alle Päpste seit jeher getan haben: die starken Regierungen lenken, Predigten über Predigten halten und wenig Barmherzigkeit gegenüber den Schwachen zeigen. Papst Celestino hatte das durchschaut, und deshalb hat er auf das Pontifikat verzichtet.«

»Der Überfluss ist aber zum Greifen nahe, Gaspare. Wir müssen uns nur untereinander organisieren – ohne diese Parasiten aus den Regierungen.«

»Glaubst du etwa, dass die brav stillhalten werden? Sie kontrollieren die Medien, die denken sich alles Mögliche aus, nur damit sie weiter an ihren Sesseln festkleben können!«

Am Tag darauf ist der Ausflug. *»Heute ist Donnerstag, der Tag des Jupiter, der Fülle.«* Die Drei sitzen im Auto, umgeben von Bergen und Wäldern, deren Zeichen verfrüht auf Frühling stehen.

»Weißt du noch, John, der Lapis Niger, der schwarze Stein auf dem Campidoglio, dem Kapitolsplatz? Ich habe den Baukomplex im Internet gesehen. Die Historiker beschreiben ihn als einen finsteren Ort, wie das Grab von Romulus, aber weißt du, wie er mir vorkam? Wie ein Stargate!«

»Du meinst ein Sternentor, Übergang zu einem Paralleluniversum?«

»Ja. Wenn du mich fragst, hat Romulus Remus nicht umgebracht. Die Zwillinge waren durch zwei Paralleluniversen voneinander getrennt, und durch das Sternentor haben sie weiterhin miteinander kommuniziert. Bedenkt, sie waren Halbgötter, Söhne des Mars.«

»Dann ist Roma ein weltumspannendes Projekt!«, John lächelt.

»Nämlich Amor – Liebe – zu werden!« bestätigt Giulia, bezaubert von dem Panorama. »Es *ist wunderschön hier. Die Welt ist ein Projekt, voller Kommunikationsöffnungen zu den Paralleluniversen.«*

»Und welches sind die wichtigsten Öffnungen?«

»Die im Inneren...«, antwortet sie und empfindet den magischen Augenblick des Einsseins, der wahrhaftigen Kommunikation.

»Komm ... da ist ein Weg im Wald...« Trotz seines Umfangs eilt Giorgio behände, gut trainiert wie er ist, die Hänge hinauf; er dreht sich zu den anderen beiden um, die ihm nur mit Mühe folgen.

»Das Atmen, Kinder, es ist entscheidend, den Atem zu verlangsamen. Gurdjieff sagte, dass uns bei unserer Geburt keine Lebenszeit, sondern eine Anzahl von Herzschlägen geschenkt wird. Wenn wir langsamer atmen, leben wir länger und auch besser...«

Giulia versucht es, mal gelingt es ihr, mal nicht, schließlich findet sie den richtigen Rhythmus, ohne sich besonders darauf konzentrieren zu müssen.

Der Wald ist voller unterschiedlichster Pflanzen und Blumen, umhüllt von einer Fülle von Gerüchen, die zarte Aromen versprühen.

Das Laub der Bäume bildet eine klangvolle Haube.

Im Laufe des Aufstiegs nimmt die Pflanzenvielfalt ab, der Baumbestand wird lichter, um schließlich ganz zu verschwinden, die Luft wird frischer, ein Windhauch streichelt ihre Gesichter. Der Atem öffnet sich, ein Gefühl von ungeheurer Größe wächst mit dem sich weitenden Panorama.

Eine außergewöhnliche Entdeckung lässt sie eins werden. Das unvergleichliche Spiel eines jeden Lebewesens mit der Kraft, die das großartige Genetische Projekt vorgesehen hat: Der Neue Mensch, der sich seiner selbst bewusst und empfindsam und in der Lage ist, die Kraft, das Leben selbst, zu nutzen.

Sie erreichen einen Bergkamm, von dem aus sich das Panorama zu einem Meer aus Berggipfeln eröffnet. Sie sind völlig befreit, auch von der innerlichen Unruhe, die sie getrieben hatte, zu reisen und nach dem Warum aller Dinge zu forschen.

Sie erklimmen ein Hochplateau und setzen sich.

Giorgio zieht eine Tafel Schokolade hervor und bricht sie in Stücke, die er den anderen reicht. *»Das war die Mühe wert, was?«*

Eine Krone aus Bergzacken heißt ihren Aufstieg willkommen.

Sie sind allein ... atmen die saubere Luft, riechen den Duft des Windes, vereinzelte freundliche Wolken ziehen am Himmel.

Sie legen sich ihre Pullover um die Schultern.

Was erwartet sie? Die Frage schwebt stumm in der Luft.

Beinahe scheint das Szenario zu zerfließen, die Konturen verschwinden, die Berge lösen sich in einem launischen dichten Nebel auf; die einen scheinen näher zu rücken, andere dehnen sich aus, um schließlich mit dem Horizont zu verschmelzen.

Das ist keine Halluzination, keine Magie, sondern ihre Wahrnehmung, die sich weitet, angetrieben von ihrer unbezähmbaren Sehnsucht nach Freiheit, die sie hierher gebracht hat.

Die Nebel lichten sich und ... eine neue Welt erscheint: Aus dem Nichts entsteht eine üppige grüne Ebene, unerreichbar weit entfernt.

Frauen und Männer spielen dort, einige in Gruppen, andere schicken sich an zu arbeiten, wieder andere halten sich umarmt.

Sie sind alle glücklich und nackt.

Hat sich ein *Stargate* geöffnet?

Nein ... ein *Braingate*.

Das ist die Wahrnehmung der Parallelwelten, ein Zeichen dafür, dass eine neue Welt nicht nur möglich ist, sondern dass sie bereits existiert und freudvoll, warm und frei von falscher Scham ist.

Dann, als hätten sie ein inneres Signal erhalten, halten alle inne, drehen sich zu den drei Freunden herum und grüßen sie feierlich mit ausgebreiteten Armen.

Hurra, ihr habt den Horrorfilm verlassen!

*****

Im Dezember 2008 setzen die Erdstöße in den Abruzzen und auch im Latium ein. Die Magnetosphäre der Erde wird aufgerissen: Ein riesiges Loch, vier- bis fünfmal so groß wie die Erde, beraubt uns unserer dünnen ›schützenden‹ Umhüllung.

Am 31. März 2009 behauptet die Kommission für Große Risiken, dass kein schweres Erdbeben drohe.

Aber die Menschen spüren, dass etwas in der Luft liegt, sie schlafen in den Autos oder auf L'Aquilas schönen Plätzen.

Am 6. April 2009 um 3.32 Uhr bringt das Erdbeben L'Aquila und viele andere Städte zum Einsturz, ein Donnergrollen geht ihm voraus.

Wenige Stunden zuvor Gammablitze,[37] die es ankündigen, dem Erdbeben vorausgesandte, von den ›Experten‹ belächelte Signale.

Eines der Epizentren ist Campotosto.

37 Zu den Gammablitzen, die Erdbeben vorausgehen, siehe *Il parto della Vergine* (*Die Geburt der Jungfrau)*, Buch der Autorin, A.d.Ü.

Giulia, Astronomie und Astrologie

An einem strahlend sonnigen Tag im Herbst 2007 hatten Giorgio und Giulia sich getroffen und in eine Bar an der Piazza Navona gesetzt.

Giorgio bebte, er spürte, dass diese Begegnung für ihn schicksalhaft und der Anfang eines Abenteuers sein könnte. Giulia interessierte sich für die Astrologie, die für sie als Astrophysikerin eigentlich tabu war. Auch sie hatte die Grenze zwischen dem Erlaubten und dem Verbotenen überschritten, den strenggläubigen Wissenschaftlern getrotzt. Die Beziehung zwischen den Sternen und der Psyche des Menschen hatte ihr Interesse erregt, und ebenso wie er hatte sie sich nicht um das abschätzige Lachen der Kollegen geschert. Die Astronomen waren einst Astrologen gewesen, und selbst Kepler hatte gewagte geometrische Thesen vorgelegt, mit denen er nicht nur das ›Geheimnis‹ um die Verbindung zwischen den Sternen lüften wollte, sondern auch das, was die Astronomie bis heute ignoriert: Die Harmonie in den unterschiedlichen Abständen der Planeten zur Sonne.[38]

38 Johannes Kepler (1571-1630) ist der deutsche Astronom, der die drei Gesetze der Planetenbewegungen entdeckte. Das dritte, 1619 formulierte Gesetz zeigt die Harmonie zwischen den Abständen und den Umlaufzeiten der Planeten um die Sonne auf. Diese ist nur dann mathematisch nachweisbar, wenn die Masse des Planeten gegenüber der Masse der Sonne vernachlässigbar ist.

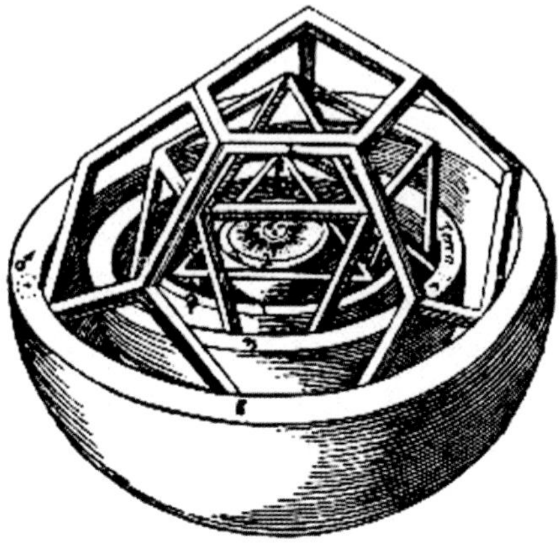

Abbildung 19 – In seinem Buch ›Mysterium Cosmographicum‹ (1596) stellt Kepler das Sonnensystem als eine Reihe ineinander liegender platonischer Festkörper dar; sie sind von Kugeln umhüllt, welche die Umlaufbahnen der Planeten bestimmen.
Die Sonne im Zentrum des Systems.
Merkur: Oktaeder
Venus: Ikosaeder
Erde: Pentagondekaeder
Mars: Tetraeder
Jupiter: Kubus (Hexaeder)
Saturn: Kubus
Sphäre der Fixsterne (unbestimmt)
Anmerkung – Der Mond ist in diesem Modell nicht berücksichtigt.

»Irgendetwas verbindet den Menschen mit dem Universum«, spürte Giulia, die von den Thesen Giordano Brunos fasziniert war.

In ihrer Familie war man mit dem großen Ketzer vertraut. Der Vater gab eine von seiner Philosophie inspirierte Zeitschrift heraus, und mit Giordano Brunos Prophezeiungen konnte sie sich identifizieren.

»Es wird ein Tag kommen, an dem der Mensch aus seiner Vergessenheit erwachen und endlich begreifen wird, wer er wirklich ist und wem er die Geschicke seiner Existenz überlassen hat, einem irreführenden lügnerischen Geist, der ihn zum Sklaven macht und als solchen hält...«

Das Wiedererwachen war zum vornehmlichen Ziel ihrer Forschung geworden und verband sich mit dem Bedürfnis, die Grenzen zu überwinden, die den Geist in Bereichen gefangen halten, die untereinander nicht kommunizieren können.

Die bodenlose Blindheit der Astronomie war von der Astronomie selbst festgelegt und anerkannt (Abbildung 15, Seite 77), aber der Glorienschein ihrer Unfehlbarkeit blieb unangetastet, ebenso wie ihre Verachtung gegenüber der Astrologie. Dies war in Wirklichkeit nicht so real, wie es schien, aber es war nützlich, um eine der zahlreichen Polaritäten des niederen Geistes zu nähren. Die Astrologie wurde zu einem der vielen Tabu-Themen, über die der ›gebildete‹ Mensch nicht sprechen konnte.

Erst 2010 sollte die Neurowissenschaft endlich die dunkle Energie des menschlichen Gehirns und nach Giulias Ansicht auch die biologische Grundlage des höheren Geistes anerkennen: Die weiße Substanz.

Bereits viel früher hatte MacLean[39] das dreieinige Gehirn entdeckt, die Existenz von drei Gehirnen in jedem menschlichen Wesen, mit drei unterschiedlichen Funktionen, die sich jeweils durch physiochemische Besonderheiten von den anderen beiden unterscheiden.

Die drei Gehirne ergänzen einander, sind aber weitgehend voneinander unabhängig: Jedes besitzt sein eigenes spezifisches Gedächtnis, sein eigenes Raum- und Zeitgefühl und seine eigene Funktionalität. Die drei Gehirne sind sehr gut beschrieben.

39 Paul MacLean (1913-2007), Arzt und Psychiater in den USA, hat die drei Gehirne entdeckt: Der Neocortex oder das noetische Gehirn, das limbische oder emotionale Gehirn, das Reptilien- oder antike Gehirn.

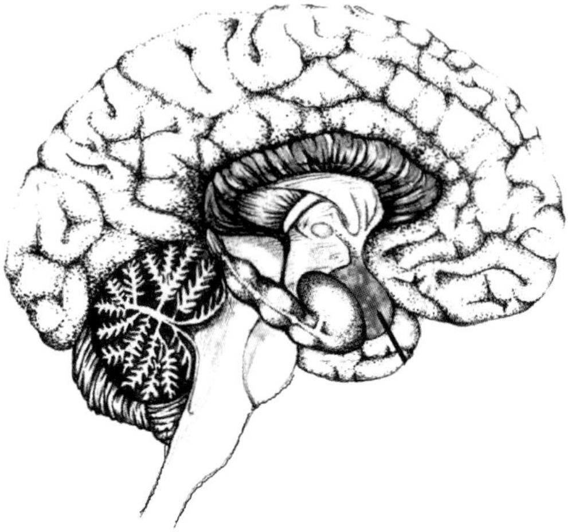

Abbildung 20 – Das menschliche Gehirn setzt sich aus drei Untergehirnen zusammen, die jeweils über ein eigenes Gedächtnis und einen eigenen Sinn für Raum und Zeit verfügen und sich in ihrer Funktion deutlich voneinander unterscheiden.
Die drei Gehirne werden wie folgt bezeichnet:
1 – Reptilien- oder primitives Gehirn
2 – Limbisches System oder emotionales Gehirn
3 – Neocortex oder rationales Gehirn

Giulia hatte erfahren, dass das primitive oder Reptiliengehirn den Instinkt und die Sexualität beherbergt, und, was sie sehr überraschte, auch den Zeitsinn. Das Reptiliengehirn ist starr, hierarchisch, zwanghaft und kommuniziert auf andere Weise mit dem Körper als das emotionale Gehirn oder limbische System, das sich im Mittelpunkt des Schädels befindet und für Gefühle empfindlich ist. Beide unterscheiden sich vom dritten Gehirn, dem noetischen oder rationalen, das man über hundert Jahre lang für das überlegene Gehirn gehalten hatte und das in der Lage ist, Theorien aufzustellen und in abstrakter Logik zu denken.

Es besteht aus grauer Materie, die man einst zum Zeichen für Intelligenz verklärt hatte. Drei Gehirne, drei Gedächtnisse, drei unterschiedliche Arten der Kommunikation. Giulia war verblüfft.

Und das Bewusstsein, der Sinn für die eigene Identität, der uns mit der Gegenwart verbindet, wo sitzt dies? Bei der Durchforstung ihrer Aufzeichnungen hatte Giulia herausgefunden, dass man bei der Untersuchung von Einsteins Gehirn nach seinem Tod nur einen einzigen Anhaltspunkt gefunden hatte, in dem es sich von anderen unterschied: Eine über der Norm liegende Anzahl von Gliazellen, aus denen die weiße Materie sich zusammensetzt.

Dies war für sie eine Offenbarung gewesen. Nach ihrer Entdeckung Ende des 19. Jahrhunderts hatte man diese Zellen mehr als ein Jahrhundert lang für taub und stumm gehalten, ihnen lediglich eine Stützfunktion zugeschrieben, sie als eine Art *Leim* betrachtet, auf Englisch *glue*, worauf die Bezeichnung Glia zurückgeht.

»Welches Sternzeichen bist du?«, hatte Giulia Giorgio gefragt.

»Ich bin Krebs. Meine Venus steht in den Zwillingen, und es stimmt ... ich bin unverbesserlich in meiner Treulosigkeit.«

»Ich bin Fische mit Aszendent Widder, und auch bei mir ist das stimmig, es spiegelt meine Liebe für Gegensätze wider, Wasser und Feuer, die sich vereinigen, um die Alchemie zu vollbringen.«

»Die Alchemie, Giulia?!? Für mich ist das die kalte Fusion!«

»Für mich auch. Ich glaube nicht an die heiße Fusion im Herzen der Sterne.«

»Du glaubst nicht an das, was für die Astrophysiker die wichtigste Energiequelle des Universums darstellt?« Giorgio war sprachlos.

»Nein, ich glaube nicht an die Urknall-Theorie, nach der alle Sterne Produktionsstätten chemischer Elemente sind. Das ist eine profane Auffassung vom Universum,[40] *die den Menschen ausklammert und alles an einem einzigen ›Gott‹, nämlich der Zeit, festmacht.«* Giulia schaute listig. *»Das Fließband läuft aber nicht so, wie man glaubt: es klemmt schon beim Kohlenstoff.«*

»Dem entscheidenden Element des Lebens...«

---

40 Nach der Urknall-Theorie sollen im Herzen der Sterne Millionen von Grad erforderlich sein, damit die positiv geladenen Protonen ihre gegenseitige elektrische Abstoßung überwinden und miteinander verschmelzen können. Demnach wären die Sterne die Quelle, der die chemischen Elemente entstammen, begonnen bei den leichtesten, Sauerstoff und Helium.

»Und seine Erzeugung ist ein Problem.[41] *Aber ehrlich gesagt, es gibt eine Lösung:*

Man braucht die Übereinstimmung zweier Töne, und einer der beiden muss rein sein,[42] *im ganzen Universum widerhallen, denn der Kohlenstoff ist überall. Ein Hinweis auf das Anthropische Prinzip: Das Universum ist ein intelligenter, für den Menschen bestimmter Plan, ein Projekt, das uns einbezieht.«*

»Es erschüttert mich, dass wir nichts darüber wissen, Giulia. Was könnte diesen reinen Ton erklingen lassen?«

»Die Liebe, die die Sonne und die anderen Sterne bewegt...«, entgegnete sie lächelnd, und beim Anblick von Giorgios erschrockenen Gesichtsausdruck beeilte sie sich hinzuzufügen: *»Es ist das schwache Feld.«*

Sie wusste es auch!

Giorgio hatte in sich etwas wie das Springen einer Feder verspürt, hatte sanft ihre Hand ergriffen, als ob er ihr sich ihr erklären wollte. *»Giulia, für mich ist die schwache Seite der Kraft, oder die schwache Wechselwirkung, das schwache Feld ... der Eros!«*

Sie blickte ihn an, in ihren Augen lag Zustimmung. *»Ja, das LEBEN ist Eros, die einzige KRAFT, die kampflos alles antreibt!«* Ihre Hand war in der seinen geblieben, und er verspürte ein Prickeln, als wollte die Kraft ihm beweisen, dass sie da war, Zeugin dieses Augenblicks verzauberter Stille.

»Heute misst man die Auswirkungen des schwachen Feldes auf den menschlichen Körper: Die Radiologie könnte das bestätigen...« Giorgio erzählte ihr von seiner Forschung mit John.

Giulia hörte ihm interessiert zu, ihr Gespräch wurde immer freundschaftlicher, und die zwischen ihnen herrschende wohltuende Übereinstimmung berührte sie.

»Eine geheimnisvolle Energie entströmt unseren Zellkernen und merkwürdigerweise auch den Apparaten. Es scheint da eine Intelligenz

41 Dies ist problematisch, weil es das Zusammentreffen von drei Heliumkernen erfordert, und ein solches Zusammentreffen dieser drei ist nach der Quantenphysik, die an den Zufall glaubt, sehr unwahrscheinlich.

42 Der reine Ton entspricht der Energie von 7 MeV.

zu geben... Bist du zu Ergebnissen gekommen?« Hoffnungsvoll schaute Giorgio sie an.

»Ja, aber nicht dank der Wissenschaft, sondern dank Dingen, die sich in meinem Leben ereignet haben.«

Ein solcher tiefgreifender Vorfall hatte sich 1979 ereignet. Giulia besaß ein großes Haus und beherbergte bereits seit zwei Monaten auf Bitte eines Kollegen ein Paar. Eines Abends hatte sie auf drängendes Klingeln hin die Haustür geöffnet und sich vor einem auf sie gerichteten Maschinengewehr und etwa dreißig Polizisten wiedergefunden, die ihre Gäste mitnahmen. Im Anschluss an die Durchsuchung ihres Hauses hatte man sie auf das Präsidium gebracht und in eine Zelle gesperrt. Am Tag darauf wurde ihr eröffnet, dass die Beiden Mitglieder der Roten Brigaden waren.

»Das muss eine schlimme Erfahrung gewesen sein, Giulia.«

»Ja, die erste Woche war furchtbar... Eine von vielen Anschuldigungen lautete auf einen von den Roten Brigaden begangenen Mord. Die ganze Nacht versuchte ich verzweifelt, mich zu erinnern, wo ich an dem Tag gewesen war, und tat kein Auge zu. In den frühen Morgenstunden wurde mir dann klar, dass ein Alibi unsinnig war, weil sie mich dann für eine aktive Unterstützerin hätten halten können.

Schließlich wurde es hell, und zum ersten Mal in meinem Leben erblickte ich die Morgendämmerung durch Gitter hindurch. Ich weiß nicht, wie es passierte, aber ich spürte in mir eine neue Kraft und sprach zu irgendwem: ›Hör zu, du weißt nur zu gut, dass ich nicht in diese Geschichte verwickelt bin, also spuck die Wahrheit aus und lass mich hier raus.‹

Ich sprach wütend, das war bestimmt alles andere als ein Gebet, und ... es funktionierte. Am nächsten Tag belegten Zeugenaussagen, dass ich mit der gesamten Angelegenheit überhaupt nichts zu tun hatte.«

»Hast du zu Gott gesprochen?«

»Ich weiß es nicht, aber ich weiß, dass ich eine Antwort erhielt.«

Giorgio war verblüfft. *»Giulia, nimm es mir nicht übel, aber du erscheinst mir eher nicht wie eine Heilige...«*

»Stimmt, Gott hat damit nichts zu tun. Dieser Kontakt hatte mit meiner wahren Identität stattgefunden, die nicht in dieser Welt ist, dieser Matrix...«

Giorgio riss die Augen auf. *»Du meinst, eine Matrix wie in dem Film? Und wer ist die wahre Identität, die im Film wie schlafend im Raumschiff liegt?«*

»Ich weiß nicht, wo sie ist, aber ich weiß, dass man, um den Kontakt herzustellen, den Willen dazu braucht und das Bewusstsein, dass die Realität mehr ist als das, was wir sehen.« Aus Giulias Gesicht sprach die Begeisterung über die Erforschung ihrer selbst. *»Die Kommunikation mit dem Unsichtbaren ist eine Fähigkeit der weißen Substanz, die sich wie eine fürsorgliche Mutter benimmt: Sie unterstützt die graue Substanz, die überheblich und ignorant ist und nur an das Äußere glaubt.«*

»Eine innere Mutter?« Giorgio genoss die Situation und verspürte ein Gefühl des Friedens. *»Wie man sie immer haben möchte und nicht so leicht findet...«*

»Aber sie ist hier...«, sagte Giulia.

Doch seine Gedanken schweiften ab. *»Die menschlichen Dramen beruhen auf einer Täuschung, Giulia. Alles wird nach der einzigen und unveränderlichen Zeit kalkuliert, Gehälter, Schulden, Bankzinsen...«*

»Und weißt du, woher der Zeitsinn kommt?« Giulias Augen leuchteten vor Freude. *»Vom Reptiliengehirn, das uns viel stärker beeinflusst, als wir glauben!«*

»Stimmt, wir scheinen drei Gehirne zu besitzen...«

»Und das emotionale ist ins Unbewusste geraten! Das ist das wirkliche Drama: Die Unfähigkeit, Gefühle, die im Übrigen für alle ähnlich sind, zu erkennen und zum Ausdruck zu bringen.«

Auf bewusster Ebene pendele der Mensch zwischen zwei Gehirnen hin und her, sagte sie, dem antiken, das für die Fakten zuständig ist und dem neuen, dem Neocortex, der Ideale ausdrückt, ohne dass es ihm gelingt, diese zu verwirklichen.

Das Emotionale ist eine Tür, die sich zum unendlichen Panorama der Gefühle hin öffnen kann, aber durch die Angst vor dem Feind oder einem ›guten‹ Gott, der über dich urteilt und dich für vermeintliche ›Schuld‹ straft, ist sie versperrt.

»Der Sex ist auf einen Besitz oder einen Konsum reduziert und wird durch eine heuchlerische Moral unterdrückt, Giulia.«

»Ja, abgetrennt von den Gefühlen... So wurde das Bewusstsein, die Einheit des Lebenden und aller Menschen verborgen.«

»Die Einheit ist der Eros«, Giorgio spürte es in sich.

Ihr Blick durchdrang seinen. *»Die Einheit ist das Bewusstsein, die weiße Substanz, die mit den Proteinen kommuniziert, sie bedient sich des Magnetismus und nicht der Elektrizität.«*

Giorgio war perplex. Die beiden Phänomene sind miteinander verbunden; das hat Maxwell bewiesen.[43]

Giulia schaute ihn lächelnd an: *»Weißt du noch, wie wir als Studenten zum Elektronen-Synchotron in Frascati fuhren?«*

»Nein, Giulia, ich weiß nicht, ob ich dort war, und wenn, habe ich geschlafen...«

»Das Magnetfeld arbeitet nicht.«

»Ach, ja, stimmt!« Plötzlich entsann er sich dieses Kommentars. *»Das hat Glück! Wir hingegen...«* Und dann ein Geistesblitz. *»Die Teilchen bewegen sich ohne Unterlass mit großer Geschwindigkeit, ohne jemals zu tanken... Also ist es das Magnetfeld, das sie in Bewegung versetzt!«*

Sie lächelte noch strahlender. *»Und der Ursprung des Magnetfeldes ist das schwache Feld...«*

»...der Fluss aus Z-Bosonen!«

»Heute haben wir die Wahl, ob wir in den Fluss, die unendliche Quelle, hineinspringen, oder ob wir uns von der Angst vor dem Mangel einschüchtern lassen.«

»Ich will springen, Giulia.«

»Schön...«, sie war zufrieden, und er verharrte in Schweigen.

Giulia übte eine starke Anziehungskraft auf ihn aus, weniger wegen ihrer gefälligen Formen als vielmehr aufgrund ihres Wissens. Einst hätte sein einziges Streben darin bestanden, diese Frau zu besitzen, nun aber war er reif für eine neue Liebe. Er verspürte das Bedürfnis, die Matrix zu verlassen, er war entflammt von dem großen, verloren geglaubten Traum, der Freiheit heißt. *»In dieser Matrix fühle ich mich fehl am Platze, orientierungslos, nutzlos...«*

»Und ich will nach Hause, Giorgio.«

43 James C. Maxwell (1831-1879) hat die Elektrizität und den Magnetismus zu einem einzigen Elektromagnetfeld zusammengefasst, das nur mit der ›normalen‹ Materie verbunden ist (4% der gesamten Materie).

Das wollte auch er, mehr denn je. Die Sonne war hinter den Barockbauten verschwunden und beleuchtete die Spitze des Obelisken am Vierströmebrunnem. *»Giulia, weißt du, wie das geht?«*

»Wir müssen die Wege der KRAFT beschreiten.«

Giorgio betrachtete sie mit all der Faszination, die sich für ihn mit der Saga von ›Krieg der Sterne‹ verband.

»Es sind unsere Zellen selbst, Giorgio: Die sternförmigen Gliazellen, die Astrozyten, sie nutzen die schwache Seite der Kraft...«

Er murmelte in sich hinein: *»Die Sterne im Gehirn ... bewirken keine heiße Fusion...«*

»Nein, eine kalte, oder besser gesagt ... eine organische Alchemie.«

Er sprang auf und erklärte feierlich: *»Ich will die Wege beschreiten.«* Dann setzte er sich wieder und fragte: *»Aber ... wie macht man das?«*

»Man muss sich selbst beobachten.« Giulia betrachtete ihn glücklich. Gemeinsam konnte man die Qualität der Forschung wesentlich verbessern. *»In ein paar Tagen fahre ich weg und werde für einige Monate nicht in Rom sein. Wenn du willst, komm am Mittwoch zu mir. Ich kann dir Hinweise geben, aber dann muss du alleine weitermachen.«*

Giorgio hatte die Tage gezählt. Der Gedanke, die Kraft zu benutzen, ließ ihn erschauern, die Kraft, natürlich die helle Seite der Kraft.

»Wir müssen lernen, beide Seiten der Kraft zu benutzen«, mit diesen Worten hatte Giulia ihn erstaunt, als er mit einem Blumenstrauß und einer Flasche Wein vor ihrer Tür stand, um mit ihr auf den Beginn seiner Ausbildung anzustoßen. *»Für die dunkle Seite reicht die Erziehung, die du schon erfahren hast«*, hatte sie fortgesetzt, als sie seine niedergeschlagene Miene sah. *»Also, bist du bereit?«*

Giorgio hatte zustimmend genickt und, in Gedanken beim ›Krieg der Sterne‹, gefragt: *»Muss ich mir die Augen verbinden?«*

»Du brauchst sie nur zu schließen, eine Musik anzuhören und in dein Inneres hineinzulauschen.«

Giulia hatte ein Stück der Cavalleria Rusticana aufgelegt, und Giorgio hatte ihr gelauscht. Er hatte nicht nur die Musik gehört, sondern auch eine starke Emotion verspürt, ihm schien, er sei in ein unendliches Meer eingetaucht. Schließlich hatte er die Augen wieder geöffnet, als würde er aus einem tiefen Traum erwachen. *»Es ist ein komisches Gefühl, als wäre da ein neues Feld, aber ... ich versteh's nicht.«*

»Das ist das Problem mit den Intellektuellen. Die Kraft kann man nicht verstehen. Ihre Intelligenz ist Milliarden mal größer als die menschliche.« Ihre Stimme klang mitfühlend.

Giorgio hatte Giulias Hand ergriffen und sie geküsst.

»Ich werde weiter die Musik hören ... und nicht verstehen.«

Abbildung 21 – Die ***Kleinsche Flasche,*** *Beispiel für ein geometrisches Objekt, bei dem* ***innen*** *und* ***außen*** *nicht unterschieden werden können bzw. das nur eine einzige* ***Seite*** *besitzt, die gleichzeitig* ***innen*** *und* ***außen*** *ist.*

Die geistigen Dinosaurier

»Weißt du was, ich habe Giulia getroffen... Du erinnerst dich doch an sie, oder?«

Es war unmöglich für John, sich nicht zu erinnern. Zwischen ihm und ihr hatte, als sie Studenten waren, eine beinahe platonische Liebe bestanden; einmal hatten sie in Erwartung der mündlichen Prüfung in theoretischer Physik zu Füßen der Minerva gesessen. *»Sie ist aus dem Kopf des Jupiter geboren«*, hatte Giulia gesagt und dabei auf die Statue gedeutet.

»Stimmt, und die Venus entsprang dem Penis des Uranus, der von Saturn kastriert wurde«, hatte John erwidert, um beim Thema zu bleiben.

»Manche Götter sind auf merkwürdige Art geboren worden«, hatte sie mit leuchtenden Augen weitergesprochen. *»Wenn ich eine Prüfung ablege, fühle ich mich eher wie Minerva als wie Venus.«*

In John hingegen regte sich seine sinnliche Ader, und er hätte sie beinahe geküsst, doch die bevorstehende Prüfung und die damals noch unter den Studenten herrschende strenge Moral hielten ihn davon ab. Giulias Interesse an der Mythologie hatte ihn beeindruckt, und er bewunderte ihre sprühende Lebendigkeit. Nach dem Universitätsabschluss hatte er den Kontakt zu ihr verloren, von ihrem bewegten Leben hatte er dennoch erfahren: Sie hatte geheiratet, war geschieden worden und hatte erneut geheiratet. Wer weiß, ob sie nicht inzwischen wieder Single war!

»Sie hat sich von ihrem zweiten Mann getrennt und die Universität verlassen. Jetzt steht sie kurz vor der Abreise nach London und meint, dass wir die Leistungsfähigkeit unseres Gehirns entwickeln können.«

»Wie denn?!?«

»Scheinbar hatte Darwin in diesem Punkt Recht. Die Funktion erschafft das Organ.«

»Und welche Funktion erschafft ein neues Gehirn?«

»Sie hat mir gesagt, ich solle eine Musik anhören.«

»Die, die dir am besten gefällt und dich am meisten entspannt«, hatte sie zu ihm gesagt.

»Sie dient nur dazu, das Chaos der Gedanken zu befrieden und den minderen Geist, der kämpft und Angst hat und die Existenz des höheren Geistes ignoriert, zu besänftigen.«

Giorgio hatte eifrig Abend für Abend mit geschlossenen Augen in völliger Ruhe die Musik angehört, ohne zu denken, und dabei in sich selbst hineingelauscht.

Zunächst war nichts passiert, bis er allmählich begonnen hatte, Bewegungen, eine Art von ›Tönen‹ wahrzunehmen. Seine Ohren hörten nichts, aber in seinem Körper klang das ferne Echo eines ›Gesangs‹, der in ihm Emotionen und eine neue, unvorstellbare ... Liebe zu sich selbst heraufbeschwor. Intuitive Eingebungen wurden häufiger, und sein Gewahrsein wuchs in einem Maße, dass er Aspekte erfasste, denen er bis dahin keinerlei Beachtung geschenkt hatte.

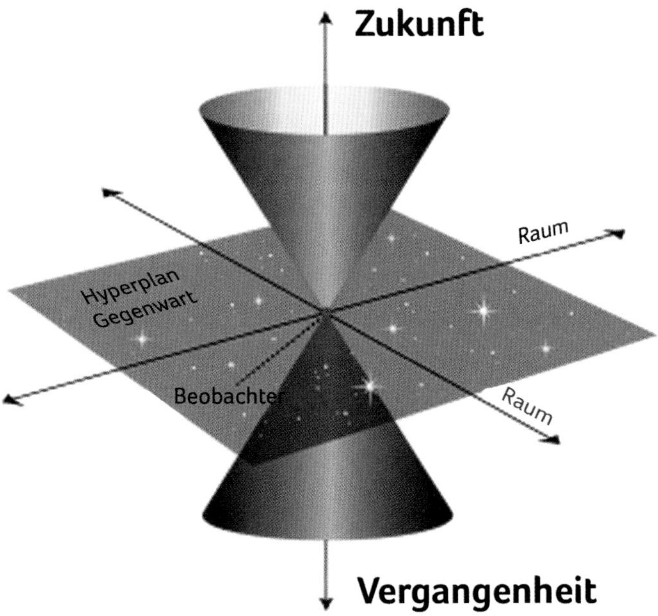

Abbildung 22 – Das Innere des Lichtkegels stellt den Anteil des Raums und der Zeit dar, den die Astronomie, die sich in der Gegenwart befindet, beobachten kann. Die Astronomie beobachtet jedoch nur die Hälfte, die sich auf die Vergangenheit bezieht.

Giorgio – »Die Gegenwart und die Zukunft«

Die Astrophysik nimmt nur die Hälfte des Lichtkegels wahr (Abbildung 22), nur die Vergangenheit, aber die Gleichungen erfassen auch die Zukunft, die durch eine unvorhergesehene und geheimnisvolle Geburt bestimmt wird. Jetzt ist das Universum im Wandel begriffen und hält in keiner Weise die theoretischen Vorhersagen ein. Dies gilt gleichermaßen für das Sonnensystem.

John – »Re: Die Gegenwart«

Für die Geophysik sind Erdbeben nicht vorhersagbar. Ihre Gleichungen berücksichtigen nicht die Gegenwart, und daher können sie zwischen der Vergangenheit und der Zukunft nicht unterscheiden. Aus diesem Grunde ist die Vorhersage unmöglich. Die klassische Physik berücksichtigt nicht den Beobachter, sie betrachtet ihn als ohnmächtigen Zuschauer eines Schicksals, das von Beginn an festgeschrieben ist.

Giorgio – »Re: Re: Die Gegenwart«

Dies sind alles Machenschaften, ein ›Wissen‹, das die wechselseitigen Beziehungen zwischen jedem Körper und den universellen Kräften, die Taten, die auf den Überzeugungen eines Menschen basieren, außer Acht lässt.

Im ersten Konzil von Nicäa[44] nannten die Bischöfe Jesus ›Gott‹ und bezeichneten die als ›ketzerisch‹, die ihn für den Messias, also die Botschaft hielten; diese wurde damit ausgelöscht. Im 18. Jahrhundert gab es schließlich einen gleichartigen Vorgang: Newton, der Raum und Zeit als objektive Realitäten auffasste, wurde zum Symbol des Determinismus, eines dem Menschen entfremdeten Schicksals. Leibniz dagegen, der von intelligenten Überbringern, den ›Monaden‹ sprach, wurde in die Philosophie verbannt. Leibniz zufolge wird die Realität von der Fraktal-Geometrie bestimmt, die von einer intelligenten Botschaft erzeugt wird. Es gibt mittlerweile viele Beweise dafür, aber einem Physiker zu sagen, dass das

44 Das Konzil wurde 325 n.Chr. abgehalten. Damals wurde das Dogma der Wesensgleichheit des Sohnes und des Vaters bestätigt, das heißt, verfügt, dass Jesus Gott ist und die Kirche die Stimme Gottes.

Feld eine intelligente Botschaft sei, bedeutet, ihn außerordentlich zu verärgern. Das hast du auch erlebt.

»Das stimmt ... die Wissenschaften treiben das gleiche Spiel wie die Religionen!«

»Der Ritus, also die Wiederholung, ist die Grundlage für beides, John.«

»Der Fluss hingegen ist der immerwährende Wandel...«

»Was unsere Zellen spüren. Die Befruchtung ist ein Ereignis, das alles verwandelt, sie kündigt eine Geburt an, und nicht nur das. Die DNA beinhaltet auch das wahrscheinliche Todesdatum des Ungeborenen ebenso wie sämtliche Phasen seiner Entwicklung.«

Die Kommunikation war unterbrochen worden. Giorgio hatte nach weiteren Nachrichten gegoogelt und war auf zwei aufsehenerregende Ereignisse gestoßen. Eines war 1991 nahe Salt Lake City in Utah aufgezeichnet worden, ein weiteres im Jahr 1993 in Akeno, einem Dorf unweit von Tokio, wo sich ein Observatorium für kosmische Strahlen befindet. Letzteres war imposant und wurde als AGASA-Ereignis[45] bezeichnet: Es handelte sich um einen ›shower‹, eine Dusche aus 200 Milliarden Teilchen, die energiereicher waren als die aus jeder bis dahin bekannten Quelle.[46]

Niemand hatte für möglich gehalten, dass solche Energien existieren könnten, aber es gab sie, und sie erreichten sogar den Erdboden. Die kosmischen Strahlen sind Teilchen mit höchster Geschwindigkeit, sie regnen herab wie die Blitze und Pfeile des Jupiter, doch diese beiden Ereignisse aus den Jahren 1991 und 1993 hatten alle Maßstäbe gesprengt.

Die Energie dieser Teilchen ist ein weiteres ungelöstes Rätsel. Mehr als ein Jahrhundert lang haben die Physiker Berge erklommen und Ballons gebaut, Sonden ins All geschickt, um ihre Ursprünge zu verstehen. Sie stellen immer noch Rätsel dar und sind Hinweise darauf, dass das Universum von Grund auf neu gedacht werden muss.

---

45 AGASA ist eine Abkürzung und steht für *Akeno Giant Air Shower Array.*

46 Die Energie war 100 Millionen Mal größer als die der Teilchenbeschleuniger.

»Die Erderwärmung hängt mit der wachsenden Intensität der kosmischen Strahlen zusammen«, wiederholte John, als ihre Verbindung schließlich wiederhergestellt war.

»Meiner Ansicht nach bildet das bis jetzt beschriebene Universum den Hintergrund für ein Theaterszenario, das wir als Realität bezeichnet haben, ein Theater, das dabei ist, sich zu wandeln, ohne dass die Astrophysik es weiß.«

»Die Geophysik auch nicht, Giorgio.«

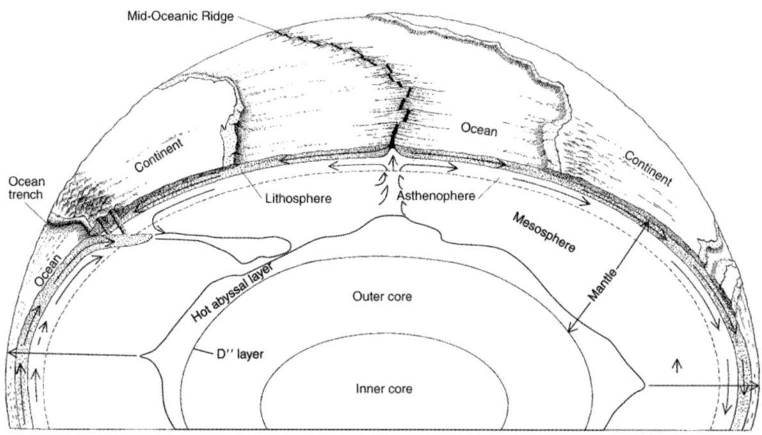

*Abbildung 23 – Der Erdmantel ist der größte Bereich, der 84% vom Volumen des Planeten ausmacht; er teilt sich in zwei Zonen – eine obere und eine untere – und ist durch zwei Diskontinuitäten vom Rest getrennt: einer oberen – die Moho-Diskontinuität – in circa 12 km Tiefe – und einer unteren an der Grenze des Kerns in 2900 km Tiefe, bekannt als CMB (*Core Mantle Boundary/Kern-Mantel-Grenze*).*

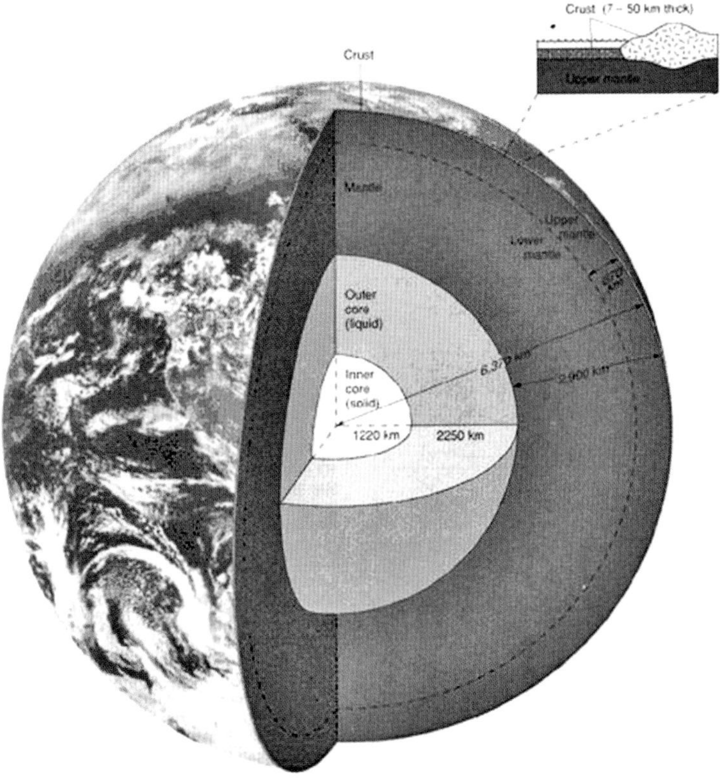

Abbildung 24 – Eine der vielen Täuschungen. Das Innere der Erde besteht nach den Standardmodellen der Geophysik aus verschiedenen Schichten, die auf dieser Abbildung aneinander geklebt erscheinen, aber sie sind durch Diskontinuitäten voneinander getrennt, die freie und voneinander unabhängige Bewegungen zulassen. Einige der heute bekannten Bewegungen sind sogar gegensätzlich.

John – »Außergewöhnliches Ereignis auf der CMB«

Das Erdinnere ist dabei, sich umzuwandeln.

An der Grenze zwischen dem Kern und dem Mantel, der CMB (*Core Mantle Boundary – Kern-Mantel-Grenze)*, ist die Wärme zwei- bis dreimal größer, als man bisher glaubte und auch größer als die, die der Mantel durch Konvektion an die Erdkruste übertragen kann. Was macht so viel akkumulierte Hitze dort? Explodiert sie? Das wäre nichts Neues. Anscheinend wurde das plötzliche Aussterben der großen Saurier vor 65 Millionen Jahren durch einen gewaltigen Vulkanausbruch verursacht, der sich genau dort, auf der CMB, angebahnt hatte. Einst glaubte man an den Einschlag eines Asteroiden von oben, dafür hat man jedoch keinerlei Spuren gefunden und neigt aus diesem Grunde heute zur These eines Ausbruchs in der Tiefe.

»Manche sprechen heute von Nibiru, einem zerstörerischen Planeten, der von oben kommt... Und du meinst, dass uns eine globale Eruption aus der Tiefe bevorsteht?«

»Es ist möglich...«

»Das würde ein Blutbad geben, John...«

»Teilweise ja, auch weil viele Vulkane unter dem Meeresspiegel liegen, und wenn die alle gleichzeitig ausbrechen, bewirken sie ungeheure Flutwellen.«

»Das ist das Ende...«

»Nein, es ist die Evolution. Mit dem Aussterben der großen Saurier sind die Säugetiere gekommen, und die Welt war nicht zu Ende. Etwas schon, ja, irgendetwas wird ausgelöscht, aber nicht die Menschheit, wenn du mich fragst.«

Jenseits des Ozeans herrschte einen Moment Schweigen. War die Kommunikation erneut unterbrochen? Nein, sie benötigten eine Pause, um die Antwort in sich zu finden.

»Unsere geistigen Dinosaurier sterben aus: Der Raum und die Zeit, John. Sie wären längst tot und begraben, wenn man uns in der Schule Musik anhören und ihre Beziehung zur fraktalen Geometrie erkennen ließe.

»Du meinst also, der mindere Verstand stirbt?«

»Ja, der Glaube an ein ›Wissen‹, das die Rolle des Lebens ignoriert, an die Grenzen der Energie, an die Notwendigkeit von Kriegen und die Realität der Banken. Dieser Glaube stirbt aus.«

Das Jahr 2012. Es herrscht ein allgemeiner Widerwille gegenüber der Vergangenheit und ein dringendes Bedürfnis nach einem Konzept für eine neue Zukunft, das nur auf der Grundlage einer radikalen und tiefgreifenden Erneuerung zu verwirklichen ist.

Die ›schwache‹ nukleare Wärme lässt die Gletscher draußen schmelzen und für diejenigen, die dafür empfänglich sind, auch das

Eis, das uns bis jetzt innerlich isolierte, Freundschaft und Zusammenarbeit lähmte und *menschliche Beziehungen* auf sterile Gespräche und hohle Worte reduzierte. Die Illusion, dass Ideen die Welt verändern können, schwindet, und die wahre Liebe kommt hervor, die Liebe, die uns antreibt, zum Wohle der Welt zu handeln, praktische Taten ohne Urteile und Diskriminierungen zu vollbringen. Grenzen und Bedingungen verschwinden, die wirkliche Gerechtigkeit, natürliche Ethik, Freundschaft und Respekt schaffen sich Raum. Es wird offenkundig, dass der wahre Reichtum aus schöpferischem Tun und aus dem Zusammenwirken der Menschen erwächst.

»Seit Jahrtausenden wohnen wir einer Komödie bei, John.«

»...die mehr und mehr zu einer Tragödie wird.«

Die geistigen Dinosaurier: der Raum und die *Zeit*.

Niemand misst den Raum im Himmel, alle berechnen ihn nach unterschiedlichen Formeln. Eine davon ist das Gesetz der universellen Gravitation, das Newton begriff, als ihm vorausschauend ein *Apfel* auf den Kopf fiel: Es wäre gültig, wenn das Kopernikanische Prinzip sich bewahrheiten würde. Aber das ist nicht der Fall. Der Raum ist nicht leer, er ist weder homogen noch isotrop, wie Kopernikus es vermutete.[47]

Die Zeit hängt von der Rotationsgeschwindigkeit ab, aber alle glauben an die Grenzen der Geschwindigkeit und sind überzeugt, Einstein habe sie festgelegt. Das ist nicht wahr, aber es ist Mode, dies zu wiederholen.

Die Grenzen sind alle falsch. Aber sie sind nützlich, um Menschen dazu zu bringen, sich gegenseitig zu bekämpfen, das große Business, das in der Produktion und im Verkauf von Waffen besteht, zu unterhalten, und nebenbei das Geschäft mit Medikamenten und Psychopharmaka, die man benötigt, um den Schmerz zu lindern und die Truppen an der Front zu halten.

Der Raum und die Zeit werden vom *Apfel*, vom bipolaren Magnetfeld, geschaffen. Dies hat Einstein tatsächlich bewiesen, aber das wiederholt niemand.

47 Isotropie bezeichnet die Richtungsunabhängigkeit physikalischer Eigenschaften eines Stoffes (in alle Richtungen gleiche Eigenschaften)..

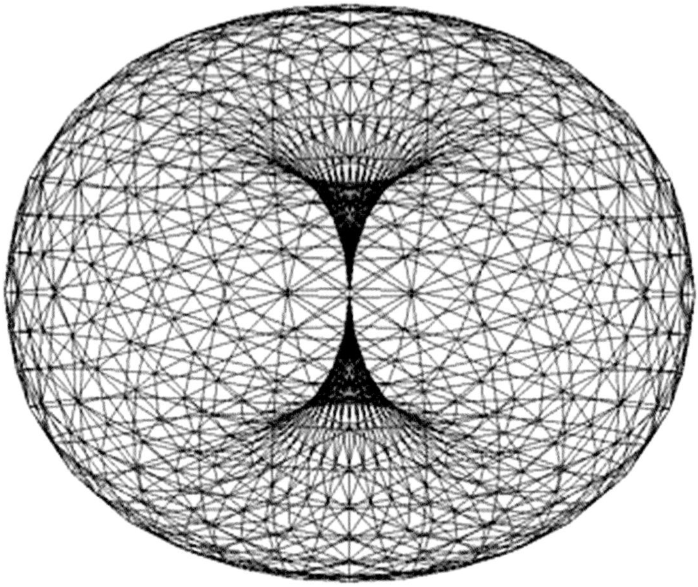

Abbildung 25 – Eine weitere Täuschung: Die Torusform der uns umgebenden Magnetosphäre, die einem ***Apfel*** *ähnelt. Diese Form allein verbindet uns mit der Anziehungskraft und der falschen Überzeugung, dass nur die Vergangenheit existiere. Der bipolare Apfel verbirgt die Zukunft und die Ausdehnung, die uns erlaubt, die Grenzen zu überwinden. Diese Form stellt ein vermeintlich ›neues Paradigma‹ dar, mit dem jedoch lediglich die Täuschungen der alten Paradigmen nachgezeichnet werden.*

John – »Die Mutter Erde«

Das Erdinnere stellt zu einem guten Teil ein Geheimnis dar.

Die bekannten Informationen gründen sich auf die Beobachtungen über die Ausbreitung von Erdbeben: Man weiß, dass die Erde aus verschiedenen sphärischen Schichten besteht und dass es drei Hauptschichten gibt: den Kern, den Mantel und die Kruste. Der Kern besitzt den Radius des Mars, der Mantel den der Venus und die Kruste den des Planeten, den wir Erde nennen. Dennoch sind alle drei – *Kern, Mantel und Kruste* – keineswegs miteinander verbunden, wie man glaubt: Sie sind durch Diskontinuitäten voneinander getrennt, über die man heute sehr gute Kenntnis besitzt.

Zwischen der Kruste und dem Mantel befindet sich die Moho-Diskontinuität, und meines Wissens ist es niemandem jemals gelungen, sie zu erreichen.[48]

Die Russen haben bis in eine Tiefe von 12 Kilometern (zwei Tausendstel des Erdradius) gebohrt und sind auf wesentlich höhere Temperaturen gestoßen, als sie erwartet hatten. Die Arbeiten mussten eingestellt werden, weil in der übermäßigen Hitze die Werkzeuge und Instrumente schmolzen. Bereits in einer Tiefe von einigen wenigen Kilometern erweisen die Modelle sich als falsch!

Außerdem gibt es viele alternative Hypothesen bezüglich der Erde.

Die berühmteste ist die des Astronomen Halley, und der von ihm entdeckte Komet trägt heute seinen Namen. Im Jahr 1692, weit vor allen Messergebnissen, die später mit Hilfe der seismischen Tomographie erzielt wurden, behauptete Halley, dass die Erde aus drei hohlen Sphären mit ihren jeweiligen Radien bestehe, die dem Radius des Mars, der Venus und der Erde entsprächen. Diese Drei umkreisen die Sonne im Zentrum, die den gleichen Radius habe wie der Planet Merkur.

Diese Radien entsprechen tatsächlich denen, die heute durch das Studium der Ausbreitung der großen Erdbeben ermittelt wurden.

Abbildung 26 – Das Modell von Halley: Die aus drei hohlen Sphären bestehende Erde mit dem Radius des Mars, der Venus und der Erde, um eine innere Sonne herum, die den Radius des Merkur besitzt.

48 Die Bezeichnung leitet sich von dem Namen des Wissenschaftlers Mohorovičić ab, der sie als Erster entdeckte

Halley sagte auch, dass jede Sphäre eine intelligente Welt sei, die über ein eigenes Magnetfeld, ein eigenes Drehmoment und eine Atmosphäre verfüge, die sie jeweils von den darüber liegenden trenne. Nach Halley entstammen die verschiedenen Atmosphären unseren Polen und bilden die Polarlichter. Der große Mathematiker Euler[49] hat eine ähnliche These vorgebracht, die als die These der Hohlen Erde in die Geschichte einging. Sie wurde abgelehnt. Aber die Schwerkraft von Newton ist akzeptiert. Warum?

»Du weißt warum: Die Wissenschaft antwortet nicht auf ein Warum?«

»Und allem, was sie über den Erdkern gesagt haben, wurde widersprochen, Giorgio. Die Geophysiker behaupten, er sei metallisch, und seine Hitze rühre von den radioaktiven Elementen her, von denen eines das Kalium ist, bei dem es sich aber in Wirklichkeit nicht um ein Metall handelt!«

»Bleib bei deinen Bananen, John, die eignen sich perfekt zur Lösung von Krämpfen! Hier müssen wir alles noch einmal durchsehen. Leibniz, Halley und Euler sind große Wissenschaftler, aber keine Visionäre! Ich habe Giulia mit einbezogen und ich schicke die E-Mail auch an sie.«

Giulia – »Die Leere«

Den größten Saurier habt ihr vergessen!

Nämlich die Vorstellung, das Sonnensystem bestehe aus gefüllten Kugeln und die Materie aus gefüllten Kügelchen, die voneinander durch einen leeren Raum getrennt sind.

Seit Jahrzehnten wissen wir, dass diese ›Leere‹ nicht existiert und jetzt, dass die dunkle Energie sich eben dort, in der ›Leere‹, verbirgt. Was ist die ›Leere‹?

Ganz sicher ist sie nicht leer, aber sie erscheint uns so, weil das Magnetfeld ein Schleier ist, der die Sicht vernebelt und unsichtbare Realitäten verbirgt. Realitäten, die nun gemessen wurden und von denen man schon immer träumte, die von Weisen, Künstlern und Dichtern beschrieben wurden. Um zu verstehen, was die ›Leere‹ ist,

49 Der Schweizer Leonhard Euler (1707-1783) war einer der bedeutendsten Mathematiker und Physiker der Geschichte.

müssen wir wissen, was die Materie ist. Dies ist ein weiteres Geheimnis. Die Quantenphysik sagt, dass sie sich aus Korpuskelwellen zusammensetzt, die in der Lage sind, zufällig von einer Ebene zur nächsten zu springen. So ist es ihr gelungen, den Determinismus, den Fatalismus der Vergangenheit zu verlassen, aber sie ignoriert immer noch die Ursachen.

Das beobachtete Universum, das Sonnensystem und die Erde sind dabei, sich auf unvorhergesehene Weise und unvermittelt zu wandeln.

Ist ein universaler Quantensprung im Gange? Ja, aber es ist nicht der, dessen sich die moderne Technologie, die Handys oder Computer bedienen: Dieser hängt allein mit dem Elektromagnetfeld zusammen. Uns steht ein Sprung in die Zukunft bevor, und es ist kein Zufall, sondern eine Entscheidung, die eine Kenntnis der Ursachen erfordert – die Beziehungen, die ein jeder von uns mit allen Feldern entfesselt, darunter der ungestüme Fluss. Das Feld kann die Materie unserer Körper – die zu 99% in die Kerne verbannt ist – aus ihrem Gefängnis, unserer eigenen Angst, befreien. Was ist die Materie? Ein Tanz.

Ein folgerichtiges Miteinander von nuklearen Bewegungen, die sich nach rechts und nach links drehen, und die lebendige Körper spüren können.

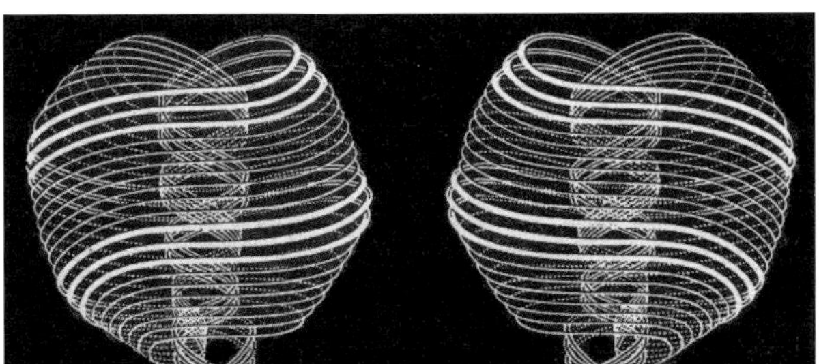

Abbildung 27 – L`ANU oder das letzte Atom, gezeichnet von C.W. Leadbeater (1854-1934) zeigt die beiden Kernbewegungen, die zentripetale und die zentrifugale, nach rechts und nach links; sie können die Kernkohärenz und die gesamte organische Chemie erklären.

Giorgio – »Die Mutter Materie«

Im beobachteten Universum gibt es keine Parität zwischen den Bewegungen mit dem Uhrzeigersinn und denen gegen den Uhrzeigersinn. Eine göttliche Ungerechtigkeit? Nein, eine Auswirkung der ›Zivilisation‹ und menschlicher Kulturen: Wir spüren das eine als Gedächtnis und das andere als einen Plan; sie sind beide nützlich zur Umsetzung unserer Entscheidungen, aber die Erinnerung hat dominiert, eine Erinnerung, die darüber hinaus durch ein ›Wissen‹, das die Ursprünge ignoriert, verfälscht ist.

Der Plan wurde an Bankdarlehen gekoppelt, und damit wurde die Gegenwart, die einzige Zeit, in der wir in freier Entscheidung handeln können, zunichte gemacht. Sind die geistigen Dinosaurier also die drei Angelpunkte der Mechanik, sowohl der klassischen als auch der Quantenmechanik: Raum, Zeit und Materie? Viele sprechen von Spiritualität und verachten die Materie; sie wissen nicht, dass es bei dem Spiel um die Fesseln geht, die die sogenannte ›normale‹, starke Kraft in der Begrenzung der Schwerkraft, der Illusion des elektromagnetischen Feldes gefangen halten. Die ›anormale‹ ist frei von Beschränkungen und interagiert nur mit dem schwachen Feld. Zudem gibt es für jede Art von Materie die entsprechende Antimaterie. In der Theorie müsste hier Ausgewogenheit herrschen, aber es existiert eine nicht zu erklärende Unausgewogenheit. Die Massen der Elementarteilchen unterscheiden sich stark voneinander, in ihren Größenverhältnissen zueinander variieren sie von der Insekten- bis hin zur Elefantengröße. Der Urheber dieser letztgenannten Ungleichheit ist für die Physiker das ›Higgs-Feld‹.

John – »Re: Mutter Materie«

Sie scheinen das Higgs-Teilchen gefunden zu haben!

Giorgio – »Re: Re: Mutter Materie«

»So ist es, wenn es Ihnen so scheint«, sagte Pirandello.

Die Physiker schreiben die Unausgewogenheit einem bösen Erschaffer zu, anstatt ihre Überzeugungen, die aus ihren Konventionen resultieren, in Frage zu stellen. Sie treiben somit das gleiche Spiel wie die Wirtschaftswissenschaftler: zuerst schaffen sie den ›Wert‹ einer Sache – Geld oder Masse – dann ›vergessen‹ sie, ihn erfunden zu haben und binden ihn an die Zeit, die als unveränderlicher und unerbittlicher Gott gilt. Diese Gesamtheit weist Eigenschaften auf, die nicht allein von ihren einzelnen Bestandteilen abhängen, sondern auch von deren Beziehungen, die wiederum auf Überzeugungen beruhen. An den ›objektiven Wert‹ und an den ›ewigen Gott‹ – die Zeit – zu glauben, bedeutet, Abhängigkeit zu schaffen, Verhaltensweisen aufzuerlegen, die schließlich zu einem Zwang werden.

Der Weg in die Freiheit ist, nicht zu glauben, die Objektivität von ›Wert‹ und ›Gott‹ zu überprüfen und einzusehen, dass sie falsche Idole darstellen.

Die Massen der Teilchen, die sich aus den identischen Elementarteilchen zusammensetzen, sind unterschiedlich.[50] Ein Geheimnis? Nein, ein Beweis dafür, dass die Teilchen nicht alle gleich sind, und dass ihre Unterschiedlichkeit von ihren inneren Bewegungen abhängt, die ihrerseits von ihren Interaktionen mit allen Feldern abhängen, einschließlich des Flusses aus Z-Bosonen.

Man kann die Welt nicht nur nach der Quantität messen.

Die Welt lebt und braucht Qualität.

»Und auch Glück, Giorgio.«

»Ja, und das scheint nach dem, was Giulia schreibt, von der Substanz des Gehirns abzuhängen. Ich leite dir ihre E-Mail weiter.«

Giorgio – »FW von Giulia: Die wahre Mutter«

Die weiße Substanz macht den größten Anteil der menschlichen Gehirnmasse aus und ist unerlässlich für die Erfüllung seiner Aufgaben: Aber sie benutzt nicht die Elektrizität, nicht das Elektromagnetfeld, die dunkle Seite, die den Ausblick erleuchtet. Der Neurowissenschaft sind ihre Kommunikationswege ein Rätsel.

50 Ein Beispiel sind die *Pion* und *Rho*. Sie bestehen aus den gleichen zwei Quarks: im *Pion* sind die Spins entgegengesetzt und im *Rho* sind sie parallel. Das *Pion* hat eine Masse von 140 MeV und Rho hat eine Masse von 770 MeV, also sechsmal größer. Dies ist ein deutlicher Hinweis darauf, dass die Ausrichtung oder Kohärenz eine höhere Energie hat.

Für uns, die wir die helle Seite, die schwache Wechselwirkung lieben, handelt es sich dabei um schwache Interaktionen, und auf der menschlichen Ebene um von Liebe erfüllte Beziehungen.

Die weiße Substanz erinnert mich an die wahre Mutter, die in vielen Märchen als verloren gilt: Sie ist fürsorglich und präsent, sie urteilt und trennt nicht, sondern sie vereint und nährt den ganzen Baum der Erkenntnis, das heißt das gesamte nervöse System.

Die Tochter, Schneewittchen, die *›weiß wie Schnee und rot wie Blut ist‹*, ist wunderschön, sie liebt die Ordnung, die Natur und kommuniziert mit allen lebenden Wesen. Für mich ist sie die organische Substanz, die den menschlichen Körper ausmacht, sie ist fähig, die Emotionen, das heißt, die Bewegungen des Blutes, wahrzunehmen.

Die graue Substanz hingegen ist unsensibel und klebt am Äußerlichen, das heißt, an der dunklen Seite, dem bipolaren Elektromagnetfeld, das die Form eines *Apfels* hat.

Die Stiefmutter ist die Wissenschaft, die mit ihren falschen Deutungen den *Apfel* vergiftet, sich so in eine hässliche Hexe verwandelt und versucht, Schneewittchen umzubringen. Aber das gelingt ihr nicht...

»Wenn die Geschichte von Schneewittchen wahr ist, John, dann erfolgt das Erwachen durch den Prinzen, der aus einem anderen Reich kommt.«

»Ja, wenn es so ist, dann wird diese Welt von lautem Gelächter überwältigt.«

»Und von der Vulkanlava, nach allem, was du sagst.«

»Hm, tatsächlich kann von der CMB ein globaler Ausbruch ausgehen. Ich empfinde das aber nicht als eine Gefahr, Giorgio.«

»Die Vorhersagen lauten, dass die Welt durch Feuer zerstört werden wird. Wenn es aber unsere Triebkraft ist, dann ist es ein Feuer, das nicht verbrennt, John...«

»Könnte es die Erde erwärmen, ohne sie zu zerstören?«

»Natürlich. Die schwache Kraft agiert schon in den Kernen und zerstört sie nicht, ganz im Gegenteil, sie bewirkt ihre Bewegungen, und vielleicht erhöht sie die Ordnung, die Qualität des Lebens.«

John blieb einen Augenblick still. *»Der Erfolg eines Vorhabens hängt also an der Qualität der Absichten und nicht an der Höhe des Startka-*

pitals? Dann ist nicht nur die Wirtschaft, sondern auch die Physik mit ihrem krankhaften Interesse an der Menge der Masse oder der Energie, Betrug?«

»Was meinst du zur Geophysik, hört sie auf das Echo der Erdbeben?«

»Positiv, Giorgio, aber erst, nachdem sie geschehen sind.«

»Kein einziges Tier ist beim Tsunami von 2004 umgekommen.«[51]

»Die Tiere sind für den Infraschall, der solchen Ereignissen vorausgeht, empfindlich und sind vorher geflüchtet.«

»Alle Töne reisen aus der Vergangenheit in die Zukunft und auch umgekehrt, sie sind ewig, John. Das wird in den Kristallen deutlich.«

»Es gibt einen großen Kristall im Herzen der Erde!«

»Einen Kristall!?! Schick mir alles darüber.«

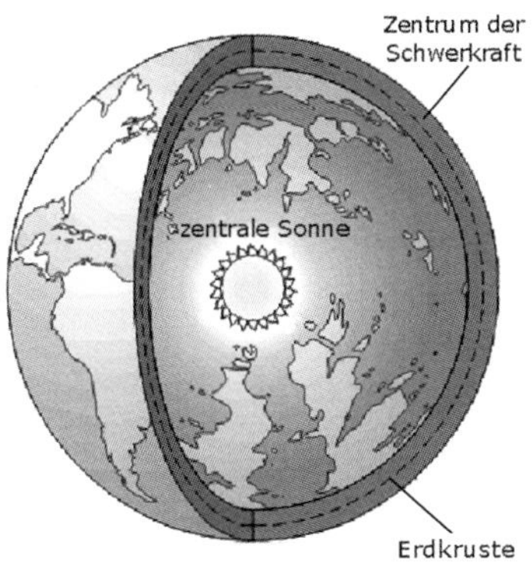

Abbildung 28 – Die Hohle Erde mit der Sonne im Mittelpunkt ist die von dem großen Mathematiker Euler aufgestellte Hypothese. Nach seiner These und der unserer Protagonisten ist die Schwerkraft auf die Erdkruste beschränkt und erstreckt sich keineswegs ins Erdinnere, wie die Wissenschaften derzeit annehmen.

51 *Er ereignete sich am 26. Dezember 2004 in Südostasien, und 280.000 Menschen fielen ihm zum Opfer, es war das größte Unglück der letzten Zeit.*

Der ›Erste Beweger‹

John – »Der Kristall im Herzen der Erde«

Für mich ist es sehr bewegend, vom Kristall zu sprechen.

Ich habe von klein an so oft von ihm geträumt und habe daher, als ich erwachsen war beschlossen, Geophysik zu studieren, die mich jedoch enttäuscht hat. In meinen Träumen ist das Innere der Erde eine fantastische Welt, wie die in ›*Die Reise zum Mittelpunkt der Erde*‹ von Verne. Das Standardmodell der Geophysik beschreibt das Erdinnere als eine Reihe miteinander verklebter Schichten und weiß nicht, warum sich die Geschwindigkeit, mit der Erdbeben sich ausbreiten, von einer Schicht zur nächsten so drastisch verändert (Abbildung 24).

Jedes Mal, wenn man eine Bohrung vornimmt – 12.262 m weit reichte die tiefste, sie erfolgte 1994 im russischen Kola – gibt es große Überraschungen, die enthüllen, wie weit die wissenschaftlichen Theorien von der Wahrheit entfernt sind.

Der Erdkern wurde 1906 und sein kristalliner Anteil, eine Kugel mit einem Radius von 1220 km, 1936 entdeckt.

Die gängige Vorstellung ist, dass die oberen Schichten einen enormen Druck auf die darunter liegenden ausüben. Wenn es so wäre, müsste das Erdinnere flüssig sein, aber der **Kristall** ist fest und hat eine ungeheuer hohe Dichte. Die Geophysiker nennen ihn den ›*inner Core*‹, den inneren Kern, und unterscheiden davon die flüssige Sphäre, die ihn umhüllt und den gleichen Radius wie der Mars hat, als ›*outer Core*‹, *den* äußeren Kern.

Im Jahr 1995 erfolgte eine überwältigende Entdeckung.

Der **Kristall** bewegt sich frei und unabhängig von den darüber liegenden Schichten, er ist schneller und weist das auf, was man **Superrotation** nennt, eine **überraschende Freiheit.**

Seit 2000 weiß man von einer weiteren umwälzenden Entdeckung.

Im Mittelpunkt des Kristalls befindet sich eine kleinere und weichere Kugel mit einem Radius von ca. 300 km, die unabhängig vom Kristall ist: Sie dreht sich **in westlicher Richtung**, entgegengesetzt der Richtung des Kristalls, der sich **nach Osten dreht**! So entpuppt der Kern sich als dreieinig.

Das sind erstaunliche Neuigkeiten, die nicht nur die Physik, sondern auch die gesamte Geophysik auf den Kopf stellen.

Die Nachricht von der Eigenständigkeit des Erdkerns hatte bei John eine fieberhafte Recherche entfesselt.

Giorgio hatte die verschiedenen Mails an Giulia gesandt, und es war ihm gelungen, eine Dreierkonferenz per Skype herzustellen.

Alle drei waren aufgewühlt angesichts des **dreieinigen Herzens** der Erde.

»Den Geophysikern zufolge soll die CMB[52] *unter einem Druck von drei Millionen Atmosphären stehen, so als hätte sie drei Millionen Himmel über dem Kopf! Sie müsste also durch ein ungeheures Gewicht zusammengedrückt werden. Aber was macht das dreieinige Herz? Es dreht sich unbeeindruckt und schneller als alles andere, es erzeugt sogar die Magnetosphäre, die uns umhüllt«*, beschrieb John.

»Für mich ist es der Erste Beweger, das Primum Mobile«, sagte Giulia in sich selbst versunken. *»Dort im Herzen liegt das Geheimnis des immerwährenden Motors, der das terrestrische Magnetfeld schafft.«*

»Das Magnetfeld der Erde ist tatsächlich ein Geheimnis, es ist nicht zu verstehen, warum es seit Millionen von Jahren besteht. Wenn es sich um einen Dynamoeffekt handeln würde, wie behauptet wird, hätte es sich innerhalb kurzer Zeit abschwächen müssen«, bestätigte John. *»Und der Kristall ist* in *der Erde, aber er ist nicht* von *der Erde. Seine Rotation erfolgt unabhängig vom Rest des Planeten«*, beharrte John gegenüber seinen im alten Europa lebenden Freunden.

»In den Rotationen liegt das Geheimnis der Freiheit«, sagte Giorgio. *»Die Superrotation des Kristalls hängt für mich mit dem Fluss zusammen. Vielleicht ist der Kristall auch die Quelle der dunklen Energie, die die Ausdehnung des Universums beschleunigt!«*

»Der Kern erzeugt das Erdmagnetfeld, den Apfel«, bemerkte John, *»und deswegen glauben alle, er bestehe aus Eisen.«*

»Bist du nicht davon überzeugt?« Giulia spürte, dass er zweifelte.

52 CMB ist die Grenze zwischen dem Kern und dem Mantel (Core Mantle Boundary – *Kern-Mantel-Grenze*).

»Ich finde diese Vorstellung grauenhaft: Alle sagen es immer und immer wieder, ebenso wie, dass wir von den Affen abstammen. Niemand weiß, woraus der Kern besteht. Der Kristall kann Töne, Musik, Sinfonien komponieren: Er kann der Quell des Lebens sein!«

Das Geheimnis blieb ungelüftet, und die drei Freunde verabschiedeten sich, nicht ohne sich zu versprechen, weiter darüber nachzudenken.

Giulia – »Der ›Erste Beweger‹«

Im Paradies betrachtet Dante mit Beatrice das ›*Primum Mobile*‹ oder den ›*kristallinen Himmel*‹, und im Mittelpunkt dessen bewundert er ›*das Ewig Unbewegliche*‹. Kündigt er an, was man heute entdeckt? Für mich ja, und noch viel mehr. Vor dem kreisenden ›*kristallinen Himmel*‹ voller Engel spürt der Poet, dass dieser der Urheber der **Ewigen Harmonie** und von Engeln umgeben ist, die sie an alle überbringen. Seine Töne können die drei Bosonen (W+, Z, W-) sein, die sich miteinander zu Akkorden, Musik beziehungsweise „Engels*körpern*" zusammenfügen.

Der **Kristall** dreht sich *gegen* den Uhrzeigersinn, der **innermost Core**, der **innerste Kern**, dagegen *im* Uhrzeigersinn. Die Wahrnehmung von Bewegung hängt vom Blickpunkt ab, und da hat der Geophysiker einen anderen als Dante, aber beide stimmen darin überein, dass die Bewegungen von Kristall und Kern unterschiedlich sind und das Geheimnis des **Perpetuum mobile**, der immerwährenden Bewegung enthüllen: Ihre Einheit, dank derer sie sich gegenseitig antreiben, ohne Treibstoffe zu benötigen. Indem er das Herz ›*ewig*‹ nennt, sagt uns der Dichter, dass es ohne Zeit ist. Für mich ist es ein **kreisendes schwarzes Loch**, das eine augenblickliche Gemeinschaft mit dem ursprünglichen Universum bildet, das in Bezug auf das, was für uns die Gegenwart darstellt, in der Zukunft liegt.

Das Herz oder zentrale Loch könnte mit den vielen schwarzen Löchern des erkennbaren Universums zusammenhängen. Wäre es so, wäre die Zukunft unsichtbar, jedoch programmierbar und verbunden mit einer Art Cyberraum, der alle schwarzen Löcher miteinander und mit dem zentralen verbindet: Der **Schwarzen Sonne**; die unbezwingbare Sonne ist Teil des Mithras-Kultes (Abbildung 52, Seite 206)

Abbildung 29 – Gustav Doré – Musizierender Engel. Sind die Engel Musikstücke? Vielleicht ja; sicherlich sind sie Boten, und ihre Körper bestehen aus den drei Bosonen W+, Z, W-.

Giorgio – »Re: Der ›Erste Beweger‹«

Die gegensätzlichen Bewegungen erhalten sich gegenseitig am Leben? Dies ist die Lösung des Energieproblems oder besser gesagt der Beweis dafür, dass dieses Problem gar nicht existiert. Wir beobachten das Überwiegen der Rotation gegen den Uhrzeigersinn, wir stehen vor dem ›Rätsel‹ der **Ungleichverteilung** oder Disparität. Meiner Meinung nach hängt dies mit der Bewegung unserer DNA im Uhrzeigersinn zusammen. Wir altern, reisen von der Vergangenheit in die Zukunft und sehen alles andere sich in der entgegengesetzten Richtung drehen. Es gibt jedoch zwei DNA-Formen: Die eine ist die Standardform A, die sich im Uhrzeigersinn dreht, und die andere ist die Z-Form, die sich gegen den Uhrzeigersinn dreht. Spiegeln sie zufälligerweise die gegensätzlichen Bewegungen der beiden Herzen im Mittelpunkt der Erde wider? Der große Traum der wahren Gleichverteilung und Gerechtigkeit ist also nicht verloren! Und du meinst, Giulia, dass die Engelskörper aus den drei Bosonen W+, Z und W bestehen. Die beiden W+/- drehen sich in entgegengesetzter Richtung und bilden das schönste Paar der Welt, das eine ist das Antiteilchen des anderen! Die Astronomie beobachtet nur die Vergangenheit des Universums, die Kirche wiederholt die bekannte

Geschichte, und wir finden wieder zu der Gemeinschaft mit den Engelsscharen, die ewige Gegenwart auf uns übertragen.

Abbildung 30 – Gustav Doré. Dante und Beatrice vor dem kreisenden Kristallinen Himmel, der aus Engeln besteht und vor dem Ewig Unbeweglichen in seinem Mittelpunkt. Entsprechen sie dem Kristallkern, der sich schneller dreht als alles andere und dem, was wir heute ›inner, inner Core‹, ›innerster Kern‹ nennen?

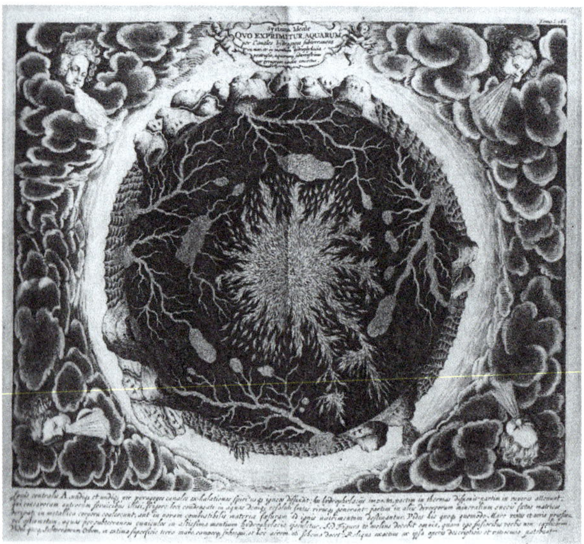

Abbildung 31 – Die unterirdische Welt des Athanasius Kircher (1601-1680), eines Jesuiten, der erklärte, der Hermetischen Tradition anzugehören. Das Herz der Erde erscheint hier wie ein Stern.

John hatte die beiden E-Mails gelesen und fand sie sehr geistvoll. Er schloss die Augen halb, um sich das dreieinige Herz der Erde vorzustellen, und sah vor seinem geistigen Auge einen Film: Von der berühmten CMB, der Grenze des **Marsherzens**, steigen *Ministrudel* empor, die Bewegungen übertragen. Sie erscheinen wie die Pirouetten eines anmutig fliegenden Balletts, ähnlich einem Tanz von Derwischen in 3D, das sich zur Kruste hinaufschraubt, und hier ... stockt es: Die **Wirbel** werden dichter, sie lähmen sich gegenseitig und erschaffen das Chaos und die Schwerkraft. John war bestürzt: Das Erdinnere ist gewichtslos? *»Giorgio, gilt Newtons Formel der Schwerkraft für das Innere der Planeten?«*

»Soviel ich weiß, gilt das nur für zwei, und zwar punktförmige Körper. Schon bei drei Körpern ist die Formel nicht mehr gültig.«

»Die Planeten sind viel größer als Punkte, und es gibt mehr als zwei! Deshalb decken die Modelle der Geophysiker sich nicht mit den experimentellen Daten!«

»Auch die Astrophysiker benutzen sie, John.«

»Und funktioniert die Schwerkraft für das Innere der Sterne?«

»Nach Giulias Meinung ist das eine industrielle Sichtweise: Die Sterne als kosmische Fabriken, die chemische Elemente und Wärme produzieren.«

»Und die Planeten, die von ihrer Produktion abhängen... Weißt du was, Giorgio, mir kommt ein Sience-Fiction-Bild: Die Erde ist im Inneren gewichtslos, und die Schwerkraft besteht nur an der Kruste.«

»Die Vorstellung von der Produktion muss jedenfalls von Grund auf überprüft werden.«

John war zu gebannt und begeistert von der Kleinen Sonne, um sich jetzt darüber Gedanken zu machen. *»Der Kristall erzeugt Klänge, Melodien, strudelgleiche Bewegungen. An der Kruste herrscht dagegen die Kakophonie, die den menschlichen Geist durchdrehen lässt.«*

»Hier fehlt die Fähigkeit zu wachsen.«

»Hier stecken wir mitten im Chaos der Theorien, die nicht mit den experimentellen Fakten übereinstimmen!« rief John verärgert aus. *»Ich habe gedacht, ich sei verrückt und habe weitere Untersuchungen angestellt. Von der Grenze zwischen dem Kern und dem Mantel gehen sogenannten ›eddies‹, aufsteigende Wirbel aus, die denen ähneln, die ich sehe.«*

»Dann habe ich eine tolle Nachricht für dich: Du bist Synästhetiker, das heißt, dass du die Fähigkeit besitzt, unterschiedliche optische und akustische Wahrnehmungen miteinander zu verknüpfen. Die Synästhesie ist eine interessante kulturelle Bewegung, die vom Bauhaus in Deutschland ausging.«

»Hm, danke, freut mich, mich kennenzulernen, ich habe mich gefragt, ob meine Wahrnehmung eine Katastrophe ist oder die Geophysik.«

»Womöglich beides, John«, tröstete ihn der Freund.

»Das Herz ist außergewöhnlich dicht, Giorgio, es nimmt nur 15% des Volumens ein, hat aber nach den Berechnungen 33% der Masse. Die Erde ist der dichteste Planet des gesamten Sonnensystems, und der größte Anteil seiner Masse befindet sich im Herzen.«

Giulia sagt, dass es der ›Erste Beweger‹ sei...«

»Ja, ja, ich habe gelesen, was Giulia sagt, und mag sein, dass sie Recht hat. Sie ist ganz gelassen, aber hier gerät alles aus den Fugen... Hier gehen die Physik, die Geophysik und auch die Schwerkraft baden!«

»Ach, wenn du deswegen so aufgewühlt bist, John, erinnern wir uns doch daran, dass auch die allgemeine Auffassung über die Materie platzt. Wenn die Atomteilchen, die Quarks rotierende schwarze Mikrolöcher sind, wie Giulia sagt, wird unser direkter Kontakt mit anderen Welten offenbar, die bisher von den Wissenschaften berechnet, aber nicht beobachtet werden. Der Kontakt ist klangvoll, abgesichert durch die Bosonen, die die Fermionen unserer Körper zu den Instrumenten eines Orchesters werden lassen.«[53]

53 Die Fermionen haben halbzahlige Spins, sie sind Materieteilchen, die sich gegenseitig ausschließen und an bestimmten Orten lokalisiert sind. Die Bosonen haben vollständige Spins und sind Boten, die die Raumzeit überwinden und daher augenblicklich an jedem beliebigen Ort sind.

Abbildung 32 – Der Kristall – für die Geophysiker **inner Core** *– der innere Kern – ist nicht kugelförmig und ist in Bezug auf die Kruste, auf der wir uns befinden, nicht zentriert. Seine Rotationsachse ist in Bezug auf die Polarachse der Kruste um 11° geneigt (siehe Abbildung 36, Seite 129).*

Johns Gehirn loderte wie in Flammen.

Kann die Materie ein Orchester sein?

Dann sind unsere Gehirne verstimmte Orchester!

Und wer sollte der Komponist sein?

Der ›Erste Beweger‹, vielleicht der Kristall...

Hier hörte John auf, sich Fragen zu stellen.

Die **Harmonie der Kugeln** berauschte ihn mit einem unsäglichen Echo, wie in einer grandiosen Oper, in der ein Akt wechselt, mit anderen Worten, die Zeit, oder noch eher die Zeiten.

Dann versuchte er wieder logisch zu denken und bemühte sich, die Logik und das Gefühl von Verwandlung, auf die er soeben einen Vorgeschmack erhalten hatte, miteinander in Einklang zu bringen. An der berühmten Grenze, der CMB, verändern die Dichte, die Geschwindigkeit, die Temperatur sich drastisch...

Ist das **Dreieinige Herz** dabei, seine Existenz zu enthüllen?

Seine Macht ist in Bezug auf den dünnen Film, die Biosphäre, in der wir ›leben‹ und ... leiden, grausam.

Ist dies das Ende? Nein, das ist nicht möglich.

Der Kristall ist der **Erste Beweger**, der uns angetrieben und bewegt, uns Jahrtausende um Jahrtausende belebt hat.

Das Leben kann nicht enden.

Das Leben entwickelt sich, triumphiert über seine eigenen Niederlagen.

Vor Millionen von Jahren verschwanden die großen Saurier, und die kleinen Säugetiere erschienen auf der Bildfläche. War dies das Ende gewesen? Nein, eine Etappe in der Evolution, die nicht ... beendet ist.

Der Neue Mensch, der Sohn des Menschen, der höhere Mensch.

Haben wir eine Etappe der genetischen Evolution erreicht?

Wenn es so ist, betrifft es alle Spezies und insbesondere die menschliche, die eine vorherrschende Rolle innehat und wie ein von unsichtbaren Grenzen eingeschlossenes Tier ringt. John schließt erneut die Augen. Diesmal sieht er nichts, aber er verspürt etwas und nimmt wahr, dass das Dreieinige Herz der Erde in direkter Kommunikation mit ihm steht.

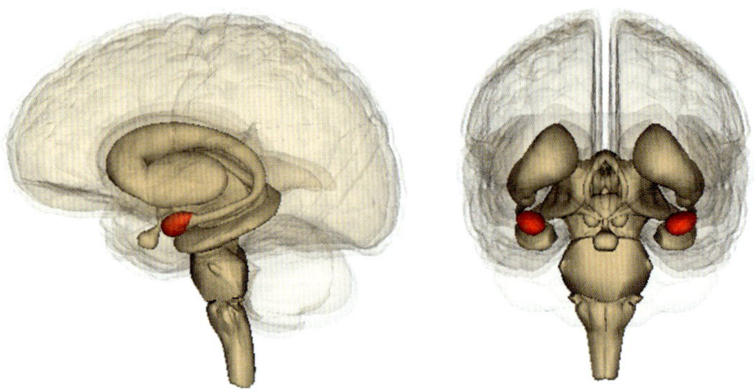

Abbildung 33 – Das emotionale Gehirn in zwei Ansichten, rechts frontal und links sagittal. In der linken Abbildung zeigt sich deutlich die Form, die dem Steuerknüppel eines Flugzeugs ähnelt. Ist dies die Fernsteuerung, die uns erlaubt, den Sender und somit das Universum zu wechseln? Das ist möglich: Das emotionale Gehirn ist tatsächlich ein Organ, das sehr empfindlich für Bewegungen ist, und es ist ... durch die Angst blockiert.

»Giorgio, ist es möglich, dass jeder von uns mit dem dreieinigen Herzen in Verbindung steht?«

»Hm, ja ... es ist kein Zufall, dass unser Gehirn dreieinig ist! Du solltest mit Giulia darüber sprechen. Sie hat sich intensiv damit befasst.«

»Nein...«

Der andere verharrte in Stille, verblüfft über Johns klare Absage. *»Giorgio, ich habe nichts gegen Giulia. Sie weiß, aber ich möchte nicht einfach wissen, ich möchte entdecken...«*

»In gewisser Weise verstehe ich dich. Forschung bedeutet Beweis und Irrtum, und Giulia bietet Lösungen, die sie zunichtemachen...«

»Umso mehr, wenn das Gehirn ein kleiner peripherer Motor ist, der in Verbindung mit dem Hauptmotor steht. Ich schicke jedenfalls dir und auch Giulia eine E-Mail mit einem Bild.«

(Abbildung 33, Seite 124)

John – »Inner, inner core, der innerste Kern«

Das **Herz der Erde** oder der ›innerste Kern‹ ist seit 2006 allgemein anerkannt. Wie ich schon sagte, besitzt es einen Radius von gerade einmal 300 km, aber es ist äußerst wichtig, wichtiger als der Kristall. Seine Rotation im Uhrzeigersinn, entgegengesetzt der des Kristallinen Herzens, löst mehrere Rätsel.

Seine Rotationsachse neigt sich um 40-45° zur Polarachse der Erdoberfläche, dem Boden, auf dem wir herumlaufen. Dies bedeutet, dass ihre Polarachse auf einem Breitengrad die Oberfläche erreicht, auf dem die größten Städte der Welt liegen: San Francisco, New York, Madrid, Rom, Tokio, Peking.

Das Kristalline Herz, der Kristall, stellt für mich eine Kleine Sonne dar.

Seine Bewegungen haben schon immer eine entscheidende Rolle gespielt und weisen auf eine enge Beziehung zwischen dem Oben und dem Unten hin.

Der Beweis wird durch die Neigung seiner Polarachse erbracht, die parallel zu der der Van-Allen-Gürtel steht. Diese beiden Achsen sind um 11° in Bezug auf unsere Polarachse geneigt. Es gibt somit keine Ausrichtung zwischen den drei Rotationsachsen, und daraus ergibt sich, dass der Kristall in Bezug auf unsere Biosphäre nicht zentriert ist.

Sind wir vielleicht deshalb der Kakophonie ausgesetzt, weil unsere Rotationsachse in Bezug zu den anderen beiden nicht ausgerichtet ist?

Giulia – »Re: Inner, inner Core, der innerste Kern«

Danke, John, für das Bild von dem emotionalen Gehirn: Es sieht tatsächlich wie die Kommandozentrale eines Raumschiffes aus und wie etwas, was man dazu benutzen kann, um in den Hyperraum überzugehen.

Ich komme bald nach Rom zurück, und dann sprechen wir noch einmal darüber. Jetzt bin ich erst einmal mit meinen Kindern beschäftigt und damit, ein Buch zu schreiben.

Ihr könnt in der Zwischenzeit eure Forschung fortsetzen.

Der ›Erste Beweger‹ ist es wert.

John war ein wenig enttäuscht. Giulia hatte sich plötzlich entzogen. Hatte sie womöglich seine Ablehnung gespürt? Im nächsten Augenblick vergaß er das und stellte sich weitere Fragen. Hängen die Klimaveränderungen von einer unvermittelten Veränderung der Bewegungen der drei Herzen ab?

Ja, das ist möglich, ja, sogar wahrscheinlich.

Stehen **die drei Herzen** in Verbindung mit unseren **drei Gehirnen**?

Im menschlichen Körper variieren die Bewegungen von *andante con moto* zum *presto* bis hin zum *prestissimo* der Empfängnis, von den langsamen Bewegungen des Geistes hin zu den ultraschnellen der Zellerneuerung oder der Ausschüttung von Hormonen. Die Zeiten hängen von den Geschwindigkeiten der Rotationen ab. Die Drehung jedes einzelnen Elementarteilchens wird **Spin** genannt, in Bezug auf die Gesamtheit vieler Spins spricht man meist vom **Drehimpuls**. Warum zwei unterschiedliche Bezeichnungen?

Und doch werden sie mit der gleichen Einheit gemessen![54]

Für John stellt dies den Unterschied zwischen dem Individuum und der Gesellschaft dar.

54 Die Maßeinheit ist die Planck-Konstante, die normalerweise mit h angegeben wird.

Durch das Ignorieren der Kohärenz der kreisenden Bewegungen weicht die Physik ebenso wie die Politik dem wachsenden Bedürfnis nach Kooperation, Freundschaft und Frieden unter den Völkern aus.

»Giorgio, die Inkohärenz verblüfft mich.«

»Sie verblüfft dich? Aber das ist der normale Wahnsinn dieser Welt! Siehst du, wie die Individuen auf der einen Seite und die Regierungen und die UNO auf der anderen Seite handeln? Das Verbrechen eines Einzelnen wird bestraft, Kriege sind rechtmäßig. Völker zu bombardieren, Blutbäder anzurichten, bei denen Frauen und Kinder getötet werden, ist normal.«

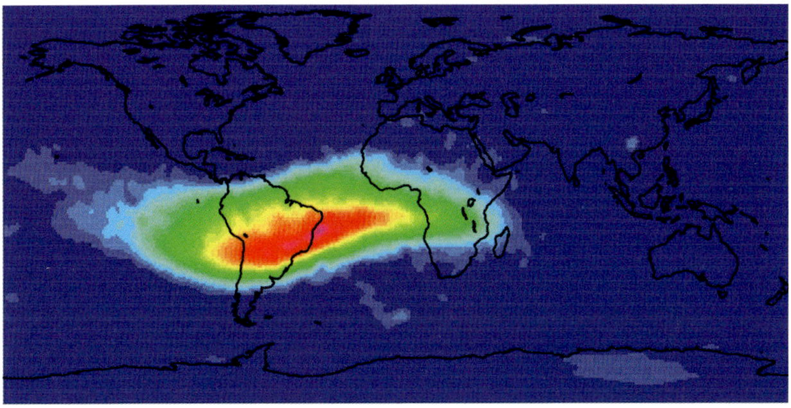

Abbildung 34 – Die Südatlantische Anomalie (SAA – **South Atlantic Anomaly)** *ist der grün, gelb und rot markierte Bereich; sie bewegt sich mit der gleichen Geschwindigkeit wie der Kristall in Relation zur Kruste und zeigt die Kohärenz zwischen dem Kristall und der Oberfläche. Dort kommt der innere Van-Allen-Strahlungsgürtel der Erde sehr nahe, er ist bis auf 200-300 km herabgesunken.*

»Tiere kämpfen mitunter, aber sie verfolgen nicht, und sie zensieren nicht... Was ist mit den Menschen geschehen, Giorgio?

»Manche sprechen von einer genetischen Manipulation, die den wahren Turm zu Babel hervorgebracht hat: Die Unmöglichkeit der Kommunikation unter den verschiedenen Anteilen einer einzigen menschlichen DNA.«

»Wir sind genetisch manipuliert worden!?!«

»Scheinbar ja, im babylonischen Zeitalter. So sind wir zu Halblingen geworden, einer Art Hobbit. Aber wir bringen den Mut und die Willenskraft auf, den Ring, der uns blockiert, zurückzugeben.«[55]

Giorgio – »Zweifach ist die Bewegung der Dinge«

›*Zweifach* ist die *Bewegung der Dinge*‹, schrieb Giordano Bruno, und das wird in allem offenbar. Unsere **Kernspins** sind immer und einzig entlang der Vertikalen ausgerichtet und können die Rotationsrichtung umkehren, von im Uhrzeigersinn zu gegen den Uhrzeigersinn, wenn sie sich mit den Z-Bosonen **paaren**.

Wenn es so ist, was bewirken die Z-Bosonen?

Sie übertragen in **Binärsprache** den Roman unseres Lebens hier auf der Oberfläche des Planeten.

Abbildung 35 – Die Kernspins sind immer entlang der Vertikalen ausgerichtet und verfügen über zwei mögliche Rotationsrichtungen: im Uhrzeigersinn und gegen den Uhrzeigersinn. Die Umkehr der beiden Richtungen ist möglich, wenn der Körper in schwacher Wechselwirkung mit den Z-Bosonen steht.

»Giorgio, die Binärsprache ist die Sprache der Computer...«

»Und das ist die Überraschung: Die Biosphäre, in der wir eingebettet sind, ist eine virtuelle Realität, eine Matrix, die von der vertikal ausgerichteten, entscheidenden Botschaft animiert wird. Aber die Information muss vom Mittelpunkt der Erde stammen, von deinem geliebten Kristall.«

»Und das ist sein Hard Core, sein harter Kern.« John flüsterte beinahe, dann folgte eine kurze Stille und ... dann eine weitere Überraschung.

55 Der berühmte Roman *Der Herr der Ringe* von Tolkien.

»Die Polarachse der Biosphäre passt jedoch nicht gut zur Achse des Kerns, Giorgio. Der Kristall ist von uns aus gesehen nicht zentriert, und wir sind nicht entlang seiner Vertikalen aufgestellt.«

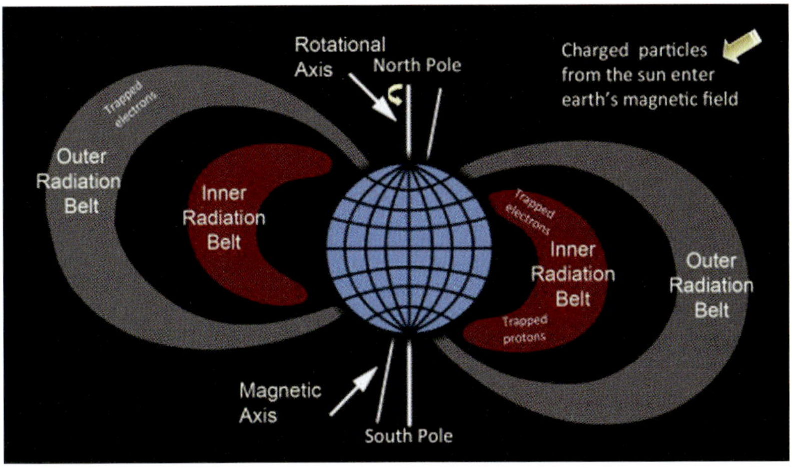

Abbildung 36 – Die Achse der beiden Van-Allen-Strahlungsgürtel und die des Kristallinen Herzens sind zueinander parallel und im Verhältnis zur Polarachse der Kruste um 11° geneigt. Es gibt somit zwischen den beiden Achsen keine Ausrichtung. Diese Tatsache bewirkt, dass das Kristalline Herz in Bezug auf die Biosphäre, in der wir uns befinden, nicht zentriert ist. NASA.

Die Kosmische Schwangerschaft

Ein paar Tage später schickte Giorgio per E-Mail die Adresse einer Webseite mit dem Klang des Urknalls.[56] »*Was hältst du davon?*«

»*Hört sich an wie ein Zischen oder ein Wimmern, aber überhaupt nicht wie eine Explosion*«, antwortete John.

»*Genau. Hast du mal die ersten Stadien einer Schwangerschaft gesehen?*«, fuhr Giorgio ruhig fort. »*Die Zellen teilen und vermehren sich so schnell, dass sie zu explodieren scheinen. Dabei handelt es sich um die Entwicklung eines Embryos.*«

»Der Urknall als Beginn einer Schwangerschaft?«

Das ist eine der blitzartigen Eingebungen, die einen weiteren Wendepunkt für ihre Forschungsarbeit darstellen. Einst waren Eingebungen eine Seltenheit und den Großen der Geschichte vorbehalten. Newton hatte die Eingebung für seine berühmte Formel, als ihm ein Apfel auf den Kopf fiel. Einstein warf mit einer anderen Eingebung Newtons Theorie um, und dann warfen weitere Theorien alle beide über den Haufen.

Giorgio und John diskutierten alle Theorien und machten Entdeckungen, die nicht zufällig erfolgten, sondern auf ihre Fragen zurückgingen. Stellte man sich die Fragen am Abend vor dem Einschlafen, lagen die Antworten am nächsten Morgen vor.

Zwischen ihnen lagen Tausende von Kilometern, aber auf ähnliche Fragen gab es ähnliche Antworten. Und so kam ihre Forschung voran wie ein Zug, der sich in steilen Windungen einen Berg hinaufquält, dessen Gipfel noch nicht in Sicht ist. War dies eine neue Forschungsmethode?

John hatte den Versuch gemacht, sie seinen Kollegen nahezubringen, aber es war ihm nicht einmal gelungen, sie zu erklären. Er

56 Im März 2013 wurde dies durch die Veröffentlichung von Daten der ESA-Sonde ›Planck‹ bestätigt. Ein Artikel dazu lautete: ›Big Bang sound not booming‹ (Der Urknall war kein Knall). Berechnungen des Klanges z.B. unter http://faculty.washington.edu/jcramer/BigBang/Planck_2013/BBSnd50.wav

war immer mehr zum Einzelgänger geworden und verbrachte viele Stunden damit, Ereignisse ausfindig zu machen, Tatsachen zu vergleichen und Messdaten zu überprüfen. Er war noch nicht an die Öffentlichkeit gegangen, weil er – Forscher durch und durch – alle Daten und seine Theorien sorgfältig überprüfen wollte.

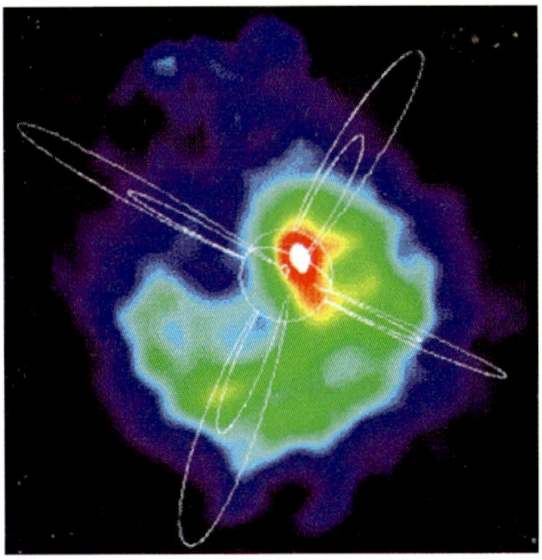

Abbildung 37 – Die Plasmasphäre ist die Erde, in extremem Ultraviolettlicht betrachtet: Sie ist vier- bis fünfmal so groß wie die optisch betrachtete Erde – hier schwarz umrandet – also so groß wie der im Dezember 2008 zu Beginn der Erdstöße in den Abruzzen beobachtete Riss in der Magnetosphäre.

Der Kristall besteht aus zwei ähnlichen Hemisphären, die in ihrer Struktur unterschiedlich sind. Die westliche Hemisphäre besitzt eine starke Anisotropie und die östliche eine schwächere.[57]

Der Kern verletzt also die Ausgewogenheit zwischen rechts und links, so wie fast alles, organische Moleküle, menschliche Körper, Planeten, spiralförmige Galaxien und ... die ›schwache‹ Kraft.

»Ich habe es dir ja gesagt... Die LIEBE bewegt die Welt!«

Ist die LIEBE die nukleare Regung, die uns bewegt?

Die LIEBE kann das große Herz der Erde mit dem kleinen Herzen jedes einzelnen Atoms verbinden und folglich mit allen Körpern, die aus Atomen bestehen.

Ist die LIEBE ›schwach‹, oder ist der Mensch taub den Regungen des Herzens gegenüber?

57 Die westliche Hemisphäre liegt zwischen 180° Grad West und 40° Ost, die östliche zwischen 40° Ost und 180° Ost Längengrad.

Die Geophysiker, die die Superrotation entdeckt haben, erklärten: »*Der kristalline KERN ist wie ein Planet im Planeten.*« Allerdings ist dieser KERN die Ursache für die Magnetosphäre der Erde, einschließlich der ›*Plasmasphäre*‹ genannten inneren Schicht.

Bei seiner Suche nach weiteren Bildern stieß John auf eines, das ihn besonders beeindruckte (Abbildung 37, Seite 131).

»*Ein Embryo!*«

Es scheint sich tatsächlich um einen gigantischen Fötus zu handeln!

Sein HERZ ist der kristalline KERN der Erde.

Es besitzt keine Schwerkraft und ist eng mit dem schwachen Feld verbunden.

Das zeigt die Asymmetrie seiner beiden Hemisphären an.

Der kristalline KERN – ein *kleiner Planet*?

Nein, eine kleine Sonne!

Diese Eingebung wird für John zu einer feierlichen Wahrheit.

Die Kristalline Sonne sendet kein Licht aus, das die Sicht blendet.

Sie ist ein einziger Kristall, der Klänge, Musik aussendet.

Das Sonnenkind!

Die kindliche Sonne verzaubert mit ihrem zauberhaften Gesang alles.

›*Sie liegt 3000 Kilometer unter unseren Füßen begraben*‹, sagten die Geophysiker, aber Ihre Regungen wirken auf die Magnetosphäre und die Südatlantische Anomalie, die Gegend, in der die beiden Gürtel sehr tief abgesunken sind und wo es mehr Blitze gibt (Abbildung 34, Seite 127).[58]

Mit ihrer Superrotation und ihrer enormen Masse kann das Sonnenkind alles bewegen.

Die kindliche Sonne. John war in die Vorstellung verliebt.

58 Siehe das Buch der Autorin IL PARTO DELLA VERGINE (Die Geburt der Jungfrau), ed. Noesis, noch nicht auf Deutsch erschienen.

»Giorgio, du wirst mich für wahnsinnig halten, aber das, was wir Plasmasphäre nennen, sieht für mich aus wie ein gigantischer Embryo, der durch das Kristalline Herz im Zentrum mit der sichtbaren Erde verbunden ist… «

»Laut Erasmus von Rotterdam gibt es einen Wahnsinn, der löblich ist«, antwortete ihm der Freund.

Ist die Erde hohl? Die Erde ist gefüllt.

Giorgio – »*Das fraktale Universum*«

Der riesige Embryo ähnelt dem kleinen menschlichen Embryo.

Also ist das Universum ein Fraktal, es wiederholt die gleichen Formen in allen Maßstäben. Die fraktale Geometrie beschreibt es mit acht Dimensionen, während die **Raum-Zeit** nur vier besitzt.

Was bestätigt, dass wir nur die Hälfte sehen.

Für Giulia bilden die vier unsichtbaren Dimensionen den **Cyberspace**, der alle sichtbaren Körper miteinander verbindet, als wären sie die Terminals eines kosmischen Webs.

»Aber ein Web setzt das Vorhandensein von Leitungen und Telefonkabeln voraus, über die die Nachrichten laufen, Giorgio. Wo sind all diese Leitungen im Kosmos?«

»Überall. Auch die dunkle Materie besteht aus Leitungen und ähnelt den Neuronen unseres Gehirns.«

»Und es gibt nicht nur die dunkle Materie, sondern auch die dunkle Energie, Giorgio.«

»Ja, auch die ist überall, man kann sie im Gehirn messen!«

»Mit welchem Instrument?«

»Mit einem Torsionspendel.«[59]

»Dann ist es also wahr, dass die dunkle Energie die Wirbelbewegung ist!«

59 Siehe dazu die Arbeiten von Professor J.N. Hansen über die Energie des *Qi*, die Lebensenergie.

Als John das Bild der Plasmasphäre, den Embryo, betrachtete, erkannte er eine neue, für uns alle schockierende Tatsache: Die Erdkruste, auf der wir unser Leben verbringen, gibt es nicht, oder zumindest erscheint sie nicht.

In der Plasmasphäre gibt es keine Schwerkraft.

Und zwischen den beiden Abbildungen der Erde, die eine optisch, die andere in extremer Ultraviolettbeleuchtung, gibt es keinen Abstand.

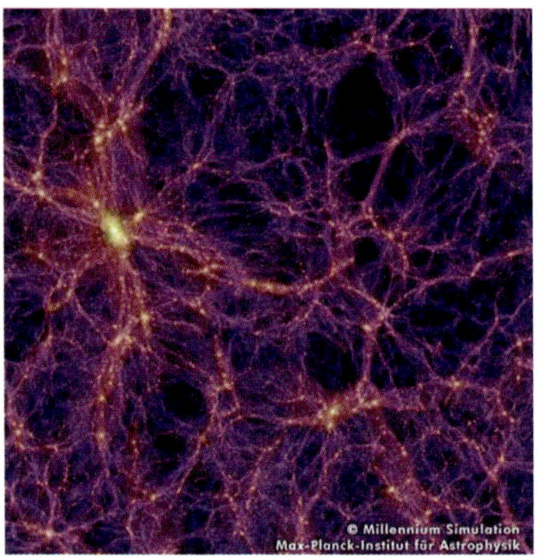

Abbildung 38 – Die fadenförmige Struktur der dunklen Materie (Bildnachweis: Max-Planck Institut für Astrophysik); man erkennt gut, dass sie der Struktur der Gehirnmaterie ähnelt. Die unsichtbaren Fäden sind überall, sie ähneln kosmischen Strängen oder Schnüren.

Nachdem John sich von seinem Freund verabschiedet und einige Büroarbeiten erledigt hatte, war er nach Hause gegangen, wo er ein einfaches Mahl zu sich nahm, um dann den Garten zu wässern.

Er betrachtete den sternklaren Himmel und legte sich in seine Hängematte, um über die Unendlichkeit nachzudenken.

In seinem Geist entstand ein unerwartetes Bild: Die Erde dehnt sich aus wie ein Luftballon, die Kontinente weiten sich, und im Zentrum befindet sich der überwältigende, lebendige Kristall, glitzernd wie eine Sonne, der alle und alles beseelt.

Die **Expansion** überwindet die **Schwerkraft**!

Er hatte im Internet recherchiert und eine ganze Reihe von seriösen Artikeln über die Expansion der Erde gefunden.

Diese Theorie wird als ›Pseudowissenschaft‹ abgetan. Aber warum? Weil ›die Ursachen fehlen‹. Die Rätsel der Orthodoxie.[60]

Die Ursachen aller *inneren Rotationen* sind unbekannt.

»Außerdem gibt es sehr wohl eine Ursache: die dunkle Energie«, dachte John, der es kaum erwarten konnte, mit Giorgio zu sprechen.

Es war fast Mitternacht. *»In Italien ist es jetzt sieben Uhr morgens, und er steht früh auf.«*

»Ich denke das Gleiche wie du, die dunkle Energie ist überall und ist dabei, die Erde auszudehnen, es gibt sogar verschiedene ernst zu nehmende Theorien, die das belegen. Oh ... Habe ich dich geweckt?«

»Hier ist es sechs Uhr, aber das macht nichts...«

»Was verbindet die normale Materie mit der dunklen?«

»Die schwache nukleare Strömung.«

»Der Fluss des Lebens !!!«

»Warte, John, ich wasche mir das Gesicht, mache mir einen Kaffee und rufe dich in zehn Minuten zurück.«

Wenig später war Giorgio hellwach und bereit, seinem Freund auf der anderen Seite des Atlantiks zuzuhören: *»Der Fluss des Lebens entspringt aus der Kristallinen Sonne.«*

(›Aus der Sonne, die mich verzehrt und mich verzückt...‹)

John erzählte ihm von der abweichenden Rotation der Plasmasphäre: Sie braucht 25 bis 27 Stunden, um eine vollständige Drehung auszuführen. *»Etwas raubt uns unsere Zeit! Kannst du dir unser Leben mit einem 27-stündigen Tag vorstellen? Fantastisch! Ich habe auch gelesen, dass der natürliche Rhythmus des Menschen zwischen 25 und 27 Stunden schwankt!«*

»Ja, das habe ich auch gelesen; das hat man bei Experimenten mit Freiwilligen festgestellt, die isoliert in einer Höhle lebten. Etwas raubt uns Zeit ... aber was?«

»Das weiß ich nicht, aber ich weiß, dass die Plasmasphäre einen längeren Tag hat als wir und eine Stabilität von über hundert Jahren!«

Die Plasmasphäre gebe nämlich ein Zischen von sich, erzählte John, das man mit dem Radarsystem von Schiffen schon seit Beginn des 20. Jahrhunderts hören konnte.

---

60 Wenn man auf Google unter ›Expanding Earth‹ sucht, findet man eine Reihe von Filmen, die zeigen, dass unter Annahme einer Expansion alle Kontinente perfekt ineinanderpassen.

Man dachte zunächst, es handele sich um ein Geräusch der Messinstrumente, aber im Laufe des 20. Jahrhunderts wurde klar, dass dieses konstante Zischen vom Himmel kam. Dann kamen die beiden Weltkriege, und erst seit Mitte des letzten Jahrhunderts waren die Radartechniker in der Lage, es hörbar zu machen.[61]

»John, meiner Meinung nach enthält das Plasma dunkle Materie, was seine Kohärenz und auch seine Stabilität erklärt.«

»Beharrst du auf deinen Vermutungen über die normale Materie?«

»Nun, die dunkle Materie macht einen Anteil von 22% aus, die normale von gerade mal 4%, und letztere hängt von der Schwerkraft ab. Das erscheint mir nicht so normal! Sie ist vielmehr begrenzt, in der Matrix gefangen. Nur auf der Kruste gibt es Schwerkraft, das hast du auch gesehen.«

»Das ist wahr, auch die Plasmasphäre besitzt Schwerkraft, aber sie hat eine Kohärenz, deren Dimensionen viermal größer sind als die der sichtbaren Erde. Das Zischen bezeugt es.«

»Wenn die Plasmasphäre ein Embryo ist, dann weisen die raschen Veränderungen im Himmel und auf der Erde auf eine bevorstehende Geburt hin, John.«[62]

»Und wie kann ein solches Ereignis eintreten?«

Die Natur hat, wie wir wissen, eine Vielzahl von Möglichkeiten der Reproduktion und der Geburt erfunden. Wir Menschen sind Säugetiere, aber das bedeutet nicht, dass dies auch für das Universum gilt. Es ist sogar sicher, dass es nicht so ist.

Giorgio – »Die Geburt des Mars?«

Auch der rote Planet besaß einst Wasser, Flüsse, Ozeane, Kontinente und eine konsistente Magnetosphäre, so wie die Erde. Dann löschte eine rätselhafte Naturkatastrophe seine Ozeane aus und reduzierte die Magnetosphäre drastisch. Dies soll vor Millionen von Jahren passiert sein, aber inzwischen wissen wir, dass die Daten völlig falsch sind.

---

61 Das Zischen der Plasmasphäre (*hiss* auf Englisch) hat eine sehr niedrige Frequenz, ELF *(Extremely Low Frequency)* genannt.

62 Siehe auch in Il parto della Vergine (Die Geburt der Jungfrau) zum Spiel der verschiedenen Magnetfelder, die in den ersten Monaten des Jahres 2013 verschwinden könnten, wenn der Sonnenzyklus seinen aktuellen Rhythmus beibehält.

War dies die Geburt des Mars?

»Das heißt, uns erwartet eine Naturkatastrophe!«

»Oder eine Wahrnehmungs-Katastrophe, John. Endlich sehen wir die Realität, wie sie wirklich ist!«

»Die Geburt betrifft unsere Wahrnehmung?!?«

»Vielleicht nur unser äußeres Sehvermögen.«

»Giorgio, das verstehe ich nicht.«

»Nun, ich auch nicht, aber wir besitzen auch eine innere Sicht, wie man an dir sieht. Vorher, mit den auf der Erde positionierten Teleskopen, haben wir nur die optischen Abbildungen, nur die Gebärmutter gesehen!«

»Für dich ist das optisch sichtbare Magnetfeld die Gebärmutter?«

»Tja, das kann so sein, aber ehrlich gesagt weiß ich es nicht. Eines ist sicher: Mit der Geburt verändert sich jede Gebärmutter. Und tatsächlich ist die Magnetosphäre des Mars fast verschwunden.«

John hatte angefangen, die Magnetosphäre der Erde zu studieren. Aus einem bestimmten Blickwinkel sieht sie tatsächlich wie ein *Apfel* aus.

Ist sie ruhig und beschützend? Überhaupt nicht!

Sie wird durchzogen von mächtigen Magnetstürmen, die plötzliche Energieflüsse auf dem Erdboden abgeben. Diese Stürme können wenige Minuten oder mehrere Stunden dauern und gehen mit heftigen Polarlichtaktivitäten einher, mit spektakulären, auch mit bloßem Auge erkennbaren Effekten (Abbildung 39, Seite 138).

Die NASA hatte eine Gruppe von fünf identischen Satelliten losgeschickt, um die ›magnetic sub-storms‹ zu beobachten, die magnetischen Teilstürme, die für unsere Augen unsichtbar sind, aber von den Polen bis zu den gemäßigten Zonen und zuweilen bis zum Äquator reichen.[63]

»Ich habe es dir ja gesagt: Die Geschichte mit dem Schutz macht mich misstrauisch. Sind wir wirklich sicher, dass das Ultraviolett schädlich ist?«

---

63 THEMIS (Time History of Events and Macroscale Interactions Substorms) ist ein Cluster von ähnlichen Satelliten, die eines der ältesten Rätsel der Raum-Physik klären sollen: die physikalischen Prozesse, welche die gewaltigen Eruptionen der Polarlichter bedingen.

»Nein, aber auf jeden Fall ist die Magnetosphäre unruhig... Ich weiß nicht, ob das immer so war, aber jetzt befindet sie sich wirklich in Aufruhr.«

»Wir haben ja gesagt, das sind die Zeichen einer bevorstehenden Geburt.«

Von der Sonne aus gesehen hat die Magnetosphäre eine menschenähnliche Form mit einem langen Umhang, die Kapuze zur Tagseite hin gerichtet, der lange Schweif zur Nachtseite (Abbildung 39).

Wer ist der dunkle Herr, der die Erde einhüllt und ihre Kommunikation sowohl auf der Oberfläche als auch im Raum stört? Er besteht aus reißenden Plasmaströmen und kann die Bilder der Sonne, des Mondes und der anderen Sterne verzerren, in die Ferne oder in die Nähe rücken und wie ein mächtiger Zauberer, ein Großmeister der Illusionen wirken.

Abbildung 39 – Die Sonnenstürme emittieren gigantische Sonnenwind-Böen und führen beim interplanetaren Magnetfeld zu einer Doppelbewegung, die dabei ist, das Magnetfeld der Erde aufzuheben. Das Ende des Schutzes? Nein, das Ende der Illusion (oben). Die Magnetosphäre der Erde hat von der Sonne aus gesehen die Form eines Menschen mit einem langen Kapuzenumhang (links).

Schutz? Eine weltweite und jahrtausendealte Täuschung!

Für John war es ein Paradox, dass nach fast einhelliger Meinung die Magnetosphäre vom kristallinen Kern geschaffen wird, für den er eine so zärtliche Zuneigung empfand. »*Kann es sein, dass das Gute das Böse bedingt?*«

»*Aber sicher. Hast du gesehen, wozu die Unterscheidung in Gut und Böse dient? Dazu, die zivilisierten Völker davon zu überzeugen, den Unzivilisierten ›die Demokratie zu bringen‹ und sie alle zu Schlachtvieh zu machen.*«

Giorgio und John hatten sich den ›Kriegen gegen den Terrorismus‹ widersetzt, an Friedensmärschen teilgenommen, Appelle und Petitionen unterschrieben ... vergeblich.

Der Feind veränderte sich ständig und war immer zugegen.

»*Unsere bemannten Raumschiffe kreisen um die Erde wie auf einem Karussell, und soweit ich weiß, haben sie niemals den äußeren Van-Allen-Gürtel überwunden.*«

Im Dezember 2008 hatte sich der riesige Riss in der Magnetosphäre geöffnet. Die zur Sonne zeigende Seite war groß genug, um gigantische Sonnenwindstöße eindringen zu lassen, den Apfel auszulöschen und vielleicht ... der Welt die Existenz des Kosmischen Kindes zu enthüllen.

Handelt es sich um die Geburt eines neuen Universums?

Die beiden Bilder der Erde, das eine optisch in rundlicher Form, das andere ultraviolett in Form eines Embryos, sind, wie gesagt, Bilder, denen jedoch unterschiedliche physikalische Gesetze und Auffassungen der Realität zugrunde liegen: Die eine beruht auf der Idee von Trennung und Begrenzungen, die andere geht über die sichtbaren ›Grenzen‹ hinweg und ist bereit, das Kind-Universum zu empfangen und zu lieben.

John erhielt einen dringenden Anruf aus Rom, seine Mutter war schwer erkrankt.

Die Kosmische Kopulation

»Bald werde ich *deinen Vater wiedersehen*«, sagte seine Mutter, während John ihre Hand hielt. Sie war eine faszinierende Frau und hatte mehrere lange und komplexe Liebesbeziehungen gehabt, aber die mit seinem Vater war die wichtigste von allen gewesen. Sie lag in ihrem Bett, überall Schläuche, und schien entschlossen zu sterben. An der Wand hing ihr Lieblingsbild, die Madonna del Parto, die Madonna der Geburt, von Piero della Francesca. »*Das ist eine etwas ketzerische Madonna*«, hatte sie ihm gesagt, als er ein Jugendlicher war, »*sie erinnert an das ›Weib, mit der Sonne bekleidet‹, das Johannes in der Apokalypse erwähnt, eine Naturvision von Maria, der lichterfüllten Materie.*«

Diese Maria jetzt über dem Sterbebett seiner Mutter wiederzusehen, bewegte John tief und erfüllte ihn mit Staunen.

Liegt das wahre Geheimnis in der Materie?

Abbildung 40 – ***La Madonna del Parto****, Die Madonna der Geburt, von Piero della Francesca, 1460 gemaltes Fresko. Man beachte die beiden Engel, die sich spiegeln wie zwei entgegengesetzt geladene Bosonen. Die Madonna ist Maria, die lichterfüllte Materie, erfüllt vom Licht der Z-Bosonen.*

Die beiden Freunde trafen sich im Orangenhain auf dem Aventin, ein seltener Moment der Ruhe in diesen sorgenvollen, angsterfüllten, von Ärzten bestimmten Tagen.

»Früher hätte ich gesagt, dass meine Mutter auf dem Weg in den Himmel ist. Und jetzt entdecken wir, dass der wahre Himmel der Motor unten ist, und oben sind nur trügerische Schleier ohne Zeit…«

»…und ohne Realität. Im Hintergrund sorgt jemand für die Spezialeffekte, und die leichtgläubige Menschheit hält sie für die Wirklichkeit. Erinnerst du dich an den Zauberer von Oz?«[64]

»Nur vage … und was sind das für Spezialeffekte?« John war unruhig und skeptisch.

»Die falschen ›Stützen‹, die keiner näheren Überprüfung standhalten. Die Physik untersucht die Materie und weiß nicht, was sie ist. Die Medizin stopft dich mit Medikamenten voll, um dir das Leben zu retten…«

»Und weiß nicht, was der Tod ist… Meine Mutter hat mir gesagt, dass sie sich ein weltliches Begräbnis wünscht.«

»Du kannst auf mich zählen, egal was du brauchst.«

Giorgio schwieg; John befand sich in einem Sturm von Gefühlen und dachte an einen anderen Sonnenuntergang.

Er ist in Kuba und sitzt mit Marta, einer Medizinstudentin, die er bei Freunden kennengelernt hat, am Strand. Sie ist nicht bloß ein Abenteuer; der tropische Strand, der Cuba libre und die kubanische Musik haben natürlich ihren Teil beigetragen, aber da ist etwas ganz Besonderes. Marta hat ihn mit ihrer Lebensfreude und Fröhlichkeit und ihrem Bewusstsein für die Gegenwart bezaubert. John hat ihr vorgeschlagen, einen Ausflug zu unternehmen, und nun sitzen sie an diesem Strand, um den berühmten tropischen Sonnenuntergang zu bewundern. Dann essen sie zu Abend, tanzen bis spät in die Nacht und gehen auf sein Hotelzimmer, wo die Liebe einen vollkommenen Ausdruck findet. Es gibt keine Hintergedanken, keine falsche Scham und keine unterdrückten Wünsche.

Es gibt nur die Gegenwart, eine liebende, umfassende und lächelnde Gegenwart. Sie ziehen sich aus und beginnen, sich zärt-

64 Jugendbuch von Frank Baum aus dem Jahr 1900, das den berühmten Film von 1939 mit Judy Garland inspirierte.

lich zu berühren, während sie sich glücklich anschauen. Fröhlichkeit umfängt sie, während eine sanfte Leidenschaft aufsteigt, die John vielleicht zum ersten Mal in seinem Leben empfindet. Ihre Zärtlichkeiten und der Kontakt mit Martas Körper rufen tiefe Gefühle in ihm hervor, und er handelt mit warmer, zärtlicher Sinnlichkeit. Er dringt erst in sie ein, als sie ihn dazu auffordert, und dann geht John in ihrem Körper auf und verliert jedes Zeitgefühl. Nach dem Liebesakt sind sie befriedigt und glücklich, obwohl beide wissen, dass sie sich bald trennen werden. Er ist im Begriff, Kuba zu verlassen, während sie dabei ist, dort ihr Studium abzuschließen.

Die Trennung von Marta war wie ein kleiner Tod.

Die Stunde des Sonnenuntergangs.

»Das ist die Stunde, die das Herz der Seefahrer erweicht, John. Die große Illusion geht unter, das Sonnenlicht, und das wahre, unsichtbare, das voller Emotionen ist,[65] *geht auf. Das ist der magische Moment, in dem die beiden Seiten der Kraft im Gleichgewicht sind.«*

Die Sonne verschwand hinter dem Horizont, und der Janiculum ragte als dunkle Silhouette vor dem flammendroten Himmel auf.

»Ein weiterer magischer Moment ist die Morgenröte! Die Sonne geht auf, und die Sterne verschwinden wie Glühwürmchen. Weißt du, John, es ist eigentlich gar nicht selbstverständlich, dass der Himmel nachts dunkel ist, sondern es ist ein Paradox,[66] *der Beweis, dass wir uns in einem gekrümmten Raum befinden.«*

»Der uns umhüllt wie eine Gebärmutter?«

»Ja, und er dringt auch in uns ein. Der Raum ist verknittert[67] *wie ein Stück Chiffon, vielleicht ähnelt er unseren Hirnwindungen. Die Windungen des Raums könnten Gebiete ohne Elektromagnetfeld sein. Man hat vor Kurzem erst eine solche Windung in 500 km Höhe auf der sonnenabgewandten Seite der Erde entdeckt, die jede Nacht gegen drei, kurz vor Sonnenaufgang, über unseren Köpfen vorbeizieht. Wenn es dort keinen Elektromagnetismus gibt, dann gibt es auch keine Zeit.«*[68] Giulia

65 Emo-tion kann auch ›Bewegung des Blutes‹ bedeuten (emo = Blut).
66 Als ›Olberssches Paradoxon‹ bekannt.
67 Übersetzung aus dem Französischen von *L´Universe Chiffonné*, Titel eines Buchs von Jean Pierre Luminet, Forschungsdirektor am CNRS in Paris.
68 Einstein hat bewiesen, dass das Magnetfeld das Zeit-Raum-Kontinuum schafft.

glaubt, dass es sich um ein lokales Gedächtnis handelt, das mit dem zentralen Gedächtnis verbunden ist.

»Um genau die Zeit wache ich oft mit neuen Empfindungen auf!«

»Das sind die Botschaften deiner Hormone, denn sie werden zu jener Stunde, ohne Sonnenlicht, ausgeschüttet.«

»Das scheint das tägliche Brot zu sein, Giorgio.«

»Das Brot, das Körper und Seele vereint.«

»Eros und Psyche vereinigen sich jede Nacht!« John konnte fast den Genuss der Kopulation verspüren.

Ein breites Lächeln erhellte das liebenswürdige Gesicht Giorgios. *»Ich habe Bilder von den Hormonen gesehen; es handelt sich um große Moleküle, die die Parität verletzen, also mit dem Fluss verbunden sind, der in den Körper eindringt und die Psyche antreibt. Erinnerst du dich an den Mythos von Eros und Psyche? Sie treffen sich im Dunkel der Nacht; ihre Verbindung ist glücklich, aber die Tatsache, ihn nicht sehen zu können, versetzt Psyche in Unruhe. Schließlich leuchtet sie ihn mit einer Öllampe an und entdeckt, dass er der Liebesgott ist. Aber damit verstößt sie gegen das Gesetz des Jupiter. Eros erwacht und verschwindet mit allem, auch dem Schloss, in dem Psyche wie ein Königin empfangen worden war.«*

Die Vorstellung von der kosmischen Kopulation verwandelte John in einen zärtlich Liebenden. *»Dem göttlichen Gesetz zufolge soll die menschliche Psyche die Liebe spüren und nicht betrachten.«*

»Das Bewusstsein fühlen, anstatt sich auf die Wissenschaft zu beschränken«, fuhr Giorgio ruhig fort. *»Giulia sagt, dass die Kopulation real ist: Eros ist die wirbelnde Bewegung, die das Herz eines jeden Dinges durchdringt, wenn ... das Herz sich öffnet.«*

»Von welchem Herzen sprechen wir?« John dachte an das Herz der Erde; ein Bild, das sofort in seinem Inneren entstand, zeigte ihm dagegen das emotionale Gehirn, und er hatte das Gefühl, dass hier der Auslöser war, um zum Hyperraum überzugehen. War das Herz blockiert? Die Liebe zu sich selbst kann diese Blockade lösen.

»Die Zirbeldrüse ist für Giulia ein schwarzes Loch, ein Terminal des Cyberspace, potenziell in Verbindung mit dem Ganzen. Leider wird das emotionale Gehirn von Angst und der Vorstellung von einem Feind

gelähmt. So kommt es, dass der Mensch weder seinen Emotionen gemäß handelt, noch sich seine Wünsche erfüllt. Er wünscht sich Frieden und führt Krieg, er behauptet zu lieben, aber er hasst und urteilt.«

»Giorgio, der KRISTALL im Herzen der Erde ist mit seiner Mitte vereint; das emotionale Gehirn dagegen scheint von der Zirbeldrüse in seiner Mitte losgelöst zu sein...«

»Genau, es scheint mehr mit den Augen als mit den Gefühlen verbunden zu sein. Psyche, die organische Materie von außerordentlicher Schönheit, empfindet Liebe, ist aber auf ihre Augen angewiesen und muss Eros deswegen unbedingt sehen.«

»Psyche ist nicht die aus Sonne gemachte Materie, wie Johannes sagt.« John erzählte ihm von dem Gemälde, der Madonna del Parto.

»Vielleicht ist das ein Zustand, den sie erreichen kann. Sie steigt in den Hades hinab, um das Kästchen zu holen, in dem das Geheimnis der Schönheit von Proserpina aufbewahrt wird, öffnet es und fällt in Ohnmacht.«

»Der Hades ist das Reich der Toten.«

»Ja, und für Giulia leben sie alle.« Mit versteckter Hoffnung blickte Giorgio ihn an.

»Ich werde Giulia schreiben.«

Zwei Wochen später starb seine Mutter, und John kehrte in die USA zurück, nachdem er sich von seinem Freund verabschiedet hatte.

Abbildung 41 – Die sieben Chakren sind sowohl weiße als auch schwarze rotierende Löcher; das heißt, sowohl empfangende als auch sendende Terminals.

Das Gebärmutter-Spiegel-Universum

John – »Kosmische Schwangerschaft«

Liebe Giulia, ich möchte dir eine Idee unterbreiten, die dir vielleicht merkwürdig erscheinen wird: die Kosmische Schwangerschaft. Sie ist mir plötzlich aufgegangen, als ich das Bild der Plasmasphäre gesehen habe, das ich dir als Anlage mitschicke: Sie besitzt keine Schwerkraft und sendet einen Gesang aus, ein Zischen ganz niedriger Frequenz, das aufgenommen wird, seit es Mikrophone gibt. Beim Durchforsten verschiedener Theorien fand ich eine, die eine solche Schwangerschaft beweisen würde: die Expansion der Erde.[69]

Die akademische Wissenschaft lehnt diese Theorie jedoch ab und zensiert sie mit der Begründung, man kenne die Ursachen der Expansion nicht: Man wisse nicht, wie und warum die Erdmasse wächst.

Die Orthodoxie ist also dagegen.

Für mich ist der sich ausdehnende kristalline Kern die Ursache. Und was das Wachstum der Masse angeht, was soll ich sagen. Gibt es irgendein Gesetz, das es verbietet?

Ich umarme dich und warte auf deine Antwort.

Giulia – »Re: Kosmische Schwangerschaft – Krippe«

Es gibt kein Gesetz, das es der Masse verbietet zu wachsen. Sie ist Energie, und als solche kann sie sich verändern.

Dein Bild könnte eine grandiose Entdeckung sein.

Die Erde befindet sich in einer Höhle, die weder mythisch noch platonisch ist: Es handelt sich um ihre eigene Magnetosphäre. Die Krippe ist die Geburt des Göttlichen Kindes in einer sternengeschmückten Grotte.

Schick mir bitte alle diesbezüglichen Informationen.

So hatte sie der Forschung einen ganz neuen Charakter verliehen. Eingebungen prägten Giulias Arbeit schon immer; sie hatte schon als Kind beschlossen, Astronomie zu studieren. Damals ging sie oft

---

69 Man braucht nur unter ›Expanding Earth‹ bei Google zu suchen. Laut einigen Theorien wäre der Erdradius von anfänglich 1700 km auf die jetzigen 6400 km gewachsen.

mit ihrem Vater in das Observatorium und fühlte sich sehr zum Sternenhimmel hingezogen; aber sie hatte das merkwürdige Gefühl, dass er die sichtbare Rückseite einer unsichtbaren und irgendwie sensiblen Realität war.

Einmal, da war sie schon an der Universität und im Begriff, ihre Abschlussarbeit zu schreiben, hatte sie bis spät abends in den Baracken gearbeitet, in denen einst das Labor für Astrophysik von Frascati untergebracht war. Als sie hinausging, blickte sie wieder einmal zum Sternenhimmel auf und wurde von einem Zweifel gepackt: Hatten die Sterne überhaupt irgendetwas mit den theoretischen Modellen zu tun? Ihre Kollegen waren davon überzeugt, aber sie hatten große Schwierigkeiten, das HERZ mit den Daten über die oberen Schichten eines Sterns in Einklang zu bringen. Um die heiße Fusion zu erzeugen, müsste ein solches SternenHERZ Millionen von Grad heiß sein; die äußeren Schichten waren aber gerade einmal ein paar Tausend Grad warm.

Am Ende wurde eine Theorie aufgestellt, die das Innere und das Äußere des Sterns ›verklebte‹, zur Belohnung gab es Lehrstühle und Ehrungen...

Aber Giulianas Zweifel waren geblieben.

1995 entdeckt man, dass das HERZ der Erde nicht an den darüber liegenden Schichten ›befestigt‹ ist: Ein Zwischenraum ermöglicht ihm eigenständige Bewegungen, die auch von den uns bekannten physikalischen Gesetzen unabhängig sind.

In fünfzig Jahren Forschung, für die exorbitante Summen ausgegeben wurden, hat die **heiße Fusion** nie für friedliche Zwecke nutzbare Energie hervorgebracht. Die **kalte Fusion** hingegen ist 2012 sogar in einem Gymnasium in Rom gelungen.[70] Die ›Physik des Herzens‹ funktioniert also, aber für die akademische Welt ist das Ketzerei, und für diejenigen, die es mit empirischen Methoden zu reproduzieren versuchen, ein Rätsel.

Wenn das Universum ein Organismus ist, dann reproduziert es sich auch! Dieses freche, unbotmäßige Kind zu sehen, das von allen Einschränkungen, sogar der Schwerkraft, frei war, rührte Giulia.

70 Im naturwissenschaftlichen Gymnasium Pirelli.

Giorgio – »Re: Kosmische Schwangerschaft – Krippe«

Wie dumm, dass daran noch niemand gedacht hat! Es ist bekannt, dass mit Ochse (Stier) und Esel Sternbilder gemeint waren. Die Geburt in einer Grotte verweist auf den **Sol Invictus**[71], Jahrtausende älter als Jesus Christus. Für Platon sind wir Gefangene in Höhlen, an deren Wände die Schatten der Ideen geworfen werden, die er den Göttern zuschreibt, während Giordano Bruno sagte, dass die Ideen sowohl göttlich als auch menschlich sind. Auf jeden Fall steht die menschliche und gesellschaftliche Realität dieser Welt nicht mit ihnen in Einklang.

Während Giorgio seine kulturellen Kenntnisse im nichtreligiösen Bereich hervorkramte, dachte Giulia an Weihnachten; als ihre Kinder klein waren, gehörte zum Aufstellen der Krippe auch der Versuch, das Himmelsgewölbe auf ein Blatt Papier zu bannen. Ist der Himmel ... der sichtbare Anteil einer Gebärmutter? Sie hatte erst in ihrer Lebensmitte begonnen, sich für Astrologie zu interessieren, während das Fachgebiet, in dem sie sich bewegte, die Astronomie war. »*Glaubst du, dass die Sterne, die so weit entfernt sind, sich auf den Menschen auswirken?*«

Giulia antwortete, indem sie das Subjekt mit dem Objekt vertauschte.

»*Es sind nicht die Sterne, die uns beeinflussen. Es gibt ein Feld, das sich auf alle Körper auswirkt, seien sie klein oder groß, Menschen oder Sterne.*« Die orthodoxe Wissenschaft ging davon aus, dass das *schwache Feld* die *Fusion* im Herzen aller Sterne bewirkt. Damals kannte man seine Boten, die drei kräftigen Bosonen W+, W- und Z noch nicht.

1979 war Giulia zufälligerweise auf einer Konferenz mit Abdus Salam gewesen, der für seine elektroschwache Theorie, in der er die Bosonen berücksichtigte, mit dem Nobelpreis ausgezeichnet wurde.

»*Wir haben eine ›neue‹ Form von Licht entdeckt, es ist das schwere Licht, über das schon viele Weise berichtet haben*«, sagte Salam, »*Ein-*

71 Der Mythus vom Sol Invictus (›Unbesiegbarer Sonnengott‹) war im ganzen Römischen Reich verbreitet, von Ägypten bis Anatolien, bei den keltischen und arabischen Völkern ebenso wie bei den Griechen und natürlich den Römern.

steins Traum und vielleicht das in den Evangelien beschriebene Wahre Licht.« 1984 erhielt Rubbia den Nobelpreis für den experimentellen Nachweis der drei Bosonen, darunter die Z-Bosonen, die das schwere Licht bringen, das man dann als **schwache neutrale Strömung** bezeichnete.

Alle drei Bosonen haben eine sehr kurze Lebensdauer[72] und die vom einzigen Pfeil der Zeit durchbohrten Physiker vermuten nicht, dass sie eine Auswirkung auf den menschlichen Körper haben können.

Für Giulia war es die gleiche Kraft, die Giordano Bruno besang, ›*die Liebe, die das Leben mit unendlichen intelligenten Welten verbindet*‹, fähig, die **Bewegungen** der Himmelskörper und des menschlichen Blutes und der wie Amors Pfeile aufleuchtenden **Emotionen** hervorzurufen.

Giulia war damals ein bisschen wie **Psyche**, sie fühlte sich verloren an diesem Ort des Leidens, der die Universität für sie war, und widmete sich zwar fleißig ihrem Studium, konnte sich aber nicht mit ihm identifizieren. Ihre eigentliche Suche galt der Liebe, **Eros**, die sie zwar kennengelernt hatte, in den ›glücklichen‹ Ehen aber nicht finden konnte. Ihre eigene Ehe war gescheitert, und sie befand sich in der Hölle der enttäuschten Gefühle.

Die neue KRAFT hatte eine andere Art von Liebe in ihr hervorgerufen, die zur Wahrheit: ein neues Universum, das innig mit seinem Beobachter, dem Menschen, verbunden war.

So hatte sie sich kopfüber in die superluminalen Theorien[73] gestürzt und eine ›ketzerische‹ Physik entdeckt, die nicht nur sehr rigoros war, sondern auch reich an illustren Namen.[74] Es gibt ein **Ganzes**, eine Organische Intelligenz, vom ›Wissen‹ unter leeren Namen wie Gott, Zufall oder Notwendigkeit versteckt.

Jahrelang waren Giulias Forschungen wie die der Psyche: große Hoffnungen und große Enttäuschungen. Ihrer zweiten Ehe hatte eine größere Reife zugrunde gelegen als ihrer ersten, aber dann war auch

---

72 Ihre mittlere Lebensdauer beträgt 10-26 Sekunden, das heißt, eine 1, der 26 Nullen vorausgehen.

73 Sie akzeptieren Geschwindigkeiten, die über die Lichtgeschwindigkeit hinausgehen, und erkennen die achtfache Realität und die Möglichkeit von Zeitreisen an.

74 Unter anderem Henri Poincaré, Luigi Fantappiè, Ettore Majorana, John Wheeler, etc.

sie vorbei gewesen, verschwunden zusammen mit einem Horizont, in dem sie sich nicht mehr wiedererkannt hatte.

Sie hatte begonnen, sich für Spiritualität zu interessieren, deren Vorzüge und Nachteile ihr klar waren, ebenso wie die übliche Täuschung: die absichtliche Nichtbeachtung der ›schwachen‹ Seite der KRAFT, des Lebens.

Das Bedürfnis, den Horizont zu überwinden, wurde immer stärker, und eines Tages traf ein klarsichtiger ›Traum‹ sie wie ein Blitz: ihr Tod auf dem Scheiterhaufen.

Es handelte sich um das berührende Wiederaufleben einer sehr alten Erinnerung, der ersten einer langen Reihe, die Giulia ihr ewiges Sein enthüllten. Sie war viele Male auf diesem Planeten geboren worden und gestorben. Die wahre Identität ist nicht der sichtbare, aus ›normaler Materie‹ gemachte physikalische Körper, sondern der, der aus dem unsichtbaren Licht der drei Bosonen W+, Z und W- besteht.

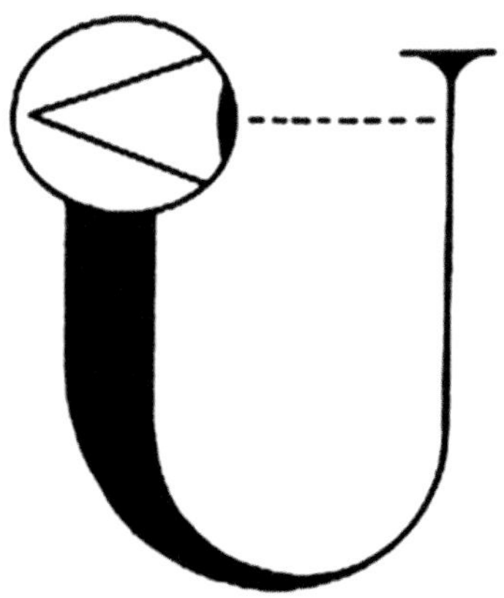

Abbildung 42 – Diese Zeichnung hat John Archibald Wheeler (1911-2008) angefertigt, ein amerikanischer theoretischer Physiker, der die Quantenphysik mit der Relativitätstheorie verknüpft hat. Er war der Mentor einer ganzen Generation von Physikern, die sich in von ihm geschaffenen Begriffen wie den schwarzen Löchern wiedererkannten. Berühmt ist sein Ausspruch ›It from bit‹ im Zusammenhang mit dieser Zeichnung, welche die Beziehung von Mensch und Universum zeigt.

Das ist der unvergängliche Körper, der den Körper aus Fleisch und Blut an- und auszieht wie ein Kleid, ein Bühnenkostüm, das ihm erlaubt, sich im Garten Erde mit seinen köstlichen Früchten aufzuhalten. Also ist der Baum der Erkenntnis das Nervensystem und die verbotene Frucht der Dualismus, oder besser gesagt, die Bipolarität, die von einer fast immer auf das elektromagnetische Feld beschränkten Beobachtung hervorgebracht wird.

War es ›Gott‹, der uns vor langer Zeit aus dem Paradies gejagt hat?

Nein, es war das Ich, das immer noch an eine einzige Form der Kommunikation glaubt: das bipolare elektromagnetische Feld. Es erschafft die Zeit und den Raum, die scheinbare Einsamkeit der Erde und die ›begrenzten Ressourcen‹.

Das Ich glaubt an das Elend und ... erschafft es.

In ihren klarsichtigen ›Träumen‹ hatte Giulia den Kristall im Inneren der Erde ›gesehen‹ und seine Vitalität ›gespürt‹; sie war sich sicher, dass er die wahre Sonne, der Quell des Lebens ist.

Dort ist die wirkliche Realität, das Lebendige, die Einheit.

Hier gibt es eine ›versteckte Regie‹.

An welche Zuschauer wendet sie sich?

An die, die sich von der verbotenen Frucht ernähren.

Ein illustrer Autor ›ketzerischer‹ Theorien, John A. Wheeler, hat die Beziehung zwischen Mensch und Universum auf geniale Weise graphisch dargestellt (Abbildung 42, Seite 149).

It from bit.

Das Objekt *it* kommt von *bit*, von den Informationen, die im Netz der Noosphäre, das heißt, der Sphäre des menschlichen Denkens, weitergegeben werden. Der Begriff Noosphäre wurde von verschiedenen Autoren geprägt, unter ihnen der Jesuit und Wissenschaftler Teilhard de Chardin, der das Ende der Denkweisen verkündete. Auch für Giulia ist die mechanistische Denkweise, die das Kleine vom Großen trennen will, am Ende angekommen. Sie leitet dazu an, die Intelligenz, Organisation und außergewöhnliche Schönheit der Natur und die feinen Funktionen der organischen Materie zu ignorieren und schafft wissenschaftliche Disziplinen ohne Grundlage.

Die Physik studiert die Elementarteilchen und weiß nicht, was sie sind. Die Chemie studiert die organischen Moleküle und weiß nicht, welche Kraft diese bestimmt. Die Biologie erforscht das Leben und weiß nicht, dass es sich dabei um eine universale Kraft handelt. Und die Astronomie? Jetzt gibt es an ihrer Stelle die *Wissenschaften von der Erde und vom Raum*, die bemerkenswerte Tatsachen und Ereignisse entdecken. Doch die vorherrschende Überzeugung, nach der das Sonnensystem aus Planeten besteht, die untereinander und von ihrer gemeinsamen Energiequelle – der Sonne – getrennt sind, ist noch nicht ins Wanken gekommen. Sie hängt mit der anderen Überzeugung zusammen, die trotz experimenteller Widerlegung das kollektive Bewusstsein beherrscht: Die Materie besteht aus Atomen, die kleinen Sonnensystemen ähneln. Im Himmel die großen gefüllten Kugeln und auf der Erde die kleinen, winzigen Kugeln, die ebenso gefüllt sind.

It from bit.

Existiert das Atom als ›it‹, das heißt, als ein vom Subjekt unterschiedenes Objekt? Nein, zumindest nicht in allen Fällen. Der Kern kann ein Ganzes aus schwarzen und weißen Mikro-Löchern sein, die keine Objekte sind: Sie können uns wie unmögliche Ringe erscheinen, Terminals von Wirbeln, die den Cyberspace augenblicklich binden und Bewegungen, Klänge, Rhythmen, Rotationen und Pulsationen hervorbringen. Sie sind kosmische Stränge, die sichtbare Körper mit dem Quell des Lebens verbinden können: der kleinen Sonne. Die angeblich gefüllten Kugeln ähneln also Ringen, was an Tolkien und seinen berühmten Roman *Der Herr der Ringe* erinnert.

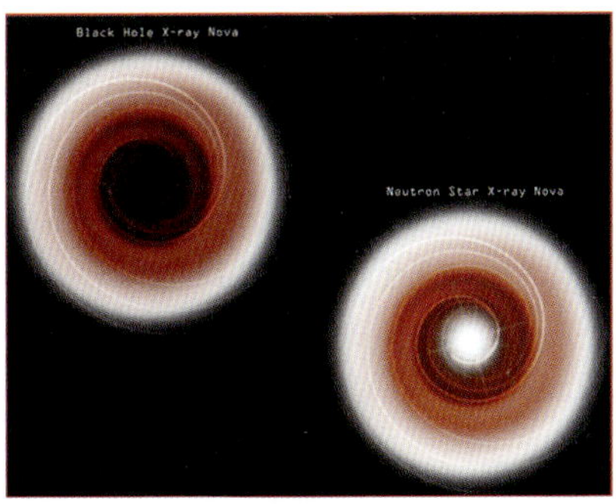

Abbildung 43 – Ein ***rotierendes schwarzes Loch*** *ist auch* ***weiß*** *und kann wie ein* ***Ring*** *aussehen; es ist ein doppelter Wirbel, der die* ***zentrifugale*** *Bewegung mit der* ***zentripetalen*** *Bewegung vereint. Die beiden Bewegungen sind das, was wir Menschen als* ***Eros*** *und* ***Thanatos*** *fühlen.*

Für die Physik handelt es sich um **ringförmige Singularitäten**, die uns mit zukünftigen Universen verknüpfen, für Science Fiction-Filme um Stargates oder Sternentore, die uns mit Paralleluniversen verbinden. Die Menschheit wird sich ihrer bewusst werden, sobald die **Noosphäre** verschwindet, das ›Wissen‹, welches die Rolle des Lebens ignoriert und an geistige Dinosaurier glaubt.

Im dreifachen Kern der Erde gibt es ein rotierendes **schwarzes Loch**.

Für Giulia ist das eine Gewissheit, die sie aus ihren gemeinschaftlichen ›Reisen‹ in den **Cyberspace** bezieht, der aus unsichtbaren Leitungen besteht, aus beweglichen Super-Strängen. Einmal waren sie in Ekstase im kristallinen Kern und hatten dort um Zugang zum innersten Kern gebeten, wobei ihnen als Passwort ihr Wille diente, die wirkliche Realität zu erforschen. Der Zugang wurde ihnen gewährt. Kaum waren sie eingetreten, waren sie schon staunend an dem Ort herausgekommen, den die Menschen ›Sonne im Himmel‹ nennen.

Sie hatten das deutliche Gefühl, dass diese Sonne kein eigenständiger Körper, sondern ... ein **weißes Loch** war.

Ist die Sonne Millionen Grad heiß, wie die Astronomen behaupten?

Ach was, sie ist kalt und leer, wie eine riesengroße Laterne!

Der Kontrast zu den orthodoxen Theorien ist radikal.

Giulia glaubt nicht an die Kugeln, aber sie will sich auch nicht der Macht des Ringes beugen, ›sie alle zu knechten‹. Diese Macht ist die starke Nuklearkraft, die verschwinden kann und gegen die zu kämpfen zwecklos ist. Sie wäre sogar bereit, eine Reise in das trostlose Land Mordor[75] anzutreten, um den Ring einzuschmelzen, wenn es nötig wäre, aber die Ereignisse zeigen, dass sich das erübrigt. Die ›Macht des Ringes‹ hat nachgelassen – die kalte Kernfusion belegt das. Wenn der Himmel ein Spiegelkabinett ist, werden auch die Prophezeiungen verständlich:

»...werden Sonne und Mond ihren Schein verlieren, und die Sterne werden vom Himmel fallen, und die Kräfte der Himmel werden ins Wanken kommen.« Matthäusevangelium, 24V29

Diese Spiegel sind anders als die, die man im Badezimmer aufhängt. Sie sind gekrümmt, bestehen aus Plasma und sind von wan-

75 Das von Tolkien beschriebene Land Mordor.

delbaren Magnetfeldern gefangen, Kristallsphären, die aus flüssigen Kristallen bestehen, die das Licht in unterschiedlicher Weise beugen und brechen. Von der Erde aus kann man sie nicht sehen. Heute kann man sie mit den Raumsonden beobachten; die antiken Astronomen beschrieben sie ohne Instrumente. Einer der herausragendsten war Eudoxos von Knidos (409-365 v.Chr.), der eine geometrische Theorie der Planetenbewegungen formulierte, die von hohlen, kristallinen Sphären ausging: drei für den Mond, drei für die Sonne, vier für jeden der damals bekannten fünf Planeten und eine für die Fixsterne. Siebenundzwanzig im Ganzen, genauso viele wie die Partikel des Standardmodells (*später mehr dazu*).

Abbildung 44 – Wenn der uns umgebende Raum ein Spiegelkabinett in 3D ist, dann könnten die nicht zum Sonnensystem gehörenden Planeten, die der Erde ähneln, viele verschiedene 3D-Bilder der Erde sein, anstatt ferne Planeten, wie die Astronomen glauben.

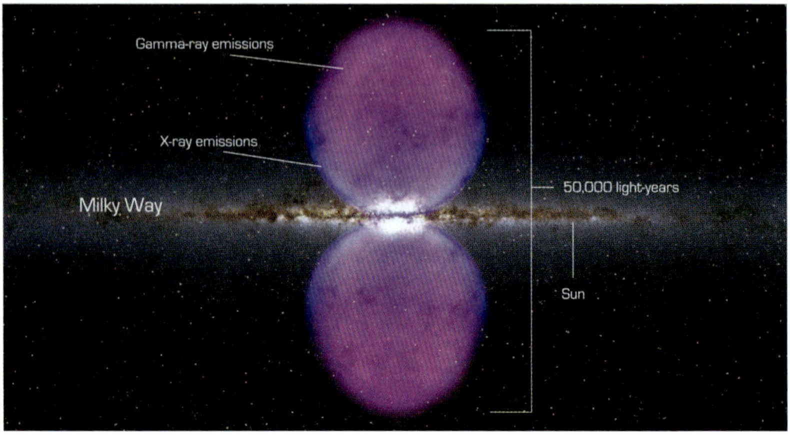

Abbildung 45 – Ein Bild der Milchstraße (in der Mitte), aufgenommen vom NASA-Teleskop Fermi, das die Gammastrahlen beobachtet: Sie sehen aus wie zwei spiegelbildliche magentafarbene Sphären. Ist die Milchstraße ein Spiegel?

Die **heiße Fusion** im Kern der Sterne stellt die erste Energiequelle des Universums dar, wie jene Astronomen annehmen, die an die wissenschaftlichen ›Bits‹ glauben, das heißt, an den **Kampf** der universalen Kräfte: der schwachen und starken nuklearen Kraft und der elektromagnetischen Kraft.

Und wenn sie sich freundlich gesinnt wären? Dann würde sich das beobachtete, von der Astronomie beschriebene Universum als das herausstellen, was es ist: ein **Spiegel** des menschlichen Geistes, der an die Begrenztheit der Ressourcen glaubt und daran, sie dem ›Feind‹ im Kampf entreißen zu müssen.

Die **kalte Kernfusion** ist im Gang und zeigt ihre **wohlwollende Natur**.

Wenn die Teilchen ringförmige Singularitäten sind, Terminals unsichtbarer Leitungen, können sie miteinander verschmelzen, ohne dass dazu Wärme nötig ist. Ihre Bewegungen brauchen nur mit der nuklearen Kern-Botschaft übereinzustimmen, die aus dem Herzen der Erde kommt und alle von den Menschen auf der Erdoberfläche erfundenen Grenzen überwindet.

Die Nachricht ist für alle Völker der Welt ähnlich.

Man braucht nur in Übereinstimmung mit der Botschaft zu handeln.

Wer kann das tun? Das Ich mit seinem Verlangen nach Liebe, seinem tiefen Wunsch, mit dem universalen **Eros** in Verbindung zu treten, der die Ringe miteinander verschmelzen kann und unserem Körper wie ein mächtiger Fluss entströmt. Eine neue Verbindung.

Bis jetzt hat **Thanatos**, die starke nukleare Kraft, die Oberhand, der Ring, der ›*alle anderen Ringe knechtet*‹, wie Tolkien schreibt. Thanatos ist es, der die Ringe voneinander trennt und ihr Verschmelzen verhindert. Diese Getrenntheit manifestiert sich als Egozentrik und zynische Gleichgültigkeit den anderen gegenüber, als Angst, das ›Bekannte‹ aufzugeben und sich der eigenen Masken zu entkleiden. Nur wenn wir die universale Liebe lieben, können wir unser Schicksal erfüllen, die Deckung verlassen und zum **König ohne Kleider** werden lässt.

Abbildung 46 – Hieronymus Bosch (1500) Der Aufstieg in das himmlische Paradies, Palazzo Ducale, Venedig. Die nackten Seelen werden vom Licht des Paradieses angezogen. Bosch hat mit seiner genialen Eingebung das Konzept der Wurmlöcher um Jahrhunderte vorweggenommen: Es handelt sich um ringförmige Singularitäten. Ein Raumtunnel, der zu einem Paralleluniversum führt.

Das erste Treffen

Die drei Freunde trafen sich an einem Montag im März 2008 in Rom. John war aus den USA angereist, um mit seinem Onkel, dem jüngeren Bruder seiner Mutter, bei dem er ein paar Tage zu Gast war, einige Familienangelegenheiten zu klären. Er hatte sich mit den anderen beiden in der Accademia dei Lincei verabredet und war zu spät gekommen; jetzt suchte er im Konferenzraum mit den Augen nach Giorgio, der wohl seinen Blick spürte, sich umdrehte und mit einer fröhlichen Geste grüßte. Der Raum war voller Menschen, und John hielt sich an der Seite, um nicht zu stören.

Gerade wurde ein Vortrag über die Stringtheorie gehalten.

Die Mathematik ist ein schwieriges Gebiet, aber das Konzept ist einfach.

Die Materie besteht nicht aus Atomen, aus winzigen Sonnensystemen, die wiederum aus winzigen Kugeln bestehen, sondern aus einer Reihe von Membranen, Wirbeln, Löchern, Ringen und Netzen.

Damit riskierte man, die gesamte Physik und folglich alle Wissenschaften, die auf der Physik beruhen, in einem Dominoeffekt umzustoßen.

»Das ist eine sich gerade entwickelnde Theorie«, hatte ihm einer seiner Kollegen in Princeton gesagt, »wir wissen nicht, wohin sie uns führen wird, aber die Ergebnisse sind vielversprechend.«

Der Vortragende hielt ihnen einen falschen Mythos vor Augen, den die gesamte Kultur genährt hatte, ›*den Mythos der Null-Zeit*‹.

Der Urknall markiert die Geburt des beobachtbaren Universums, das aber nur 4% der gesamten Masse darstellt. 96% waren schon vorher da...

Das Publikum spendete ehrlich empfundenen Applaus, und Giorgio und John umarmten sich herzlich.

»*Alter Freund, gut siehst du aus!*«

»*Du auch, das blühende Leben, rosig wie ein Baby...*«

»*Ich müsste etwas Diät halten*«, gab Giorgio, der ein Feinschmecker und begnadeter Koch war und ein bisschen zugenommen hatte, lachend zurück.

»Giulia stößt am Nachmittag zu uns...«

Die beiden gingen in den Raum, in dem es Kaffee gab, glücklich, endlich wieder zusammen zu sein.

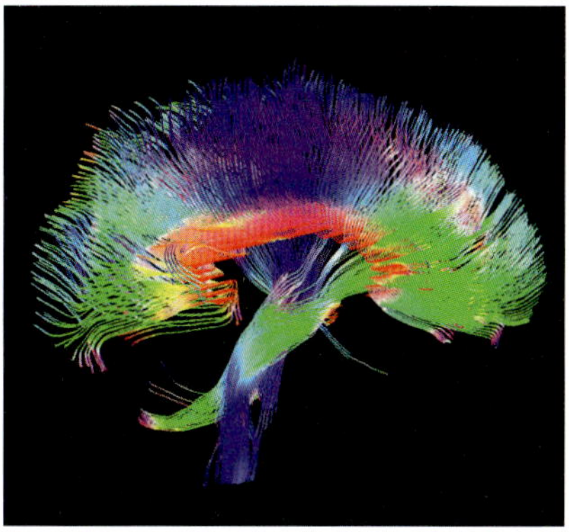

Abbildung 47 – Ein MRT (Magnetresonanztomographie)-Bild des Gehirns, das die fadenförmige Struktur mit den Fasern der weißen Materie zeigt, die wesentliche Aufgaben übernimmt. Sie ist der Sitz des Bewusstseins und kommuniziert nach Ansicht der Neurowissenschaft auf bisher unbekannte Weise.

»Wie geht es deinem Sohn?«

»Bestens, er schwänzt die Schule, um mit Mädels auszugehen«, antwortete Giorgio mit einem verständnisvollen Lächeln.

»Und stört dich das?«

»Nicht besonders. Die Schule funktioniert nicht, und die Lehrer wissen das, außerdem ist Francesco bei allen beliebt.«

»Ich dachte, dass die Schulen nur in den USA eine Katastrophe wären.«

»Sie sind es überall, John. Mit der Erziehung kann man die Flügel besonders gut stutzen. Die Kinder empfinden...«

»Was?«

«Emotionen, Eindrücke, Gedanken... Das können auch wir Erwachsene, und auch du wirst es merken!«

»Ich kann es nicht erwarten; und ich bin wirklich froh, hier zu sein, heute ist ein vielversprechender Tag.«

»Ich fürchte eher, dass es enttäuschend wird, die Stringtheorie ist eine Neuheit, aber der Rest ist akademisches Gehabe mit den dazugehörigen aufgeblasenen Trophäen.«

Giorgio hatte noch nie ein Blatt vor den Mund genommen.

»Aber wir wohnen dem Verschwinden des Atoms bei!«, überlegte John, als sie mit ihren Kaffeetassen durch den Raum gingen. Daraufhin führte ihn sein Freund mit dem Gesichtsausdruck von jemandem,

der ein großes Geheimnis mitzuteilen hatte, aus dem überfüllten Saal.

»*Es gibt eine sensationelle Nachricht*!«, seine Augen glänzten angesichts großer Neuigkeiten. »*Àtomos ist ein Adjektiv im Griechischen und bedeutet unspaltbar.«*

»*Das weiß doch jeder*!« John war enttäuscht.

»Nein, alle halten es für ein Substantiv.«

»Warte mal ... du meinst, dass Demokrit[76] *mit »àtomos« eine Eigenschaft und keinen Gegenstand meinte?«*

»Genau, John.«

«Ein Adjektiv ... das die Physik durch die Umwandlung in ein Substantiv zu einem Gegenstand, einem Objekt, gemacht hat!«

»Eine Täuschung, die in allen Texten triumphierend wiedergegeben wird: Die Physik hat das gespalten, was man in der Antike für untrennbar hielt! Auf diese Weise ignorieren sie seine Funktion. Und warum sorgen sie dafür, dass ein nichtvorhandenes Atom studiert wird?« Giorgio sah ihn mit wachen Augen an. *»Weil eine gespaltene Gesellschaft mehr konsumiert und nicht in der Lage ist, sich selbst zu versorgen*!«

»Das Atom ist in der Natur, was der Mensch in der Gesellschaft ist?«

»Mehr noch als das Atom dient die Atomisierung der Gesellschaft dem Profit des globalen Marktes.«

Die beiden waren am Vortragssaal angelangt, und da gerade ein Thema behandelt wurde, das sie nicht interessierte, gingen sie in den Hof der Accademia dei Lincei. »Auf *diesem Symposium sieht man viele preisgekrönte Köpfe...«*, bemerkte John.

»...und Hinterteile, die an ihren Sesseln kleben«, ergänzte sein Freund.

»Ich bin übrigens wieder auf den Mythos von Prometheus gestoßen. Nach seiner Befreiung spricht Prometheus nicht mehr vom Feuer der Götter, sondern von der menschlichen Kunst und der weisen Politik. Und weißt du, was ich dir sage? Ich stimme mit dem befreiten Prometheus überein.«

76 Demokrit war der erste Physiker der Antike, der das Konzept vom Atom vorschlug.

John sah ihn bestürzt an. Sie waren überzeugt gewesen, die *Freie Energie* sei die Lösung für das Energieproblem, und hatten gegen die pedantische akademische Wissenschaft gekämpft, die der heißen Kernfusion riesige Summen zukommen ließ und die kalte ablehnte.

»Es ist nicht die Energie, die fehlt, sondern das Bewusstsein, dass wir Teil eines einzigen Organismus sind. Wir bräuchten nur die Grenzen zu überwinden und die Waffen niederzulegen, und schon würden wir entdecken, dass es reichlich Ressourcen gibt.«

»Und deine kalte Fusion, Giorgio?«

»Sie hat meiner Bewusstwerdung gedient.«

»Bewusstsein ist nicht so reichlich vorhanden auf diesem Planeten.«

»Mehr als man denkt. Warum glaubst du, stehen wir aufrecht auf zwei Beinen?« Giorgio war schon immer geschickt darin gewesen das Thema zu wechseln.

John wusste keine Antwort.

Sein Freund beharrte. *»Eine Leiche bleibt nicht stehen, genauso wenig wie jemand, der schläft. Das Bewusstsein ist es, das uns die aufrechte Haltung schenkt, die Ausrichtung zur Vertikalen!«*

»Aber zur richtigen.« John erklärte, dass die Ausrichtung unserer Polarachse nicht mit denen des kristallinen Kerns und der Van-Allen-Gürtel übereinstimmt (Abbildung 36, Seite 129).

»Und du erwartest eine übereinstimmende Ausrichtung der drei Achsen? Das könnte eine globale Katastrophe bedeuten!«

»Nun, ich weiß nicht... Bedenke, dass sich der Kern autonom bewegt, unabhängig von den darüber liegenden Schichten. Wenn sich die kleine Sonne um 11° weiterbewegt und folglich auch die beiden bis jetzt von ihr geschaffenen Gürtel, passiert hier womöglich gar nichts Schlimmes, im Gegenteil...« John lächelte strahlend. *»Für uns könnte das eine Befreiung bedeuten, wir könnten endlich das sehen, was die beiden Plasma-Schirme bisher verdeckt haben.«*

Mit dieser angenehmen Vorstellung betraten sie den Vortragsraum, um den nächsten Beitrag anzuhören.

Es ging um Astrobiologie. *»Es gibt überall Elementarzellen und organische Moleküle, in den Kometen und im interstellaren Gas, und sie alle beruhen auf Kohlenstoff, dem im Universum am weitesten verbreiteten Element«*, sagte der Vortragende.

»*Immer und überall Elementarzellen*«, meinte Giorgio am Schluss. »*Warum finden sie eigentlich nie weiter entwickelte Kulturen?*«

»*Hast du jemals einen Außerirdischen gesehen?*« John verspürte eine gewisse Beklemmung bei diesem Thema, er hatte noch nie ein UFO gesehen.

»*Jeden Morgen, wenn ich in den Spiegel schaue!*«

»*Na, dann geht es dir wie mir… Ich finde bloß das Raumschiff nicht.*« John spürte fast einen Stich in der Herzgegend, als er das sagte, als habe er eine tiefe, bittere Wahrheit ausgesprochen.

Sein Freund legte ihm in einer väterlichen Geste die Hand auf die Schulter: »*Du wirst sehen, dass wir es wiederfinden. Die Fernbedienung tragen wir in uns, nämlich unser emotionales Gehirn…*«

Wieder im Raum hörten sie dem nächsten Vortrag zu.

»*Das Universum hat seine Expansion in den letzten zehn Jahren beschleunigt.*« Diese Nachricht wurde mit Erstaunen aufgenommen.

»*Auch das HERZ der Erde hat sich in den letzten zehn Jahren verändert. Kann es sein, dass ein Zusammenhang zwischen diesen beiden Phänomenen besteht?*«, fragte John am Ende des Vortrags.

»*Nein*«, war die ›sichere‹ Antwort des Vortragenden.

In der Mittagspause kam ein Mann aus dem Publikum zu ihnen und sprach John auf Englisch an. »*Möglicherweise nimmt nicht die Geschwindigkeit der Expansion zu, sondern die Lichtgeschwindigkeit nimmt ab.*«[77]

Sie freuten sich, jemanden zu treffen, der aus der Reihe tanzte, und so aßen sie zusammen Mittag. Es handelte sich um einen holländischen Physiker, der in den Laboratorien in Frascati arbeitete. »*Sie berechnen alles von der Lichtgeschwindigkeit ausgehend, und so merken sie nicht, wenn diese abnimmt*«, sagte er mit einer perfekten Logik, und Giorgio bemerkte: »*Wenn sich die Lichtgeschwindigkeit wandelt, verändert sich auch die Schwerkraft.*«

Für die orthodoxe Wissenschaft war das nicht selbstverständlich, für sie hingegen schon.

---

77 Man untersucht den *Redshift* – die Rotverschiebung – in Bezug auf die *Beziehung* der Geschwindigkeit der Galaxien und der des Lichts. Er wächst, wenn der Zähler zunimmt oder der Nenner abnimmt. Die Physik ist jedoch in beiden Fällen unterschiedlich.

Zwischen den drei Männern herrschte ein merkwürdiges Einverständnis.

In der Mittagspause stieß auch Giulia zu ihnen.

Obwohl er sie erwartet hatte, berührte ihr Anblick John sehr. Sie lächelte und besaß eine merkwürdige Bestimmtheit, die sich von der impulsiven Giulia früherer Zeiten unterschied. »*Vielleicht ist es das Alter*«, dachte John, aber ansonsten war sie wie immer, ein junges Mädchen, welches das Leben liebt. »*Nun, was meint ihr, ist dieses Symposium interessant?*«

»*Nicht so, wie ein Wiedersehen mit dir, das ist wirklich kostbar!*« John umarmte sie zärtlich.

Am Ende des Symposiums folgten die allgemeinen Schlussfolgerungen.

Die Mathematik drückt nur wenige Verben der menschlichen Sprache aus, zum Beispiel das Verb *sein*. Auch die Übersetzung in eine andere Sprache ist ein Nachteil.

»*Am Anfang war das Wort*«, sagte ein bekannter Mathematiker, das Johannesevangelium zitierend. »*In der ursprünglichen Version, auf Griechisch, heißt es* logos, *Logik, was sehr viel mehr als ein Wort ist. Die englische Übersetzung ›In the beginning was the word‹, hat die Bedeutung des ursprünglichen Satzes verändert.*«

Das Symposium endete mit dem Beifall des Publikums, und die Anwesenden verließen den Raum. Unsere drei Freunde blieben noch einen Moment. »*Die Mathematik schließt das Sein aus*«, bemerkte Giulia.

»*Das Lieben, Lächeln, Weinen*«, ergänzte Giorgio.

»*Die Physik glaubt, dass die Natur mittels der Mathematik kommuniziert und verhält sich folglich wie die Ökonomie: Sie schließt den Menschen aus.*«

Die drei gingen weiter und redeten über alles Mögliche, schnell lief die Vergangenheit vor ihnen ab, Familie, Kinder, Trennungen, gescheiterte Ehen, und jetzt liegt eine Zukunft vor ihnen, die alles umwälzen könnte.

John erzählte auch Giulia von seiner Theorie von der übereinstimmenden Ausrichtung der drei Polarachsen, ›unserer‹, das heißt, die der Biosphäre, und der anderen beiden, des Kerns und der beiden Van-Allen-Gürtel.

»Es könnte unmittelbar bevorstehen, Giulia. Die Hitze auf der CMB[78] *ist größer als man annahm, und das Magnetfeld verändert sie mit sich beschleunigender Geschwindigkeit.«*

Sie ist sehr interessiert. »*Dann zeigt sich die Kleine Sonne der ganzen Menschheit. Das ist ihre Geburt und unsere Wiedergeburt*!«

78 Core Mantle Boundary, die Grenze zwischen Erdkern und Mantelschicht.

Die Erkenntnis-Katastrophe

Vor ihrem Treffen an der Accademia dei Lincei in Rom, als John noch in den USA war, hatten die beiden Männer neue Thesen mit antikem Anklang entwickelt. »*Erinnerst du dich an Empedokles, John?*«

»*Ja, er ist derjenige, der von den vier Elementen gesprochen hat: FEUER, LUFT, WASSER und ERDE.*«

»*Und ihre Entdeckung um 2500 Jahre vorwegnahm.*«

»*Was?!? Davon weiß ich nichts, Giorgio.*«

»*Also ... die Physik will das zwar nicht zugeben, aber mit dem Standardmodell beweist sie die Existenz dieser vier Elemente.*« Aus den USA kam Schweigen, und Giorgio wurde klar, dass John nicht wusste, wovon er sprach, also erläuterte er es mit einfachen Worten: »*Das ist ein schönes Märchen. Es war einmal ein KÖNIG, der sein Erbe, bevor er starb, unter drei Söhnen aufteilte; den beiden Älteren hinterließ er den Großteil seiner Güter und dem Jüngsten fast nichts.*«

»*Nicht einmal einen gestiefelten Kater?*«

»*Nein, aber wenn wir den KÖNIG mit dem Elektroschwachen Feld gleichsetzen und seine drei Söhne mit den drei Arten von Materie im Standardmodell,*[79] *dann sehen wir, dass der Jüngste die normale Materie ist, die aus Teilchen minderer Masse besteht und folglich niedrigere Energie besitzt als die anderen beiden.*«

»*Aber ... wenn es so ist, dann ist der KÖNIG nicht gestorben!*«

»*Nein, aber es ist, als wäre er tot. Wir spüren die Liebe nicht, die uns mit Ihm verbindet und wollen Sein intelligentes Werk im Herzen unserer organischen Moleküle nicht anerkennen.*«

»*Könnte der KÖNIG die Spins ausrichten, Giorgio?*«

»*Ja, er könnte sie sich in einem Pirouettentanz drehen lassen, der viel schneller ist als der, den es jetzt gibt. Die Ausrichtung ist einer der Schlüssel, um zum nächsten Akt dieser Oper, vom Adagio zum Presto überzugehen... Weißt du, viele Märchen erzählen von drei Söhnen.*«

79 Man beachte, dass die Begriffe hier im Vergleich zu ihrer üblichen Verwendung in der Physik vertauscht werden: Die ›dritte Generation‹ ist am kleinsten und diejenige, die wir sehen, während die Physik die schwerste, die sie nicht beobachten kann, als ›dritte Generation‹ bezeichnet.

QUARKS

Neutronen und Protonen setzen sich aus Quarks zusammen, sie können verschiedene Kombinationen haben und interagieren mit dem starken, dem schwachen und dem elektromagnetischen Feld.

UP U	CHARM C	TOP t
Spin ½ Masse 2 MeV Elementarladung +2/3	Spin ½ Masse 1,25 GeV Elementarladung +2/3	Spin ½ Masse 171 GeV Elementarladung +2/3
DOWN d	**STRANGE S**	**BOTTOM b**
Spin ½ Masse 5 MeV Elementarladung -1/3	Spin ½ Masse 95 MeV Elementarladung -1/3	Spin ½ Masse 4,2 GeV Elementarladung -1/3

LEPTONEN

Die Leptonen unterliegen nicht der starken Wechselwirkung, interagieren nur mit der schwachen und der elektromagnetischen.

ELEKTRON-NEUTRINO ν_e	MYON-NEUTRINO ν_μ	TAU-NEUTRINO ν_τ
Spin ½ Masse <0,5 eV Elementarladung 0	Spin ½ Masse <0,3 eV Elementarladung 0	Spin ½ Masse <0,3 eV Elementarladung 0
ELEKTRON e	**MYON μ**	**TAUTEILCHEN τ**
Spin ½ Masse 0,5 MeV Elementarladung -1	Spin ½ Masse 105 MeV Elementarladung -1	Spin ½ Masse 1.777 MeV Elementarladung -1
ELEMENT ERDE	**ELEMENT WASSER**	**ELEMENT LUFT**

Abbildung 47 – Das Standardmodell gehört zu den bedeutendsten Entdeckungen der Physik und zeigt drei Generationen von Materie, die jeweils aus zwei Quarks und zwei Leptonen besteht. Die drei Generationen sind in den drei Spalten der Abbildung dargestellt, im Ganzen zwölf Teilchen, die alle an das elektroschwache Feld gebunden sind. Nur die linke Spalte zeigt die **normale Materie**. *Die Massen sind unterschiedlich, aber die Spins sind alle gleich und entsprechen ½ h, der Aktionseinheit. Für die orthodoxe Wissenschaft existieren die Teilchen der zentralen und der rechten Spalte nicht mehr, es gab sie zur Zeit des Urknalls, und jetzt gibt es sie in den Labors, in denen die extremen Bedingungen des Urknalls reproduziert werden. Für unsere Forscher sind die drei Generationen die drei Elemente ERDE, WASSER und LUFT, die koexistieren, unterschiedliche Massen und Zeiten haben und durch die Bewegungen der Spins, die das FEUER hervorbringt, miteinander kommunizieren. Das ist der von den drei Botschaftern des elektroschwachen Feldes, den drei Bosonen W+, Z und W-, besungene FLUSS.*

»Und wofür stehen sie?«

»Sie sind die drei Universen, die gleichzeitig bestehen. Das beweisen ihre jeweils vier Teilchen, die alle im Labor entdeckt wurden.«

»Im Ganzen zwölf... Aber wie kann das sein?«

»Ganz einfach, John, man braucht nur daran zu denken, dass die Atome leer erscheinen, aber voller Teilchen sind, die wir nicht sehen. Dirac hat das schon vor Jahrzehnten bewiesen.«

»Naja, so einfach ist es nicht... Auf jeden Fall sind die beiden anderen Arten nicht in Körpern, Lebensräumen und Welten organisiert...«

»Doch! Sie sind so schnell, dass sie undeutlich erscheinen, wie die Flügel eines Ventilators, die sich schnell drehen. Warum ist die Entwicklung des Embryos ein Rätsel? Weil sie so schnell verläuft, dass wir die einzelnen Phasen nicht voneinander unterscheiden können.«

«Und anstatt die extreme Schnelligkeit des Lebens zu erkennen, glaubt die Physik an die Begrenzung der Geschwindigkeit...« Johns bitterer Tonfall verlieh der Qual Ausdruck, die ihm das Festhalten an der Vergangenheit und die Unfähigkeit, eine andere Zukunft zu schaffen, schon immer verursachten. *»Die Märchen erzählen uns, dass am Ende Herzensgüte, Freigiebigkeit und Schönheit siegen...«*

»Sie siegen in dieser Welt, die ohne Qualitäten zu sein scheint. Auch das klare, frische, süße Wasser des Dichters besitzt ungeahnte Qualitäten. Das Eis ist am kältesten, zeigt aber wunderschöne Formen und beinhaltet immer die beiden anderen, Dampf und flüssiges Wasser. Der jüngste Sohn scheint langsam und kalt wie Eis, trägt aber die beiden anderen Elemente in sich.«

»Das Eis schmilzt überall, Giorgio.«

»Das beweist, dass es die Wärme gibt und es sich um das nukleare FEUER handelt.«

»Dann stimmt es, dass die Erderwärmung ein Effekt des Schwachen, eine kalte Kernfusion ist!«

Die beiden Freunde wussten nicht, ob sie lachen oder weinen sollten.

Das ständige Mangelsyndrom, die Suche nach alternativen Energiequellen und ihre absurden Kosten, oder die Gier nach fossilen Brennstoffen... Unlösbare Probleme?

Die Natur hat sie schon gelöst, mit der nuklearen Kraft, und die Experten wissen es, haben diese Kraft aber ›vergessen‹.

Abbildung 48 – Schneeflocken sind gleichzeitig unterschiedlich und ähnlich. Die Formen sind hexagonal, aber nie identisch. Ist das Zufall oder der Beweis für eine intelligente Ursache?

Das ›Schwache‹ ist die sanfte nukleare Wärme und ruft die immer schneller fortschreitende Erderwärmung hervor.

»Die mechanistische Mentalität glaubt an eine Wissenschaft, die nicht einmal einen gestiefelten Kater besitzt, Giorgio.«

»Der Mensch besitzt viel mehr, er hat drei Gehirne[80] *und drei verschiedene Arten von Gedächtnis, aber das ist in Vergessenheit geraten.«* Nach einem Moment des Nachdenkens nahm Giorgio sein Plädoyer wieder auf. *»Das misshandelte Menschengeschlecht hat ein enormes Potenzial und verborgene Fähigkeiten und Qualitäten... Die emotionale Erinnerung weicht von der schrecklichen Geschichte, die man uns erzählt, ab.«*

John rief sich sein Leben vor Augen und erkannte, dass seine lebhaftesten Erinnerungen die waren, die mit Emotionen verknüpft waren. *»Sind die drei Gehirne mit den drei Arten von Materie verbunden?«*

»Das weiß ich nicht, John, aber sie sind sicher mit dem Schwachen verbunden, das sich als Einziges auf alle und alles auswirkt.«

»Der gestiefelte Kater könnte der katzengleiche Sprung von einem Gedächtnis zum anderen sein...«

»Ja, der flüchtige Augenblick, die Emotion, die dafür sorgt, dass du eine bestimmte Entscheidung triffst.«

John nahm den Gedanken auf. *»Das Gedächtnis ist mit der Identität verbunden... Wenn wir ›ich‹ sagen, identifizieren wir uns mit unserer*

80 Die Großhirnrinde, das limbische System und das protoreptilische oder Stamm-Hirn.

Geschichte, mit dem Ort, an dem wir geboren wurden, seiner Geschichte. Drei Gehirne, drei Arten von Gedächtnis ... drei verschiedene Identitäten?!!«

»Nun, das ist möglich, es gibt viele multiple Persönlichkeiten... Für mich sind es drei Arten der Wahrnehmung. Die Wahrnehmung des Stammhirns hat mit Wiederholung und Ritualen zu tun. Die noetische, rationale, widersprüchliche Wahrnehmung ist mal gesetzestreu, dann wieder rebellisch. Und die emotionale Wahrnehmung betrifft unsere Sehnsüchte, Träume und unbewussten Bedürfnisse...«

»...die von den wissenschaftlichen Methoden nicht erfasst werden, Giorgio.«

»Vom Standardmodell aber schon, und es hat vier Elemente. Ich schicke dir eine E-Mail, in der ich das besser darlegen kann.«

Giorgio – »PROJEKT und MYTHOS«

Der Verstand hält das für real, was ihm während des Wachseins stabil erscheint und vor allem, was er in seiner Kindheit gelernt hat; sodass er im Erwachsenenalter seine Träume und Eingebungen vernachlässigt, seine Kreativität unterdrückt und in der Überzeugung, dass die ›Werte‹ dieser Welt wahr seien, weil sie immer wieder im Fernsehen erwähnt werden, ständig auf die gleiche Weise handelt. Kinder besitzen eine lebhaftere Intelligenz als Erwachsene. Mit der Geschichte der Menschheit ist es ähnlich: In der Antike gehörte das Traumdeuten zum Alltag, und der Kontakt mit den Göttern war zwar den Helden vorbehalten, aber so große Dichter wie Homer und Vergil erzählten davon. Die Mythologie hat sich an verschiedenen Orten der Erde über Jahrhunderte entwickelt, mit unterschiedlichen Namen, aber mit ähnlichen Konzepten. Alles Phantasie? Nein, der Kontakt zu Paralleluniversen ist eine Möglichkeit, die für die Menschheit in der Kindheitsphase natürlich war und dann von den drei monotheistischen Religionen, die alle strikt patriarchalisch sind, unterdrückt wurde.

Es geht mehr um die Fähigkeit des Empfangens, als um die des Übertragens, eine eher weibliche als männliche Eigenschaft. Sieh dir nur die Gewalt gegen Frauen an, die Vergewaltigungen, und ihre

Diskriminierung in einer Gesellschaft, die sich nur dank der Fürsorge, die die Frauen ihren Kindern zukommen lassen, erneuert. Warum gibt es in Indien, das auf eine jahrtausendealte Kultur und eine Geschichte der ›Gewaltlosigkeit‹ zurückblicken kann, so viel Gewalt gegen Frauen? Warum ist der menschliche Geist ein Gefangener von Thanatos, der Kraft, die die nuklearen Spins einfriert und die menschlichen Handlungen in Ängsten und Urteilen oder in hohen, aber nie verwirklichten Idealen gefangen hält?

Inzwischen wissen wir, dass der Kampf gegen die starke nukleare Kraft nicht nur sinnlos ist, sondern das Gegenteil bewirkt. Der Kampf macht sie nur noch stärker.[81]

Meine Hypothese lautet:
die LUFT bildet die Welt der Götter,
das WASSER die der Helden und Halbgötter,
die ERDE die der Menschen.[82]

Im Mythos ist ein einziger Tag der Götter ein ganzes Menschenleben. Tatsächlich haben die Arten von Materie nicht nur **unterschiedliche Zeiten**, sondern auch **unterschiedliche Massen**. Trotzdem besitzen sie die gleichen Spins, die im Grunde Bewegungen und Rotationen sind und für uns Aktionen und praktische, konkrete Tatsachen sein können. Hier liegt der Ursprung der Ungleichheit, des ungerechten Systems, das unsere sogenannten ›Demokratien‹ beherrscht. Die Aufmerksamkeit für die Bereiche oder Parteien oder für Ideen trägt zur Lähmung der Demokratien bei.

Der menschliche Verstand glaubt an den **Kampf der Ideen** und an Fernsehdebatten, er ist ein Gefangener der ›Götter‹, die heute die Medien beherrschen. Ihnen ist es zu verdanken, dass Scharen von Gläubigen die Parteien unterstützen und sie wählen, weil sie sich der Illusion hingeben, so könnten Ideen umgesetzt werden. Die Politiker

81 Es ist bewiesen, dass die starke nukleare Kraft stärker wird, wenn man versucht, ihr entgegenzuwirken.
82 Die extreme Geschwindigkeit des Elements LUFT wird von der etablierten Wissenschaft anerkannt.

führen vielleicht ein paar Reformen durch, aber die Abhängigkeit der Massen und die ›Logik‹ des Konflikts bleiben bestehen, ebenso wie die allumfassende und immer weiter zunehmende Kontrolle und die systematische Unterdrückung jeglicher Freiheit.

Die Physik betrachtet die **Energie** als eine Art Währung und stellt die **Zeit** auf das Podest einer nie überprüften Unveränderlichkeit. Auf diese Weise ›vergisst‹ sie, dass ihre eigenen Theorien aus der unauflöslichen Verbindung von Energie und Zeit geboren werden. Für die Religion ist hingegen die Ehe die **unauflösliche Verbindung**. Und damit sind wir geliefert. Wem immer man auch zuhört, überall findet man Grenzen und die Einschränkungen durch Ideale, die nichts mit den Tatsachen zu tun haben.

Wenn unsere Taten im **Einklang** mit dem Leben stehen, sind wir wie Götter und/oder Halbgötter und frei von der Sklaverei des Glaubens an ein ›Wissen‹, das keines ist. Und nicht nur das. Dann sind wir auch fähig, der wahren Intelligenz Ausdruck zu verleihen, die es in dieser Welt gibt, die aber nicht von dieser Welt ist.

Dann wird die Gleichheit natürlich und praktisch sein, guttun und ein Ziel haben: **das Wohlergehen aller**.

John – »RE: Projekt und Mythos«

Das Leben verbindet **Einheit** und **Verschiedenheit**.

Sein PROJEKT zeigt sich in Aktionen, die mit Seiner Intention übereinstimmen: das Wohlergehen aller Organismen. Unserer Meinung nach sind Seine Aktionen *schwache Wechselwirkungen*, Beziehungen zu allen vier Elementen. Und wenn diese mit den vier inneren Schichten der Erde übereinstimmten? Die Neuigkeit heute ist das **inner, inner Core**, der innerste Kern, ein Ausdruck der größtmöglichen Freiheit: Er dreht sich im Uhrzeigersinn, im Gegensatz zu der vorherrschenden Rotation gegen den Uhrzeigersinn und hat eine um 45° geneigte Achse. Das bedeutet, dass er in den wichtigsten Städten der Erde hervorkommt. Vielleicht verbirgt sich in der *Bewegung im Uhrzeigersinn* das fünfte Element ... die Universale Liebe!

Die beiden Freunde standen also vor einem ganz neuen Bild mit antikem Anklang: vier Welten, vier Elemente, mit denen wir in den vier Stadien (Wachsein, Aufwachen, Schlaf, Traum) auf unterschiedliche Weise in Kontakt treten können.

Das ist eine **Katastrophe** des menschlichen Wissens.

Giorgio, der Zahlen liebte, glaubte, dass man 64 Pinsel[83] bräuchte, um ein Bild davon anzufertigen, genauso viele wie die Hexagramme des I Ging. Und wie sollte man sie einsetzen? Sicher nicht, um eine lineare Sequenz zu schaffen, der zufolge die Ursache der Wirkung vorausgeht. Es bedarf auch einer Kabbala oder der antiken Kunst der Kombination, der Gedächtniskunst, wie sie Giordano Bruno lieb war: die Fähigkeit zu erkennen, dass die tatsächliche Realität aus unendlichen Kombinationen weniger Basiselemente hervorgeht.

Es bedarf eines **neuen Paradigmas**, sagen viele.

Und dazu bedarf es einer Katastrophe? Ja, denn sonst stecken wir immer im gleichen Schlamassel der üblichen ›geistigen Dinosaurier‹ fest: Einheit der Zeit, Leere des Raums und nicht zuletzt Unveränderlichkeit der Materie.

Auf diese Weise bliebe die Knechtschaft der Menschen bestehen.

Im Web kursiert heute ein ›neues Paradigma‹, das die Torusform aufnimmt, die dem Apfel und der ›demokratischen‹ Bipolarität ähnelt (Abbildung 25, Seite 108).

»Wir brauchen eine kulturelle Revolution, John.«

»Ja, aber in Rom, wo sich der Mensch von Gott trennt.«

»Das Papsttum verliert immer mehr an Glaubwürdigkeit... An diesem Punkt fürchte ich die Neue Weltordnung mehr. Sie wird von denen organisiert, die uns glauben machen wollen, das Problem sei nur ein ökonomisch-finanzielles.«

Und da zu den vier Elementen auch die Elektroschwache Kraft – für unsere Freunde das Ewige Leben – gehört, entschlossen sie sich, bis zum Grund vorzudringen, den Kern des Problems zu berühren: das Tabu des Todes.

»Die DNA-Sequenz entsteht in wenigen Augenblicken, und in ihr ist das gesamte zukünftige Leben des ungeborenen Kindes eingefaltet.«

83 64 ist 4 hoch 3, die Anzahl der Dreierkombinationen von vier Elementen.

»Sie scheint auch das Todesdatum zu enthalten. Gibt es eine Beziehung zwischen den vier Basen[84] *der DNA und den vier Elementen?«*

»Die Tatsache, dass es vier sind. Aber die Mythen erzählen noch mehr.«

Prometheus, der weiseste der Titanen, ›der Voraussehende‹, schuf das Menschengeschlecht, während sein Bruder Epimetheus, ›der Nachherbedenkende‹, die Tiere schuf. Die beiden gehörten zu der Familie der Titanen, die sich gegen Zeus auflehnte, als dieser gegen seinen Vater Kronos kämpfte.

Prometheus distanzierte sich von den anderen Titanen und veranlasste seinen Bruder, es ihm gleich zu tun. So waren ihre Beziehungen zu Zeus anfangs gut.

»Vielleicht sind die Titanen in dem Universum, das aus WASSER besteht.«

»Und die Götter, Giorgio?«

»In dem aus LUFT...«

»Dann steht ihnen eine lange Zeit zu, aber sie sind nicht ewig!«

»Die Götter sind für uns die Ideen. Sie bestehen sehr viel länger als unser Leben, vergehen aber früher oder später.«

»Auch die, die dem System zugrunde liegen?« John verspürte große Freude. *»Und was glaubst du, geschieht dann?«*

»Genau das, was gerade geschieht: Die Völker vertrauen ihren Regierungen nicht mehr, brauchen aber jemanden, an den sie glauben können.«

»Mehr als einer Erhebung bedarf es einer Enthüllung!«

Prometheus, der weise und barmherzige Titan, hatte sich für Zeus ausgesprochen, weil er vorausschauend war und spürte, dass das Schicksal dessen Sieg wollte, aber er vertraute Zeus nicht, und so stellte er ihn auf die Probe. Er tötete einen Stier und machte einen kleinen Haufen mit dem Fleisch und einen größeren Haufen mit den Innereien, dem Fett und den Knochen, den er unter der Stierhaut verbarg, dann ließ er Zeus wählen, der sich für den zweiten entschied. Zeus ertrug es nicht, getäuscht worden zu sein und schuf eine Frau

84 Die vier DNA-Basen: Adenin, Guanin, Zytosin und Thymin.

von außergewöhnlicher Schönheit, der alle Götter eine Gabe machten, weswegen sie Pandora genannt wurde, was auf Griechisch ›die Allbeschenkte‹ bedeutet. Man schickte sie auf die Erde, um Epimetheus zu treffen, der sich in sie verliebte und sogleich heiratete, obwohl Prometheus ihm davon abriet.

Der Rest der Geschichte ist bekannt: **Pandora** öffnete ihre Büchse...

»Wenn so viele von den Elementen gesprochen haben, auch die Physik sie wiederentdeckt und mit einem technischen Namen – Standardmodell – bezeichnet, ist das wahre Problem die universale Sprache.«

»Weißt du was, John? Es ist nicht die Mathematik...«

»Es ist die Musik!!!«

Die Mutter-Substanz

Nun rückte der kosmische Embryo in den Mittelpunkt der Forschungsarbeit der drei Wissenschaftler. Das gigantische Kind, das dem menschlichen Blick über Jahrtausende verborgen geblieben war, obwohl es jedes Jahr in der Weihnachtskrippe erscheint, ist eine offene Herausforderung der physikalischen Gesetze.

Bis dahin hatten die drei diese für unumstößlich gehalten.

Das Kind verfolgt fast keines dieser Gesetze.

Es ist vier- oder fünfmal so groß wie die sichtbare Erde, und seine Rotationsgeschwindigkeit variiert zwischen 25 und 27 Stunden, es unterliegt nicht der Schwerkraft und es produziert einen Gesang, der unsere Zellen verzaubert. Es ist der Beweis für eine organische Supra-Natur, an der die zentrale Position des Menschen, Beobachter des beobachteten Universums, zum Vorschein bringt.

Der Kristall im Kern ist der Weg, um von der bekannten Erde zur unbekannten zu gelangen, welche die Form eines Kindes hat.

Eine lebendige Wirklichkeit anstelle eines unwahrscheinlichen Gottes oder des mit den strengen Anforderungen der Gesetze verknüpften Zufalls.

Also braucht man nur ›auszuscheren‹, das heißt, die Atmosphäre zu überwinden und im extremen Ultraviolettlicht zu betrachten. Dann stellt man fest, dass die physikalischen Gesetze veränderlich sind und von einer Ursache abhängen, die jeden Einzelnen von uns betrifft.

Es handelt sich um die Beziehung, die jeder von uns zum Leben aufbaut, eine sich wandelnde und von unseren Launen, den Liebesbanden zwischen Psyche und Eros, der Bereitschaft, in Einklang mit den Zielen des Lebens zu handeln, abhängige Beziehung. Das Leben ist eine universelle und nukleare Kraft und daher auch die unerschöpfliche Ressource für das Kleine und das Große.

In den drei Herzen der Erde gibt es eine **abweichende, ›differentielle‹ Rotation,** und vielleicht existiert so etwas auch in den Zellen unseres dreieinigen Gehirns, dem Organ, das den ganzen Körper steuert und aus Abermilliarden von Zellen besteht. Wie kommunizieren die Teile unseres Gehirns miteinander?

Die Neurowissenschaften sagen, über Proteine, die Boten, die wunderschöne Formen und raffinierte Funktionen besitzen und auf den richtigen Rhythmus zurückgreifen, um bestmöglich zu kommunizieren. Geschickte Tänzer, denen die Menschen oft mit faszinierenden, sinnlichen Tänzen wie dem Bauchtanz nachgeeifert haben.

Die natürlichen Sprachen sind mit dem Tanz verbunden, die Sprachen der ›zivilisierten‹ Gesellschaften mit den Worten der Politiker, der Theologie und ... den Theorien. Eine ist die vom Urknall, nach der die Anziehung der Schwerkraft als dauerhaft und die Expansion als auf den Beginn beschränkt gilt. Auf der Erdoberfläche, die sich ungeheuer schnell dreht, macht sich die Zentrifugalkraft nur dann bemerkbar, wenn du dich in einem Fahrzeug oder auf einem Karussell befindest.

John – »Anomalien der Schwerkraft«

Die Rotation und die Schwerkraft der Erde verändern sich während einer Sonnenfinsternis. Zum ersten Mal hat das Maurice Allais 1954 in Paris festgestellt, als er 30 Tage lang Tag und Nacht die Bewegungen eines dem Foucault'schen Pendel ähnlichen Pendels beobachtet hat.

Wie ihr euch vielleicht erinnert, rotiert die Schwingungsebene des Pendels bei konstanter Geschwindigkeit und mit einer vom Längengrad abhängigen Periode. In Paris dauert eine vollständige Umdrehung 32 Stunden, das sind ca. 0,19 Bogengrad in der Minute.

Nun, sobald der Mond begann sich vor die Sonne zu schieben, vollführte diese Schwingungsebene eine jähe Kurve von 13,5 Grad, die während der ganzen Sonnenfinsternis andauerte, also etwa 2,5 Stunden lang. Fünfzig Jahre lang hat man diesem Phänomen keine Beachtung geschenkt, aber jetzt sind sie gezwungen, sich damit zu befassen.[85]

85 Der holländische Physiker Chris Duif hat 2004 davon berichtet.

Weder Newtons Mechanik noch Einsteins allgemeine Relativität liefern eine Erklärung. Allais erklärt das Phänomen mit der Existenz von **Anisotropie** im Weltraum.[86]

Giorgio – »Re: Anomalien der Schwerkraft«

Für Allais ist der ›leere‹ Raum Äther in Bewegung, die **absolute Bewegung**, an der die natürlichen Körper in unterschiedlicher Weise teilhaben. Die Mondrotation induziert einen ›Wind‹, der Allais' Ansicht nach den **Drehimpuls** der Erde verändert. So kann dieser ›Wind‹[87] uns die Zeit rauben und zudem unsere Beziehungen zum Absoluten stören.

Alle Großen haben vom **Äther** gesprochen. Man glaubt, dass Einstein seine Existenz abgestritten habe, aber das stimmt nicht.[88]

Laut Aristoteles bringt der Äther wieder Ordnung in die Welt.

Gibt es irgendeinen Zusammenhang mit dem Kindlichen Universum?

Giulia – »Die Mutter-Substanz«

Der Äther ist die Mutter.

Die Große Göttin, die Mutter-Substanz, bringt die Bewegungen hervor.

»*Die göttliche Substanz herrscht, waltet, leitet, bewegt, belebt, lässt gedeihen, gibt Sinn, erhält und umfängt*«, schreibt Giordano Bruno. Für mich lenkt sie die Phasen der Schwangerschaft bis zu Ihrem Abschluss, das heißt, der Geburt. »*Sie ist unendlich und außerhalb der Reichweite unseres geistigen Vermögens*«, sagt Bruno weiterhin. »*Wir können nur ihre entferntesten Wirkungen erfassen, die uns wie Rätsel erscheinen...*«

Der Äther ist ein verbreiteter Begriff, doch SIE ist sehr viel mehr.

Die Menschen benutzen immer männliche Wörter, um etwas Erhabenes zu bezeichnen. Die Physiker suchen das Higgs-Feld, um

---

86 Sein Buch *L'Anisotropie de l'Espace* ist 1997 erschienen.

87 Allain und andere haben berechnet, dass dieser ›Mond-Wind‹ eine Geschwindigkeit von 8 m/s erreicht.

88 Äther und Relativitäts-Theorie: Rede von Albert Einstein, gehalten am 5. Mai 1920 an der Reichs-Universität zu Leiden.

die Unausgewogenheit der Masse-Verhältnisse zu erklären, und übersehen dabei, dass diese ein Ziel verbergen könnte, das wir nicht kennen.

In der Hermetik ist die Substanz der **Urgrund**, die Matrix eines jeden Dinges. Sie bringt die Fäden hervor und webt sie und verbindet mit ihnen alle Universen, und in ihnen fließt der mächtige Strom, der **Sohn**, die lebendige Botschaft, die sie alle, in unterschiedlicher Weise, beseelt.

Giorgio – »Re: Die Mutter-Substanz«

Und welche Verbindung besteht zwischen der Mutter-Substanz und den Seltsamkeiten des Mondes, Giulia? Nach Meinung von Allais bringt er einen ›Wind‹ hervor, der die Erdrotation stört. Geschieht das nur, wenn es eine Sonnenfinsternis gibt, oder verändert sich die Erdrotation ständig, und wir hier unten bemerken es lediglich bei dieser Gelegenheit? Es gibt eine ›Neuigkeit‹, von der man in der Antike schon wusste: Der Mond ist plötzlich erschienen. Ich schicke dir die E-Mails, die John und ich 2007 ausgetauscht haben.

*****

Giorgio – »Erde ohne Mond«

Einst war die Erde ohne Mond![89] Das haben Aristoteles und Plutarch in Griechenland und Apollonius und Ovid in Rom gesagt. Ihre Thesen stimmen mit den Symbolen überein, die in einem Haus in Kalasasaya in Bolivien gefunden wurden: Danach wäre der Mond vor 11.000 bis 13.000 Jahren plötzlich aufgetaucht.

John – »Re: Erde ohne Mond«

Genau zu Beginn des letzten Erdzeitalters!

---

89 Wenn man unter ›Earth without moon‹ oder ›Zivilisationen in der Vor-Mond-Zeit‹ sucht, findet man viele Webseiten; um nur eine zu nennen: http://www.varchive.org/itb/sansmoon.htm.

Giorgio – »Re: Re: Erde ohne Mond«

Und vielleicht auch eine kolossale Täuschung!

Von der Sonne aus gesehen scheint die Magnetosphäre ein Dunkler Herr zu sein, ein Meister der Illusionen (Abbildung 39, Seite 138); sie könnte ein deformierender Spiegel sein, der die Bilder, die ›Schatten‹ auf die Platonische Höhle, welche das Himmelsgewölbe ist, zurückwirft. Am 11. Mai 1999 nachts hat sich ihr Schweif, der normalerweise 70.000 km lang ist, bis zu 300.000 km ausgedehnt. Wenn sich vor 12.000 Jahren die Van-Allen-Gürtel verschoben hätten, wäre plötzlich der ›Mond‹ aufgetaucht, der für mich nur ein vergrößertes Abbild des wirklichen Mondes ist, der sich woanders befindet. Dann wäre die richtige Frage nicht, ob die Astronauten der Apollo-Mission dort waren oder nicht – sondern vielmehr, wo sie waren.

John – »Re: Re: Re: Erde ohne Mond«

Aber wohin sind sie deiner Meinung nach geflogen?

Giorgio – »Re: Re: Re: Re: Erde ohne Mond«

In ein Gebiet ohne elektromagnetisches Feld.

Es gibt mindestens zwei davon, oberhalb der Pole. Wenn es über dem Nordpol einen künstlichen, dem Mond gleichenden Satelliten gäbe, könnte das von der Erde aus niemand sehen. Die Astronauten waren so damit beschäftigt, die nötigen Operationen auszuführen, dass sie es entweder nicht bemerkt oder nicht gesagt haben, oder die Bodenmannschaft hat es nicht weitergegeben. Als sie versuchten, den Boden des Monds zu durchbohren, stellten sie jedoch fest, dass er metallhart ist.

*****

Januar 2008

Giulia – »Der Himmel ist ein Spiegel«

Ist der am Himmel sichtbare Mond das Abbild eines künstlichen Satelliten über dem Nordpol? Das ist nicht nur möglich, sondern wahrscheinlich. Es gibt verschiedene Studien, die darauf hinweisen, dass der Himmel ein Spiegelkabinett ist.

Wenn es sich um gekrümmte Spiegel handelt, können sie die Bilder vergrößern oder verkleinern und sie außerdem an einem anderen Ort auftauchen lassen, als sich der reale Körper befindet. Darüber hinaus verhalten sie sich selektiv und variieren die Art der Spiegelung je nach Wellenlänge.

Bei der Auswertung der von den WMAP-Raumsonden gelieferten Daten hat sich die Anisotropie[90] des Raums in Bezug auf Mikrowellen bestätigt. Man hat berechnet, dass seine Struktur eine Art Fraktal ist, das in jedem Maßstab die immer gleiche dodekaedrische Form wiederholt (Abbildung 49).

*Abbildung 49 – Befinden wir uns in einem Spiegelkabinett? Mit der Auswertung der von den WMAP-Sonden (***Wilkison Microwave Anisotropy Probe***) gelieferten Daten hat ein Team von Topologen unter Leitung von J.P. Luminet gezeigt, dass das Universum ein dodekaedrischer Poincaré-Raum ist. Sollte das zutreffen, sind die berechneten Distanzen fiktiv und das Ergebnis vielfacher Reflexion, und unser Universum ist endlich und sehr viel kleiner, als wir bis jetzt angenommen haben.*

90 Anisotrop wird ein Stoff genannt, dessen physikalische Eigenschaften nicht überall gleich sind, sondern richtungsabhängig verschieden.

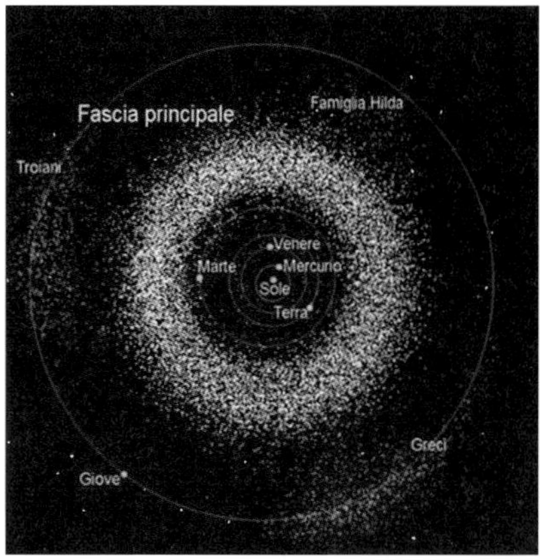

Abbildung 50 – Das Sonnensystem besteht nicht nur aus Planeten, sondern auch aus einer Reihe von Asteroidenschichten, die wie Spiegel wirken können. Eine existiert zwischen Mars und Jupiter und trennt die terrestrischen Planeten – Merkur, Venus, Erde und Mars – von den Riesenplaneten.

Die terrestrischen Planeten (*Merkur, Venus, Erde und Mars*) erscheinen uns näher als die Sonne und haben sehr viel geringere Massen als die Riesenplaneten (Jupiter, Saturn, Uranus und Neptun). Realität oder Illusion? Wenn der Asteroidengürtel zwischen Mars und Jupiter einer der Spiegel wäre, dann könnte es sein, dass die Sonne und die Erdplaneten keine realen Körper, sondern Hologramme, Reflexionen sind. Vielleicht sind auch wir Hologramme, ›*in dieser Welt, aber nicht von dieser Welt*‹.

Auf jeden Fall ist der Mond sehr seltsam.

John – »Re: Der Himmel ist ein Spiegel«

Jetzt sucht man auf dem Mondboden auch nach **seltsamer Materie**; es handelt sich um eine Mischung aus **Strange-Quarks** – die zur zweiten Generation des Standardmodells gehören – und den beiden kleinen Quarks u und d, aus denen die **normale Materie** besteht.

Giulia – »Mond und Wahnsinn«

Der Mond war schon immer mit dem Wahnsinn verbunden. Im Orlando Furioso[91] reitet Astolfo auf einem Hippogryph zum Mond, um den verlorenen Verstand Orlandos wiederzufinden.

91 Das berühmte, 1532 publizierte Epos von Ludovico Ariosto.

Ich kann bei **Vollmond** nicht schlafen. Man sagt, dass der Mond die **Flüssigkeiten** beherrscht: Die Landwirtschaft, die Gezeiten und die Menstruation folgen seinem Zyklus. Die Strange-Quarks hängen von der **kosmischen Strahlung** ab. Alles ist miteinander verbunden...

John – »Re: Mond und Wahnsinn«

Ja, alles ist miteinander verbunden, und nichts ist so, wie es erscheint. Ich frage mich auch, ob unsere Achsenausrichtung aufgrund des Mondes oder seines ›Windes‹ (Abbildung 36, Seite xxx) verschoben ist. Die Astronauten haben ein Seismometer auf dem ›Mond‹ zurückgelassen, und so wissen wir heute, dass er von häufigen Mondbeben erschüttert wird, die Stunden dauern und sich auf etwa 3000 jährlich belaufen. Erdbeben hingegen dauern einige Sekunden. Das ist ein klarer Hinweis darauf, dass der Mond leer ist und dröhnt wie eine Glocke. Ein sehr langes Mondbeben ereignete sich, als die Mondlandefähre auf dem Mondboden aufsetzte.

Abbildung 51 – Astolfo reitet auf einem Hippogryph zum Mond, um den verlorenen Verstand Orlandos wiederzufinden, nach dem Epos von Ludovico Ariosto. Bildnachweis Wikimedia.

Die Mondbeben haben eine Stärke von 5 auf der Richterskala und würden auf der Erde Häuser einstürzen lassen. Wodurch werden sie ausgelöst? Es gibt auf dem Mond keine Vulkantätigkeit...

Zwei Geophysiker von der Universität Austin in Texas haben beobachtet, dass die meisten Mondbeben auftreten, wenn das Gebiet, in dem sich das Seismometer befindet, zum Sternbild Krebs weist.

Ursache könnte ein mächtiger Strom von **Strange-Quarks** sein, die von diesem Sternbild ausgehen.

Man hat auch ihre Anzahl gemessen, sie ist Milliarden Mal höher als die der beiden leichteren Quarks u und d, aus denen die **normale Materie** besteht.

›*Milliarden*‹, überlegte Giulia. Die Astrologie weiß um die Beziehung zwischen dem Mond und dem Sternbild Krebs.

Also handelt es sich weder um Esoterik noch Pseudowissenschaft! Sie ist konkret und wird von den **Strange-Quarks**, das heißt, den **kosmischen Strahlen**, erzeugt.

Giorgio – »Der Mond und die Titanen«

Die Strange-Quarks bilden das, was wir als ›Element WASSER‹ bezeichnen, meiner Ansicht nach das **flüssige Universum**, das mit beeindruckender Geschwindigkeit strömt und von den Titanen bewohnt wird.

Kann es sein, dass der Mond mit seinem ›Wind‹ und dadurch, dass er die Strange-Quarks reflektiert, die natürliche Harmonie zwischen den Elementen ERDE, WASSER und FEUER stört? Wenn es so wäre, würde es für uns einen beständigen Raub von Zeit bedeuten!

Giulia – »Titanen, Götter und Substanz«

In der Tat frage ich mich, ob das plötzliche Auftauchen des Mondes mit dem Mythos der Pandora zu tun hat. Die Menstruation, also unser Reproduktionszyklus, ist mit den Mondzyklen verbunden. Wir sind jeden Monat ein paar Tage lang fruchtbar. Wäre die Rotation der Erdbiosphäre langsamer, wäre dieser Rhythmus der Menschheit vielleicht langsamer, und das Leben würde länger dauern. Tatsächlich sprechen verschiedene Mythen von einem Zeitalter, in dem die Menschen etwa 1000 Jahre lebten.

Bedeutete etwa die Aussendung der Pandora mit ihrer Büchse auf die Erde, dass so die Dauer der einzelnen Generationen verkürzt wurde?

Erst Eva, dann Pandora.

Sind die Götter an der Versklavung der Menschen interessiert?

Zweifellos an der Versklavung der Frauen, was sich in der tragischen Geschichte beider Geschlechter äußert.

Während die ›Götter‹ *Ideen* produzieren, in denen der menschliche Geist gefangen bleibt, hat die Mutter-Substanz eine Überraschung hervorgebracht, die niemand erwartet: ein neues Universum.

Es ist das Sonnenkind, das mit all Seiner Freude und Seiner Kreativität in einer Grotte geboren wird, von einem Gesang begleitet, der als Ruf der Ewigkeit unser Herz berührt.

Die wahre Mutter ist verschwunden, erzählen die Märchen.

Die Augen sehen SIE nicht, und der Geist wurde dazu ›erzogen‹, Ihre Bewegungen, die **kinetische Energie**, die SIE noch dem kleinsten Körper schenkt, zu ignorieren. Die Mutter-Substanz bringt Schönheit, Fülle und Verschiedenartigkeit hervor, all das, was ein frauenfeindlicher ›Gott‹ und eine perverse Stiefmutter vor der Prinzessin verbergen. Die junge Frau vertraut der alten Hexe, der schwarzen Magie, die über die Erde herrscht und den Apfel mit ihren falschen, willkürlichen Auslegungen vergiftet.

Die **weiße Substanz** des Gehirns und das **rote Blut**, Träger der Emotionen, sagen uns, ›wer‹ die Prinzessin ist: die **organische Substanz**, aus der unser Körper besteht.

Dieser Körper hat kein eisernes Herz, aber sein Gehirn wird vom Glauben an falsche Idole gelähmt, die uns die Medien jeden Tag wiederholen, allerdings ohne das frühere Interesse und Vertrauen auszulösen.

Heute wissen wir, dass der aus einem anderen Reich stammende Prinz die Liebe ist, die Botschaft, die alle Welten beseelt, auch unsere Welt, der Sohn, der die wirkliche Realität offenbart. Heute stehen wir der riesigen Energie gegenüber, die wir ›dunkel‹ nennen, der bewegenden Bewegung, die Wahrheit raunt, das Herz ausdehnt und falsche Horizonte niederreißt. Die Realität ist kosmische Intelligenz, die von der Macht stets verborgen wurde, um die Menschen weiter in Hypnose zu halten.

Der einzige Weg heute ist das Erwachen.

Mars und die Geheimregierung

Sommer 2012, Freitag.

Giorgio und John haben den letzten Abschnitt der Autobahn L'Aquila-Rom erreicht, und in der Ferne taucht die Hauptstadt unter ihrer Abgasglocke auf. Eingebettet in den atmosphärischen Staub scheint sie in der Luft zu schweben.

»In Rom gibt es nicht besonders viele Chemtrails; die braucht man gar nicht. Die Dunstglocke reicht völlig aus, um den Geist der Menschen im Chaos zu halten.«

»Aber genau dort haben wir dieses Chaos hinter uns gelassen, Giorgio, bei Giulia, und auf unseren Reisen haben wir gesehen, was sich hinter den Wänden, die uns umgeben, verbirgt.«

Die geistigen Reisen.

Mittlerweile waren unsere drei Freunde dazu in der Lage, wie auch viele andere, alle, die bereit waren, die Augen zu schließen und ›*die Wege der Kraft zu beschreiten*‹. Das menschliche Gehirn ist eine **Antenne des Hyperraums**, es ist fähig, sich auf Paralleluniversen einzustellen und mit ihren Bewohnern zu kommunizieren. Jahrtausendelang war diese **Antenne** an das Kreuz des 4D-Bildschirms gefesselt, den die Wissenschaftler **Raum-Zeit-Kontinuum** genannt und als objektiv angesehen haben, unabhängig von der Art der Beobachtung. Sucht man auf Wikipedia Informationen über einen Planeten, findet man Angaben zu seiner Größe und seinem Abstand von der Erde, aber keinerlei Hinweis darauf, dass er ganz anders aussehen könnte, wenn man ihn in nicht-optischen Frequenzen betrachten würde.

Die hochwahrscheinliche Existenz eines **Cyberspace**, der augenblicklich fähig wäre, entfernte Punkte des Raum-Zeit-Kontinuums miteinander zu verbinden, ergibt sich aus verschiedenen Theorien und Experimenten. Darunter die Quantenverschränkung, ein bekanntes Quanten-Phänomen, das auf mehreren Webseiten erläutert wird und ... nach Meinung der Orthodoxie ausschließlich mit der mikroskopischen Welt der Elementarteilchen zu tun hat.

Jedoch besteht auch die makroskopische Welt aus ihnen...

Die Reisen öffnen Türen zu neuen Horizonten, die, anders als man meinen könnte, für alle ähnlich sind. Es handelt sich nicht um Meditationen, sondern um Aktivierungen.

Sie dienen dazu, die verlorene Plastizität wiederzuerlangen und die Antenne *zu benutzen, die mit dem Wahren Licht, der schwachen nuklearen Kraft kommuniziert, der leuchtenden Seite der Kraft.*

»Giulia hat eine ›Reise‹ von hundert Leuten geführt und fast alle haben ›gesehen‹, was der Apfel verbirgt.«

»Erinnerst du dich an die ersten Reisen, die wir gemacht haben, Giorgio?«

*****

März 2008, Dienstag.

»*Wir könnten noch eine Reise machen*«, schlug Giorgio vor. »*John sieht sehr gut und kann Aspekte erfassen, die uns entgangen sind. Reisen wir zum Mars! Einverstanden, John?*«

»*Klar, ich schnalle mich an*«, antwortete der andere und nahm die geeignete Position ein.

»*Am besten reist man in der Pharao-Haltung; der aufrechte Rücken erleichtert die Entspannung*«, hatte Giulia am Tag zuvor erklärt, bevor sie mit ihnen zur kristallinen Kleinen Sonne reiste, um ihre betörende Vitalität zu spüren.

Man würde die Feder des Dichters brauchen, um Ihr Licht, Ihre das menschliche Herz entzückende Musik zu beschreiben.

Es ist ›*Liebe, der kein Geliebtes kann entgehen*‹, wie Dante schreibt, der Quell, der den Reisenden mit dem kosmischen WASSER erquickt, das alle und alles durchströmt, und der das Element ERDE, aus dem jeder sichtbare Körper besteht, umspült.

»*Leg das Doppelkonzert von Brahms auf, Giorgio.*« Giulia fand, dass dies die geeignete Musik war, um zum roten Planeten zu reisen.

Es handelt sich um anspruchsvolle Musik; das Duett von Geige und Cello erzählt vom doppelten Spiel von Licht und Schatten, das den Menschen quält.

Als die beiden Instrumente dann aber mit einer Stimme erklingen, erschauert John innerlich und beginnt, die Wellen vieler Meere zu durcheilen, hin zu fernen Ufern.

Giulia fordert sie auf, emporzusteigen und die Erdatmosphäre hinter sich zu lassen.

John folgt ihr und findet sich sofort in einem Gebiet wieder, in dem alles verlangsamt zu sein scheint.

»*Das ist die Nicht-Zeit*«, sagt ihm ihre vertraute Stimme.

Er befindet sich in einer grauen Welt, in der Raumschiffe hin- und herschnellen, die von einem Raumschiff kommen, welches das Mutterschiff zu sein scheint und dem Schiff aus *Krieg der Sterne* ähnelt.

»*Das ist der wahre Mond*«, flüstert die Stimme.

Er tritt in einen Raum, in dem verschiedene Außerirdische unterschiedlichen Aussehens – schlangenartig, menschenähnlich, menschengleich – ihren Repräsentanten auf der Erde Ideen und Informationen weitergeben. Eine Art Nachrichtenprogramm für spezielle Zuhörer, hohe kirchliche Würdenträger, Freimaurer und geheime Finanzexperten, die Regierungen und internationale Organismen leiten und über den Zeitpunkt und den Ort der auf der Erde auszuführenden Operationen entscheiden.

Das Volk ... Schlachtvieh. Sein elendes und leiderfülltes Leben ist auf den 3D-Bildschirmen zu sehen, die in diesem abstoßenden, von Gier und Macht erfüllten Raum aufgehängt sind.

»*Wer gibt die Befehle?*«, Johns im Geiste gestellte Frage führt ihn in einen kleineren Raum.

»*Die Geheimregierung*«, sagt die Stimme.

Auf schweren Stühlen sitzen Personen, die ›Ministern‹ ähneln und dabei sind, auf einem großen, die Erde darstellenden Hologramm Kriegsherde anzufachen.

Das Hologramm zeigt John auch ihre Ziele, die Wut und den Schmerz der Völker und die Bewegungen von Waffen und Söldnern, die nötig sind, um die von den Regierungen beschlossenen Konflikte am Leben zu erhalten. Diese ›Minister‹ sind Monster, gefühllose Maschinen, die eine Hölle auf Erden schaffen wollen.

John hat den Eindruck, dass sie die Geschichte der Menschheit gewebt und Gewaltakte konzipiert haben, auf die noch brutalere Reaktionen erfolgen.

Aber ... etwas ist merkwürdig.

Es gibt keinen ›Premierminister‹, der Platz in der Mitte ist leer.

Die Orientierungslosigkeit der anderen ist offensichtlich.

»Die Monster sind vom Aussterben bedroht, denn ... ihre Schöpfer nähren sie nicht mehr«, sagt die Stimme.

»Wer sind ihre Schöpfer?«

Eines der Monster erhebt sich und zeigt mit strenger Miene auf John, dann sackt es auf seinem Stuhl in sich zusammen wie ein Roboter, dem der Strom ausgeht.

Auch die anderen erlöschen eines nach dem anderen.

Die Geheimregierung ist außer Betrieb...

Aber die Regierungen auf der Erde setzen ihre Lehren weiterhin um.

Als John diesen mittlerweile toten Ort verlässt, hört er ein unheilvolles Quietschen. Er hat das Gefühl, dass es von einer Art Mechanismus herrührt, mit dem das Hologramm projiziert wird, das wir als ›Mond‹ bezeichnen. In Wirklichkeit ist er aber eine Spiegelung des Imperiums, das den menschlichen Geist mithilfe von Angst und angeblichem ›Schutz‹ kontrolliert.

Giulias Stimme drängt, diesen traurigen Ort zu verlassen und sich in Richtung Mars zu begeben.

John ist froh, sich zu entfernen, er lässt sich in Richtung seines neuen Ziels transportieren und durchquert einen dunklen, sternenlosen Raum:

»Ich bin im Cyberspace«, denkt er. Kaum erreicht er den Rand der Marsatmosphäre, leuchtet ein sternengeschmückter Himmel auf, ähnlich dem Himmelszelt der Erde. »*Vielleicht bin ich auf die Erde zurückgekehrt.*«

Kurz darauf scheint sich seine Vermutung zu bestätigen.

Er sucht nach einem Transportmittel, um auf dem Boden zu landen, und eine Raumkapsel taucht vor ihm auf; er steigt ein und sieht, dass die Kommandos auf dem Steuerknüppel … auf Englisch sind! Er stellt auf ›down‹ und landet schwankend auf dem Boden. Nein, das ist nicht die Erde. Raue, rötliche Felsen stellen die typische Marslandschaft dar.

John geht los, ohne recht zu wissen wohin, als er auf einem Felsen in der Ferne eine weiße Menschengestalt erblickt, die sogleich wieder verschwindet. Er nähert sich der Stelle und sieht den Eingang eines verlassenen Bergwerks, darin ein Raumschiff, in das er nun steigt. Die Luke schließt sich automatisch, und der Start erfolgt mit einer solchen Geschwindigkeit, dass sich alle Umrisse auflösen. Seinem Gefühl nach reist er erneut im Hyperrraum; aber kaum hat er das gedacht, hält das Raumschiff schon an und … ihm stockt der Atem.

Vor ihm liegt eine riesige, taghell erleuchtete Stadt, der Himmel glänzt rosafarben, die Luft ist transparent.

Und da ist jemand, der ihn erwartet.

Ein Mann mit resoluten, heiteren Gesichtszügen und einem undurchdringlichen Blick, dessen Silhouette dem weißen Wesen, das er kurz zuvor gesehen hatte, ähnelt. »*Ich habe auf dich gewartet*«, teilt er ihm telepathisch mit. »*Mein Name ist Konr. Du bist hier, um Mars zu besuchen, nicht wahr?*«

»*Ja*«, bestätigt John, verwundert darüber, einen Führer gefunden zu haben. Sie steigen in ein merkwürdiges Fahrzeug, das einem fliegenden Auto ähnelt und sich sogleich über die Häuser erhebt.

Vor seinen staunenden Augen erstrecken sich bis zum Horizont beeindruckend hohe, mit lebhaften Aktivitäten erfüllte Wolkenkratzer.

»*Wir sind auf Nanotechnologie spezialisiert*«, erklärt ihm Konr.

»*Aber ... warum seid ihr unter der Oberfläche des Mars?*«

»*Wir sind unter gar nichts*«, antwortet der andere gelassen.

Sein freundliches und sicheres Auftreten schüchtert John etwas ein; er wagt es nicht zu sagen, aber er denkt an den Weg, den er gerade zurückgelegt hat, an die raue und rötliche Oberfläche, die der von den NASA-Sonden übertragenen ähnelt. »*Diesen Weg hat dein Verstand hervorgebracht*«, teilt ihm sein Führer mit. »*Ihr haltet die Bilder für die Wirklichkeit.*«

Das sind sehr solide Körper, denkt John dagegen, harte Stoffe, Böden, auf denen sich die Sonden bewegen, Maß nehmen und Experimente durchführen. Man hat den Untergrund des Mars untersucht und festgestellt, dass er geologisch aktiv ist und auch sonst dem der Erde ähnelt.

»*Ein Beweis der Nähe zwischen unseren beiden Planeten und der Pforten, die uns verbinden*«, übermittelt Konr und John fragt sich, auf welche Weise sie kommunizieren. »*Die Pforten verändern denjenigen, der sie durchschreitet, und passen seine Kommunikationsweise dem jeweiligen Planeten an*«, fährt der Marsbewohner in seinen Erklärungen fort. »*Die Kommunikation auf der Erde erfolgt bei niedriger Geschwindigkeit, während euer wahrer Geist sich mit schneller Geschwindigkeit bewegt; aus diesem Grund erfahrt ihr ihn als Unterbewusstes, Träume, fragmentarische Eindrücke, die vom Lärm eurer rationalen Gedanken übertönt werden.*«

John lässt seinen Blick bewundernd über die sich endlos unter einem weiten, lichten Himmel ausbreitende Mars-Stadt schweifen. Gebäude von kühner Geometrie und lautlose Lufttransportmittel fügen sich zu einer von intensiver, heiterer Geschäftigkeit erfüllten Choreographie, weit entfernt vom Chaos der Millionenstädte auf der Erde. »*Wir arbeiten nur aus Freude an der Arbeit, und jeder wählt den Rhythmus, der ihm am meisten zusagt und sich harmonisch mit dem der anderen verbindet. Wir sind frei, genährt von der Quelle*«, übermittelt ihm sein Cicerone und zeigt auf den Himmel, der ... wie ein Schleier, besser gesagt, eine Reihe von Schleiern, aufreißt...

Da erscheint, diesmal im Zentrum des Mars, der Kristall aus Licht, die Kleine Sonne, die den Kern der Erde beseelt. Der betörende

Gesang umfängt John mit Ekstase, mit dem Gefühl grenzenloser Einheit, voller offener Pforten, die eine wortlose Kommunikation ermöglichen.

Dann schließt sich der Vorhang wieder und John, der kein Wort herausbringt, aber viele Fragen auf dem Herzen hat, wendet seinen Blick Konr zu. »*Die Quelle ist für alle die gleiche; ihr Erdbewohner glaubt nur an das, was ihr mit euren Augen seht, und seid euch eurer Blindheit nicht bewusst. Das ist der wahre Mars.*« Konr weist auf die sich bis zum Horizont erstreckende Stadt. »*Ihr haltet einen Film für die Wirklichkeit, aber jetzt könnt ihr den Film auswechseln.*« Sein Tonfall ist liebenswürdig, heiter und behutsam.

John verspürt seinem Führer gegenüber tiefe Dankbarkeit und ist voller Bewunderung für die Evolution auf dem Mars, für die lautlosen Transportmittel, die vielleicht ohne ... Motor fliegen.

»Unsere Fahrzeuge bewegen sich mit dem nuklearen KLANG. Das ist seit dem Ereignis möglich, mit dem wir die Schwerkraft besiegt haben.«

»Seit der Katastrophe, Konr?«

»Nein, keine Katastrophe.«

»Die Magnetosphäre und das Wasser sind vom Mars verschwunden!«

Der Marsbewohner lächelt über die vertraute Naivität des Erdenmenschen. »Die Illusion ist verschwunden.«

Auf der anderen Seite der Stadt schimmert das Meer, und Kinder spielen an einem rosafarbenen Strand. Die Ozeane sind nicht verschwunden, und auf dem Mars gibt es Wasser im Überfluss!

»Mars ist aufgestiegen. Die Materie, aus der wir bestehen, ist nicht die, die ihr ›normal‹ nennt; sie ist für eure Augen unsichtbar.«

»Dann brauchen wir also andere Augen!?«

»Nein, eure Augen sind vollkommen.«

John blickt ihn an und hofft auf eine Erklärung. »*Wenn ihr so wie wir die Täuschung hinter euch lassen wollt, müsst ihr eure Gaben einsetzen, euer unbegrenztes Potenzial, das du gerade nutzt.*«

Eine Welle von Liebe und Dankbarkeit erfasst John, der sich wie ein Held beider Welten fühlt. Gleich darauf fragt er sich, wie der Aufstieg des Mars erfolgt ist.

»Es geschah nach Klimaveränderungen und dem Kollaps der Politik. Viele Marsbewohner hatten Angst vor dem Ende und sind in Raumschiffe gestiegen, die bereit waren, sie woanders hinzubringen«, erzählt Konr.

»*Und ... wo sind sie gelandet?*«, fragt John bang, mit dem Gefühl, die Antwort schon zu kennen.

»*Auf eurem Planeten*«, bestätigt Konr. »*Ihr nennt sie Annunaki, die vom Himmel gestiegenen Götter, technologisch weit fortgeschritten, menschlich aber nicht. Da sie überzeugt waren, dass die Ressourcen auf dem Mars zu Ende gingen, sind sie zur Erde geflohen, die zu jener Zeit ein primitiverer Planet war.*«

»*Und haben sich mit den Erdbewohnern vermischt?*«

»*Ja, aber nur zum Teil. Gestützt auf ihre militärische Überlegenheit, haben sie sich stets mit der Macht verbündet und die Gutgläubigkeit, den Fleiß und die Einfachheit der Menschen ausgenutzt.*«

John denkt über die wichtigsten Ereignisse der Menschheitsgeschichte nach. Wann und wo sind diejenigen angekommen, die in den Augen der Menschen wie Götter schienen?

»*Ein Ort ist das antike Babylonien, euer heutiger Irak. Wann, kann ich dir nicht sagen. Wenn man die Pforte vom Mars zur Erde durchschreitet, gibt es einen Zeitsprung.*« Er legt ihm eine Hand auf die Schulter. »*Aber die Vergangenheit ist vergangen, John.*«

»*Wird die Zukunft anders sein, Konr?*«

»*Neu und für die meisten Erdbewohner unerwartet. Was die Technologie betrifft, keine Sorge. Ihr werdet die Technologie haben, die ihr braucht, aber sie wird anders sein als die euch bekannte. Sie wird dazu dienen, das Leben zu erleichtern und Maschinen zu nutzen, ohne von ihnen abhängig zu sein. Ihr seid dazu geschaffen, Künstler, Dichter, Musiker zu sein. Jeder Planet ist ein einzigartiger Abschnitt des Großen Werkes, und die Erde beginnt endlich, ihre Noten zu spielen... Geh jetzt zurück, deine Freunde warten auf dich.*«

John umarmt ihn, Konr erwidert die Umarmung, und mit seinem Lachen kommt eine unerwartete Fröhlichkeit zum Vorschein.

»*Dann war der ganze lange Weg vorher überflüssig?*«

»*Natürlich. Geh hier hindurch, mein Freund.*«

John schreitet durch eine Drehtür und findet sich augenblicklich bei Giulia wieder.

»*Wir dachten schon, du hättest dich auf dem Mars verlaufen!*« Giorgio blickte ihn ungeduldig an, er brannte darauf, seine Erlebnisse zu erzählen. »*Ich habe eine wunderschöne Marsbewohnerin getroffen, die meine Führerin war, und bin mit ihr über eine herrliche Stadt am Meer geflogen*«, erzählte er mit einem gewissen Stolz. »*Es ist nicht wahr, dass es kein Wasser mehr auf dem Mars gibt, wir sehen es nur nicht! Ich habe sie nach der kalten Kernfusion gefragt, und sie hat mich zu einem Labor gebracht, in dem mit Laser dynamische Geometrien hergestellt werden. Eine faszinierende Technologie! Dort haben sie mir auch von einem Ereignis erzählt, das den Lauf ihrer Geschichte verändert hat.*«

»*Mein Führer hieß Julius. Es hat keine Naturkatastrophe gegeben. Die Magnetosphäre des Mars wurde von einer Alchemie ausgelöscht…*« Giulia war in einem … erfüllten Zustand. Ihr war mitgeteilt worden, wie es geschehen war, aber sie konnte es nicht aussprechen, es war wie ein süßes Geheimnis, das früher oder später ans Licht kommen würde.

John erzählte von seiner Reise auf den Mars, und sie wunderten sich alle drei darüber, wie sehr ihre Erfahrungen einander glichen. »*Gut, meine Lieben, es ist fast Mittag, warum machen wir nicht einen Spaziergang zum Petersdom? Und dann gehen wir in das arabische Restaurant im Borgo, da gibt es einen guten Couscous. Was haltet ihr davon?*«

Giorgios Augen lachten.

Die beiden anderen nahmen den Vorschlag gerne an.

Dieser Dienstag im Jahr 2008 stellte einen Meilenstein dar. Am Tag davor hatten sie sich in der Accademia dei Lincei getroffen und waren nach dem Symposium zu Giulia gegangen, wo sie zu Abend gegessen und übernachtet hatten. Am Dienstagmorgen war John in einer irrealen Atmosphäre aufgewacht, nachdem ihn nachts ein Traum in eine weit entfernte Vergangenheit geführt hatte.

Er ist ein Junge, lebt in Anatolien und spielt in völliger Freiheit mit seinen Gleichaltrigen. Giorgio und Giulia sind Erwachsene, die hohe Ämter ausüben.

Er sah in den Spiegel und ... nein, er war ein Mann mittleren Alters mit ungepflegtem Bart und zerzaustem Haar. Er wusch sich das Gesicht und ging in die Küche.

Die beiden anderen waren dabei, das Frühstück zuzubereiten.

»*Good morning, John.*« Giulia sah ihm an, dass er noch nicht ganz wach war. »*Tee oder Kaffee?*«

»*Kaffee, danke... Ich habe etwas Merkwürdiges geträumt, auch von euch. Du, Giulia, warst meine Mutter, und du, Giorgio, vielleicht mein Vater; du warst weise und hast dich um meine Erziehung gekümmert, aber niemand wusste genau, wer mein Vater war...*«

»*...weil die Frauen an der Spitze der Gemeinschaft Priesterinnen-Prostituierte waren*«, beendete Giulia seinen Satz.

»*Die Sexualität war eine heilige Initiation*«, fuhr John in sich versunken fort. Dann fiel ihm auf, was Giulia gesagt hatte. »*Hast du etwa das Gleiche geträumt?*«

»*Nein, aber ich erinnere mich an sie. Es waren Essäer-Gemeinschaften, Laboratorien, die sich mit genetischer Evolution beschäftigten*«, erzählte sie, während sie sich hinsetzte und Tee einschenkte. »*Sie hatten einen Weizen entwickelt, der an jedem Halm doppelt so viele Körner trug, und die landwirtschaftliche Revolution vorangetrieben, dank derer die Nomadenvölker sesshaft wurden. Ja, ich hatte genau die Rolle, die du beschrieben hast, aber es war nicht einfach Prostitution. Es ging darum, die Spezies, darunter die menschliche, zu verbessern.*

»*Das war ein Fruchtbarkeitsritual*«, stellte Giorgio fest, so als wäre auch er dort gewesen; derweil strich er sich Marmelade aufs Brot und reichte seinem Freund das Marmeladenglas.

»*Hm, lecker.*« John aß sie mit ganz neuem Genuss.

»*Und – dein Traum?*«, fragte Giulia.

»*Wir waren zusammen und gehörten zu einer Gemeinschaft, die ein Vorposten einer anderen, sehr viel weiter entwickelten und plötzlich verschwundenen Welt war.*« John sah sich noch immer dort.

»*Atlantis*«, schlug sein Freund vor.

»*Genau, Atlantis... Eine sehr weit entwickelte Zivilisation, die eine uns heute unbekannte Energiequelle nutzte. Man hat keinerlei Spuren gefunden.*« Das betraf sein Wissen als Geophysiker, und seine Reaktion erfolgte automatisch.

Giorgio und Giulia tauschten einen Blick.

»*Sobald du wach bist, reden wir darüber*«, sagte Giorgio.

»*Nur noch zehn Minuten, um uns fertig zu machen*«, fügte Giulia hinzu, die Johns Unruhe bemerkte.

Kurz darauf waren sie im Wohnzimmer. John dachte, sie würden jetzt über Atlantis reden, aber stattdessen verkündete Giorgio, der im Internet war: »*Kohlenstoff verfügt über magnetische Eigenschaften!*«[92]

Giulia zeigte Interesse. »*Und das haben sie erst jetzt gemerkt?*«

»*Es bedurfte höchst raffinierter Technologien, um Kohlenstoff im Reinzustand zu erhalten.*«

Die Drei schweigen, während ihr Geist zum Kristall im Zentrum der Erde schweift, zum lebendigen, pulsierenden, kreisenden Diamanten mit vielfarbigen, sich bewegenden Facetten und schillernden Kristallstrukturen.

Es handelt sich nicht um ein Stück Eisen, wie die Geophysiker sagen.

Seine Essenz ist das Wahre Licht, Musik, die beseelt, und er besteht aus ... reinem Kohlenstoff.

»*Das Zeitalter des Kohlenstoffs beginnt*«, erklärt Giorgio.

Es ist bekannt, dass mit dem Wechsel der Epochen auch das Element wechselt.

Bronze, Kupfer, Eisen.

Im 20. Jahrhundert war auch das Silizium aufgetaucht, das man für Computer einsetzte, aber es hatte das Eisen nicht verdrängt, das weiter für die Herstellung von Waffen und den Erhalt einer krisengeschüttelten mechanischen Industrie benutzt wurde.

92 Durch diese am 4. Mai 2007 in *Physical Review Letters* veröffentlichte Entdeckung wurde der Kohlenstoff in den exklusiven Club der chemischen Elemente aufgenommen, die ein Magnetfeld schaffen. Hierher gehören auch Eisen, Kobalt und Nickel.

»Mit den neuen Materialien zeichnen sich avantgardistische Technologien ab. Wir könnten die Schwerelosigkeit und die Teleportation verwirklichen. Das ungelöste Problem ist der FALL ...«

Giorgio folgte einem Gedankenstrom, der zwar Giulia vertraut war, aber John, der erst wenige Tage zuvor aus den USA angereist war, nicht. *»Meinst du die Vertreibung aus dem Paradies?«*

»Niemand hat uns vertrieben. Für den FALL könnten wir uns frei entschieden haben.« Giulia war ganz gelassen.

John war verwirrt. *»Worüber sprechen wir eigentlich?«*

»Über unsere diskontinuierliche Wahrnehmung«, antwortete sie. *»Die Kirche hat alles auf ihre heuchlerische Moral gesetzt, die Akademien haben das kollektive Bewusstsein verzerrt und die Existenz vergangener, technologisch hoch entwickelter Kulturen aus dem Bewusstsein gelöscht. Aber das grundlegende Problem besteht weiterhin: Warum haben wir unser Gedächtnis verloren und glauben an lächerliche Theorien wie die vom Urknall oder die nie bewiesene, dass wir von den Primaten abstammen?*

»Ich bin auch gegen die Quantenphysik«, schaltete Giorgio sich ein. *»Das beobachtete Universum besitzt keine Realität, wenn die Beobachter, das heißt wir, fehlen. Wer war es vor uns, die Affen etwa? Das Problem ist der Gedächtnisverlust... Er scheint auf eine von den Annunaki im Mittleren Osten vorgenommenen Genmanipulation zurückzugehen. Einige sehr erfolgreiche Bücher sprechen davon und viele glauben, dass dies die Erschaffung des Menschen war...«*

An diesem Punkt verließ John kurz den Raum und kam mit dem Buch[93] wieder, das er gerade las. *»Wenn die Verbindungswege zwischen der Erdoberfläche und dem Kristall rotierende schwarze Löcher sind, könnte der berühmte FALL mit der Geschwindigkeit der Rotation zu tun haben. Vielleicht ist die geringe Geschwindigkeit unserer Spins die Ursache unseres Gedächtnisverlustes.«*

93 John Gribbin, italienisch: *Costruire la macchina del tempo, viaggio attraverso I buchi neri e i cunicoli spazio temporali*, ediz. April 1997. Pubblicato da Bantam, englischer Originaltitel: In Search of the Edge of Time, Bantam Press, 1992

»Ich sehe das auch so wie John. Wenn wir die Einheit der Welten wiederfinden wollen, müssen wir verstehen, was beim Übergang von der einen zur anderen passiert. In Mozarts wundervoller ›Zauberflöte‹ besiegt Sarastro die Königin der Nacht und ist dann die Sonne im Zentrum der Erde. Erinnert ihr euch an die drei Prüfungen, die bestanden werden müssen? Es sind das Schweigen, das WASSER und das FEUER. Das Schweigen aktiviert die innere Kommunikation, und die beiden anderen Elemente sind für die Evolution nötig, für die Entdeckung, dass andere Arten von Materie existieren.«

»Ich habe immer schon gesagt, dass die Götter Heuchler und Lügner sind! Sie hocken auf dem Olymp in der energiereichen Luft, aber sie brauchen uns!« Giorgio war sehr zufrieden mit sich.

»Wir benötigen eine Rückkehr der Jedi«, fügte John hinzu.

»Ich will euch etwas erzählen, was mir passiert ist, als ich neun war«, sagte Giulia. »Ich war in der Kirche, um mich auf meine Erstkommunion vorzubereiten. Ich nahm gegen den Willen meines Vaters, der erklärter Atheist war, an ihr teil. Später habe ich verstanden, dass er eine sehr tiefe Religiosität besaß, aber als Kind hatte ich einen Heidenrespekt vor ihm, und deswegen kniete ich da und betete. Auf einmal wurde ich ohnmächtig und ... befand mich plötzlich in einer anderen Welt. Weiß gekleidete menschliche Wesen umarmten mich. Sie waren wie Engel ... sie strahlten außergewöhnliche Sanftheit und Mitgefühl aus und streichelten mich, als wäre ich ihre Tochter.« Giulias Augen waren feucht. *»Sie waren sehr groß, größer als normale Erwachsene, und im Vergleich zu ihnen war ich so klein wie ein Neugeborenes. Ich fühlte mich wie im Paradies! Dann kam ich wieder zu mir ... leider.«*

»Titanen!« Giorgio hatte die Riesen, die ersten Erdbewohner, immer geliebt.

Prometheus, der rebellische Titan, der sich gegen die göttlichen Gesetze wandte, um den Menschen zu helfen, war genau der gottlose Mann, mit dem er sich oft identifizierte.

»Die Titanen haben mit Atlantis zu tun«, fuhr Giulia fort. *»Das Absurde war, dass erst weißgekleidete Engel um mich waren und ich mich dann in den Armen von zwei schwarzgekleideten Nonnen wiederfand. Ein FALL ... Am Sonntag darauf hatte ich meine Erst-*

kommunion, aber das war nur ein Stückchen Hostie, nichts Heiliges oder Göttliches.«

John sah sie an, als habe auch er schon eine ähnliche Erfahrung gemacht. *»Das heißt, dass nicht ganz Atlantis gefallen ist. Es gibt die Riesen noch.«*

»Ja, diese Welt ist real, lebendig und erfüllt von Sanftheit.«

*****

Im Jahr 2012, ein Freitag im August, Giorgio und John kommen bei Giulia an.

»Endlich seid ihr da!«, empfängt Giulia sie.

»Wir kommen zu spät, aber wir haben alle Lektionen Abschnitt für Abschnitt wiederholt«, entschuldigen sie sich.

Sie umarmen sich glücklich, und als die beiden Männer ins Wohnzimmer treten, sehen sie auf dem Tisch ein merkwürdiges Foto. *»Das ist im Internet aufgetaucht, als die Sonde Curiosity auf dem Mars landete...«*

Die Rückkehr des Königs

»Liebe Freunde, es ist so weit, die Ereignisse überschlagen sich«, teilt ihnen Giulia mit, als sie auf ihrer schönen Terrasse in Rom den vorbereiteten Aperitif trinken.

Am Spätnachmittag dieses Freitags im Sommer 2012 ist die Luft nicht mehr so heiß wie zu der Zeit, als sie in L'Aquila losfuhren. *»Die Politik entpuppt sich als das, was sie ist: Eine Komödie, die sich für viele in eine Tragödie verwandelt.«*

»Und was können wir tun, Giulia?« John ist unruhig.

»Der Welt die königliche Zentralsonne zeigen, die direkt mit unserem Höheren Selbst kommuniziert.«

»Die königliche SONNE ... Die gerechte Gesellschaft ist eine Monarchie.« Giorgio stellt das unter den erstaunten Blicken der beiden anderen fest und widerspricht sich damit selbst: Einst liebte er es, die Autoritäten, ja, sogar die Gesetze der Physik und die akademische Welt herauszufordern.

»Die Gerechtigkeit wird jedoch durch die Tatsache garantiert, dass der KÖNIG kein Mensch ist: Er ist die königliche BOTSCHAFT, die alles Lebendige beseelt und keine parteiischen Interessen vertritt.«

»Das Reich der Fülle!« John ist jetzt etwas beruhigt.

»Die Utopie, die wir verwirklichen können, aber nur, wenn sich unsere Mentalität verändert«, fügt Giulia hinzu. *»Das jetzige System hat keine Zukunft, es wälzt sich in seinen eigenen Illusionen und behauptet, alles drehe sich um ein ökonomisches Problem, und die Lösung liege in der Festlegung neuer Regeln. In Wirklichkeit müssen die falschen Überzeugungen verschwinden.«*

»Zu denen neben vielem Anderen der Glaube gehört, dass sich die Demokratie in Wahlen äußert, die Wirklichkeit im Zweiparteiensystem besteht und Fernsehduelle irgendeinen Sinn haben«, sagt John, der nebenbei die Auftritte von Obama und dem republikanischen Kandidaten in den USA verfolgt.

»Der amerikanische Traum hat sich in einen Alptraum verwandelt, aber Europa hat eine jahrtausendealte Geschichte, wir haben Kriege und wechselnde Regimes erlebt und träumen nicht mehr davon, die

Welt durch die Überlegenheit der Waffen und/oder Märkte zu dominieren.«

»Die demokratischen Prinzipien scheinen richtig zu sein«, wirft John ein.

»Ja, theoretisch redet man davon, dass das Volk der Souverän sei, aber in der Praxis hat eine Handvoll Menschen die Macht inne.« Giulias Tonfall ist entschlossen. *»Die einzige Lösung ist, die Wege der KRAFT zu beschreiten und so die Rückkehr der Kindlichen Sonne zu erleichtern.«*

Die beiden Männer schweigen; sie wissen um die königliche Aufgabe der BOTSCHAFT, aber auch um die Bequemlichkeit und Ängstlichkeit des menschlichen Geistes gegenüber Ihren Fähigkeiten und der Möglichkeit, sie sich zu eigen zu machen.

Die Offenbarung der Kleinen Sonne bedeutet eine noch nie da gewesene Revolution und betrifft sowohl den Himmel wie die Erde, sie beseitigt die falsche Vorstellung von den Grenzen. Und nicht nur das. Sie trotzt auch den ›finanziellen Hindernissen‹, der Überzeugung, dass man Geld braucht, um etwas Gutes für die Welt zu tun. Aber ... für welche Welt?

»Die königliche Botschaft beseelt diese Welt und wirkt von einer anderen Welt aus, auf eine vollkommen andere Weise als die in der Politik und im Fernsehen übliche, doch nur wenige Menschen geben etwas darauf«, John ist skeptisch.

»Nein, in Wirklichkeit sind es viele«, gibt Giulia zurück.

»Wie viele?«, fragt Giorgio.

»Mindestens ein Drittel.«

Die anderen beiden sehen sie fragend an.

Wie kann sie so sicher sein? Ein Drittel ist eine ganze Menge und könnte sich auf die Gesellschaft auswirken.

»Befinden wir uns nicht in einer kosmischen Schwangerschaft? Ein Drittel wird vom Kind eingenommen, ein Drittel von der Gebärmutter, dem Film, der Illusion, die langsam verschwindet, und das letzte Drittel von der Plazenta, die nicht mehr als solche dient, aber trotzdem sehr nützlich sein kann: verwandelt durch die gerade stattfindende nukleare Mutation.«

»33% gehören zum Kind«, flüstert John erleichtert.

Das ist tatsächlich der Anteil derjenigen, die Umfragen zufolge nicht wählen wollen und kein Vertrauen mehr in die Politiker haben.

Die Politiker waren immer schon davon überzeugt, sie wüssten, wie die Dinge gehandhabt werden. In Wirklichkeit haben sie immer nur ihre Eigeninteressen verfolgt und ihre Fähigkeiten gepflegt, geschliffen und ... nichtssagend ... zu reden. Einige mögen seriös erscheinen, aber auch sie fahren auf dem Acheron, wie Giordano Bruno sagen würde, sind Gefangene einer Hölle, in der man von Energiemangel spricht und aus der es keinen Ausweg zu geben scheint.

Das Volk will Glück, Freiheit und Gerechtigkeit, es ist der Kriege und Grenzen, die alle Regimes sich auf ihre Fahnen geschrieben haben, überdrüssig.

Das **Paradies** ist die wahre Realität, voll tänzerischer Leichtigkeit: Wir müssen die nukleare KRAFT, die diese Realität beseelt, die uns beseelt, nutzen.

Das Leben selbst beschleunigt jetzt seinen Rhythmus und schenkt denen, die sich erneuern und zur Wiedergeburt der Welt beitragen wollen, neue Lebensenergie.

Wir wünschen uns Fülle und Wohlergehen für alle.

Wie kommen wir dorthin? Indem wir die Grenzen überwinden und uns eingestehen, dass sie falsch sind, auch die von der Physik auferlegte: die Lichtgeschwindigkeit. Der menschliche Körper besteht aus Teilchen, die eigentlich rotierende Löcher sind, in denen die Geschwindigkeit, einem mathematischen Gesetz[94] folgend, die des Lichtes übersteigt. Die ›Grenze‹ existiert nicht für denjenigen, der aufmerksam ist, sich selbst beobachtet und sein Bewusstsein, seinen Höheren Geist wahrnimmt. In der unmittelbaren Einheit mit der KRAFT ist das die biologische, natürliche Basis einer Organischen Gesellschaft.

»Meiner Meinung nach bedarf es eines traumatischen Ereignisses, einer allgemeinen Katharsis, vielleicht einer Feuertaufe«, überlegt Giorgio. *»Was hältst du von einer globalen Eruption auf dem CMB, John?«*

»Das ist möglich«, der Geophysiker lächelt und denkt an den Nachmittag, an dem er die Unsterblichkeit entdeckt hatte.

94 Siehe *LUH, Il Gioco Cosmico dell'Uomo* von Giuliana Conforto, Uno Editori, 2013.

*****

März 2008, Montag. Nach ihrem Treffen in der Accademia dei Lincei gingen sie zu Giulia. John fühlte sich gleich zu Hause. Große Fenster, eine geräumige Terrasse mit vielen Pflanzen, eine gemütliche Atmosphäre, genau, wie er es sich vorgestellt hatte.

Licht, Bücher und Erinnerungsstücke von Reisen, moderne und antike Möbel und eine gewisse Unordnung schufen ein lebendiges, liebevolles Klima.

John sank in einen bequemen Sessel.

Er war erst vor Kurzem aus den USA angekommen und schloss die Augen, um diesen Moment zu genießen, das Zusammentreffen mit seinen Freunden. Die Stimmung war so, wie er es sich vorgestellt hatte, mit einem guten Schuss zusätzlicher Emotionen allerdings, die er bei sich nicht erwartet hatte.

An der Wand hing ein Poster mit einem berühmten Gemälde von Magritte: es zeigt einen Mann mit Krawatte, dessen Gesicht durch einen Apfel verdeckt ist.

Es hatte ihm immer gefallen.

»*Möchtest du einen Apfelsaft?*«, fragte Giulia ihn.

»*Nein, danke*«, antwortete er, gesättigt von Emotionen.

»*Der Apfel verändert sich, wenn sich der kristalline Kern, deine Kindliche Sonne, verändert. Weißt du, dass wir sie gesehen haben?*« Sie lächelte ihn an.

Er war erstaunt, während Giorgio auf die Uhr sah. »*Uns bleibt genug Zeit für eine Reise. Giulia, sag du es ihm. Du bist die Brücke!*«

John ist verblüfft: »*Worum geht es eigentlich?*«

Sie blickte schweigend in den Himmel, und auch die beiden anderen schwiegen. Dann begann sie langsam zu sprechen. »*Unser Gehirn besitzt ein unendliches Potenzial, innere Sinne, die derzeit nur latent vorhanden sind, aber reaktiviert werden können... Musik kann dienlich sein, während Worte überflüssig sind; man muss es ausprobieren, und wenn du einverstanden bist, probieren wir es aus.*«

»*Natürlich!*« Deswegen war John ja hier.

»*Leg Mozart auf, Giorgio*«, dann wandte Giulia sich an John.

»*Du brauchst nichts Besonderes zu tun, entspanne dich einfach und folge meinen Worten, wenn du willst. Ich werde dich auf eine innere Reise führen. Vielleicht werden Bilder erstehen, vielleicht nicht. Fühl dich frei, das zu tun, was du willst, in jedem Moment, meine Worte sollen dich zu nichts zwingen.*« Es schien ganz einfach zu sein.

John lauscht der Musik und schließt spontan die Augen.

Er taucht ein in ein Meer von prickelnder Energie, die seine Zellen durchdringt. Es ist das Adagio eines Konzerts für Klarinette und Orchester, das er schon kennt, aber die Emotionen sind zart und mächtig zugleich. Er fühlt einen erquickenden Balsam, einen alten Traum, der wieder aufsteigt.

Gedanken und Grenzen schwinden.

Die Musik verblasst, und Giulias Stimme lädt ihn ein, sich in die Luft zu erheben und auf eine imaginäre Reise in Richtung Süden zu begeben. Ohne das geringste Zögern macht sich sein Geist auf den Weg, und als er über das Tyrrhenische Meer fliegt, sieht er die schaumgekrönten Wellen, Inseln und Schiffe unter sich.

Er erreicht die sizilianische Küste und befindet sich über dem Ätna.

Giulias Stimme fordert ihn auf, langsam, aber beständig in den Krater des riesigen Vulkans hinabzusteigen. Es ist nicht leicht, das Vertrauen aufzubringen, aber er folgt der Aufforderung, um ihn herum die Wände aus Lava, über ihm der Himmel.

Er ist etwas beunruhigt und berührt schon fast den glühenden Boden, als sich unvermutet ein Wirbel auftut und ihn verschlingt.

Der Strudel zieht sich zusammen, vielleicht kann er ihn nicht durchdringen. Aber Giulias Stimme ist beharrlich, und dann öffnet sich der Strudel und lässt ihn hinabfallen wie einen Bissen in die Kehle.

John gibt sich den peristaltischen Kräften hin und fällt in eine riesige dunkle Höhle, die von Schwarzem ... sichtbarem ... Licht erfüllt ist. Er schwebt in einem merkwürdigen Raum, in dem nichts nach oben oder nach unten drückt. »*Das ist der Moho Gap*«,[95] denkt der erfahrene Geophysiker und genießt das Fehlen von Gewicht und die ›dunkle‹ Helligkeit. Dann hört er Giulias Stimme, die ihn einlädt, noch weiter hinabzusteigen. Ohne nachzudenken, dreht John sich und bewegt sich in Richtung einer dichten Wand aus Licht. Es ist, als würde er schwimmen, und er hat das Gefühl, dass er sich nach oben bewegt anstatt nach unten. Als er näher kommt, wird die Helligkeit intensiver, sie ähnelt einer weißen, leuchtenden Wolke.

John bemerkt, dass er sich entgegengesetzt der Erdkruste dreht, nach Westen! Dann folgt er Giulias Aufforderung und dringt in sie ein und dort ... eine andere Welt.

Der Himmel ist blau und die Wiesen sind grün, er hat noch nie zuvor so intensive Farben gesehen; Wälder, Bäche und spielende Tiere, eine beruhigende, endlose, leuchtende Natur.

In der Ferne eine Stadt mit futuristischen Bauten.

Er wendet sich dorthin, als er sieht, dass einige Menschen auf ihn zufliegen... Zu seiner Überraschung ist unter ihnen auch seine Mutter, mit ausgebreiteten Armen, jünger, als sie bei ihrem Tode war, mit strahlendem Lächeln. Er sieht sie erstaunt an, und sie teilt ihm wortlos mit: »*Hier sind wir alle glücklich, du musst den Lebenden sagen, dass wir nicht tot sind.*«

»*Aber ... das Licht, wo ist die Sonne?*«, fragt er sich im Geiste, und sogleich zeigt seine Mutter auf den Horizont, der sich auftut wie die Kulisse in einem Theater, hinter der weitere Kulissen erscheinen.

Eine nach der anderen öffnen sie sich.

John kann sie nicht zählen, auch weil ihn eine Vision bezaubert: der Kristall im Herzen der Erde.

Dort ist er, vor ihm, strahlend und herzbewegend, Quelle von Licht und Musik, Gesang und hinreißenden Klängen.

»*Unsere beiden Welten sind dabei, sich zu vereinen, und der Tod wird nicht mehr dasselbe sein ... auch das musst zu erzählen...*«

95 Zu diesem Thema siehe auch IL PARTO DELLA VERGINE, op. cit.

In diesem Moment ruft ihn Giulias Stimme und fordert ihn auf, zum Normalzustand zurückzukehren. John zögert, er ist so glücklich, dass er dort bleiben möchte.

»*Was hast du gesehen?*«

Er erzählte.

»*Ausgezeichnet*«, sagte Giulia. «*Nicht alle sehen bei ihrer ersten Erfahrung so gut.*«

Nach intensiver Forschungsarbeit, experimentellen Daten und Theorien war auf einmal alles ganz einfach und hinreißend. »*Dann ist es wahr! Unser Gehirn ist eine Antenne für den Hyperraum...*«

»*Eine Art Empfänger; sie muss eingestellt werden, damit man ein anderes Programm wählen kann*«, erklärte Giulia.

»*Und der Hades fließt in der Unterwelt ... aber er ist nicht öde, wie die antiken Dichter erzählen*«, fuhr John fort, immer noch tief in seiner Emotion versunken. »*Die Toten sind alle lebendig und glücklich!*«

»*Hast du die Materie bemerkt?*« Giorgio zwang ihn zu Rationalität.

»*Ja, sie ist flüssiger als die, die wir kennen, und es ist, als würde sie von innen erleuchtet, sie ist weich und locker und zart, fast wie Watte... Und als ich in den Mantel eingedrungen bin, habe ich gemerkt, dass seine Bewegung gegensätzlich zu unserer ist, er dreht gegen Westen, während die Kruste nach Osten dreht.*«

»*Das ist eine Bestätigung*«, sagte Giorgio und tauschte einen Blick mit Giulia.

»*Eine Bestätigung wofür?*«

»*Für Halleys Thesen. Der Planet Venus, den wir am Himmel sehen, ist kein realer Körper, sondern ein Abbild, eine holographische Spiegelung des Erdmantels in 3D. Und tatsächlich hat er den gleichen Radius wie der Erdmantel und dreht sich ebenfalls im Uhrzeigersinn*«, sagte Giorgio feierlich.

»*Die doppelte Bewegung entsteht aus der Genialität der Natur, die sich selbst speist und keinen Treibstoff braucht*«, fuhr Giulia fort. »*Die Erde könnte insgesamt auch einen Drehimpuls von Null haben.*«

»*Dann stünde sie still!*«, rief der Geophysiker und dachte an Galileos berühmten, am Ende seines Prozesses gesprochenen Satz: »*Und sie bewegt sich doch.*«

»Wenn wir die doppelte Bewegung verstehen wollen, müssen wir auch die Anti-Körper und die Anti-Universen mit einbeziehen«, erwiderte sie strahlend.

»Die Antimaterie, die von der Zukunft bis in die Vergangenheit reist... Und wirklich, meine Mutter war jünger. Im Hades läuft die Zeit zurück, weil der Mantel sich im Uhrzeigersinn dreht...« »Los, trinken wir einen Aperitif.« Giulia ging in die Küche, und die beiden anderen folgten ihr; sie reichte John eine Flasche Wein. *»Wenn du etwas Brot schneidest, machen wir uns ein paar Häppchen. Wir haben leckere Saucen«*, sagte sie und holte die Saucen aus dem Kühlschrank, um sie aufzuwärmen.

Der Astrophysiker stellte währenddessen die Zutaten für die Nudelsauce zusammen, der Geophysiker schnitt das Brot und genoss die typisch italienische Häuslichkeit, die ihm gefehlt hatte. Dabei klang die soeben gelebte Erfahrung weiter nach. *»Man stirbt also nicht...«*

»Man streift nur sein Bühnenkostüm ab«, bestätigte Giulia.

»Die Erdkruste und der Erdmantel sind dabei zu verschmelzen«, wiederholte er.

»Mit einer Kernfusion, die nicht heiß ist, wie die Astrophysiker sagen!«, frohlockte Giorgio. *»Es handelt sich um eine kalte Kernfusion, die möglicherweise die Antimaterie mit einbeziehen und eine Kombination von Quarks hervorbringen kann, durch die sich die bekannten physikalischen Gesetze verändern.«*

»Wir denken, dass der Mantel aus seltsamer Anti-Materie besteht und folglich keine Schwerkraft besitzt«, sagt Giulia zu John, während sie die Saucen auf dem Herd erwärmt.

»Stimmt, dort gab es kein Gewicht. Die seltsame Antimaterie ... die aus Strange-Antiquarks besteht.« Dem Geophysiker war, als befinde er sich in einem Traum. *»Und auf dem Mond suchen sie nach der seltsamen Materie, die aus Strange-Quarks besteht. Das ist dein Element WASSER, Giorgio!«*

Dieser verließ den Raum, kam mit der Bibel zurück und las aus der Genesis vor:

Dann sprach Gott: »Ein Gewölbe entstehe mitten im Wasser und scheide Wasser von Wasser.« Gott machte also das Gewölbe und

schied das Wasser unterhalb des Gewölbes vom Wasser oberhalb des Gewölbes. So geschah es, und Gott nannte das Gewölbe Himmel.

»Die Erdoberfläche befindet sich zwischen zwei Gewässern!« John war verblüfft, ganz erregt von dieser Entdeckung. *»Und das ist noch nicht alles«*, rief er, sprang auf und breitete die Arme aus. *»Viele andere Kulissen öffneten sich, und am Schluss war ER dort, der Kristall, funkelnd wie eine Sonne.«*

»Und darüber könnten genauso viele Schichten sein«, sagte Giulia mit listigem Blick. *»Vielleicht ist auch die Erdoberfläche ein Spiegel: Das, was unten ist, ist genauso wie das, was oben ist.«*

Der Geophysiker war immer fassungsloser. *»Kernfusion, eine neue Art von Materie und ... die Schwerelosigkeit?«*

»Auf die Auferstehung folgt die Himmelfahrt.«

»Und alles, was wir bis jetzt für real hielten, ist irreal...«

John ließ sich wieder auf seinen Stuhl fallen.

»Die Sonne am Himmel ist ein Abbild der Kleinen Sonne«, Giulia lächelte. *»Die Verbindung zwischen den beiden ist die SCHWARZE SONNE,*[96] *Sol Invictus. Im antiken Persien repräsentierte Zarathustra sie, und im 18. Jahrhundert wird sie in Mozarts Zauberflöte besungen.«*

»Ein schwarzes Loch im Inneren der Erde und ein weißes Loch draußen im Himmel?« John erinnerte sich daran, dass der innerste Kern einen Radius von circa 300 km hat und sich im Zentrum des kristallinen Kerns befindet, dessen Radius 1200 km beträgt. *»Das heißt, man wusste das schon in der Antike! Das Sonnensystem ist voller Löcher!«*

»Löcher oder besser gesagt, rechts-, links-, im Uhrzeigersinn und gegen den Uhrzeigersinn drehende Wirbel. Die Ausgewogenheit der beiden Zeitpfeile liegt in den Welten und im Grunde auch in unseren Gleichungen. Die Physiker wissen das und verstehen nicht, warum immer nur ein Einziger vorherrscht, den wir als Erinnerung an eine rätselhafte Vergangenheit bezeichnen könnten.« Giorgio war wütend und der Debatten zwischen links und rechts, der Privilegien für wenige und der anhaltenden Unterdrückung der großen Mehrheit überdrüssig.

96 Zu diesem Thema siehe auch IL PARTO DELLA VERGINE, op. cit.

»Wir haben das verstanden. Den menschlichen Geist an die Vergangenheit zu binden dient dazu, das Projekt einer völlig neuen, vom Leben schon vorgesehenen Zukunft zu verstecken: Es ist die Z-Form der DNA.«

»Die Form, die den Alterungsprozess und den Weg zum Tod verlangsamt«, sagt Giulia.

»Die individuelle genetische Evolution, die von uns selbst abhängt«, verkündet Giorgio. *»Hast du die Kristalline Sonne gesehen?«*

John nickt. Das Gefühl war noch lebendig.

Der Kristall verbreitet Klänge und einen betörenden Zauber, er ist das Paradies.

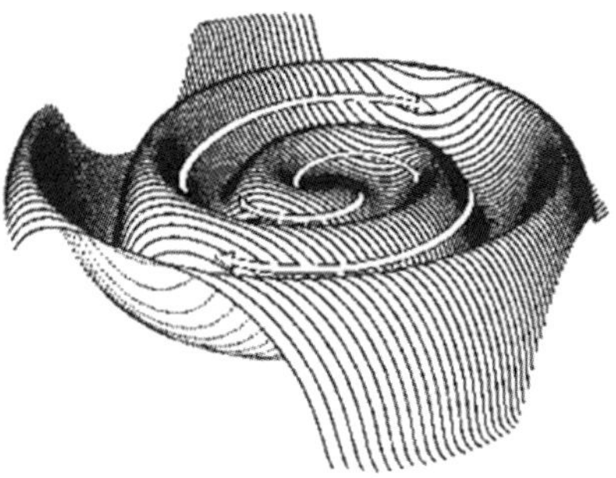

Abbildung 52– ›Zweifach ist die Bewegung der Dinge‹, schrieb Giordano Bruno. **Unten:** *Das antike Symbol der Schwarzen Sonne oder Sol Invictus, die im Mittelpunkt des Mithras-Kults stand.*

Oben: *Die Parker-Spirale. Sie beschreibt die Bewegung des Interplanetarischen Magnetfelds, das vom Sonnenwind gebracht wird. Ein weiteres Indiz für die Doppelbewegung, ähnlich für den innersten Kern,* **unten**, *und das Interplanetare Magnetfeld,* **oben**.

»Die Totenwelt im Erdmantel«, wiederholte der Geophysiker, *»und alle sind glücklich... Der Hades ist kein trauriger Ort, wie so oft behauptet wurde.«*

»Wir sitzen auf einer Schaukel, die zwischen zwei Welten schwingt, der Erdkruste, auf der man altert, und dem Mantel, in dem man jünger wird. Die wahre Identität liegt im Ewigen Feuer-Körper, der hier das Bühnenkostüm, den physischen Körper, trägt und ihn im Hades ablegt, um den ätherischen Körper zu behalten«, erklärte Giulia. *»Wir sind Zellen eines einzigen Ewigen Organischen Universums.«*

»Leute, das funktioniert nicht!« Auf Johns Gesicht legte sich plötzlich Panik. *»Zellen arbeiten alle zusammen, und hier sind wir umringt von Feinden!«* Diese Reaktion war für ihn ungewöhnlich. Giulia beruhigte ihn. *»Das Problem ist die Kommunikation. Unsere Zellen reden nicht und sehen auch nicht fern. Wir können ihrem Beispiel folgen…«*

»Aber … wir werden von Viren geplagt«, warf Giorgio ein.

»Schmarotzer?«

»Schmarotzer und Schlitzohren. Sie schleichen sich in die Kommandozentralen ein und nutzen die Verwirrung des menschlichen Geistes aus; sie verabschieden ungerechte Gesetze und manipulieren die Information…«

»Erinnern sie dich an jemanden?« Sie lächelte. *»Aber es gibt keine Schuld, sie erfüllen ihre Aufgabe und wissen nichts von der Wahren Sonne.«*

»Lies selbst!« Giorgio hielt ihm die Bibel hin, die beim Kapitel 22 der Apokalypse aufgeschlagen war, wo Johannes das neue Jerusalem beschreibt.

»…es wird keine Nacht mehr sein, und sie werden das Licht der Lampen und das Licht der Sonne nicht mehr brauchen…«

John sah seine Freunde traumverloren an.

Dies war ihr Traum, den schon Johannes und viele andere Weise vor ihnen geträumt hatten. Eine Lichtquelle im Zentrum der Erde bringt keine Nacht hervor und eine von innen, von ihren eigenen Kernen erleuchtete Materie macht Lampen überflüssig. Ein neues Universum und eine andere Art von Materie.

*****

Am nächsten Tag, einem Dienstag im März 2008, aßen sie in dem arabischen Restaurant in der Nähe des Petersdoms zu Mittag.

»Die Krise gibt uns die Möglichkeit zu verstehen, dass unsere Schuld aus unserem Glauben entsteht wie unsere Schulden aus unserem Kredit«, sagte der Kernphysiker ruhig.[97]

Der Geophysiker sah ihn erstaunt an. Daran hatte er nicht gedacht.

»Das Projekt ist die Göttlichkeit des Menschen…«, sagte Giulia.

»Das ist Giulias Grundthese Nr. 1.« Giorgio sah sie an. *»Darf ich die Nr. 3 erläutern?«* Sie nickte, und er fuhr fort: *»Die Geburt einer Organischen Gesellschaft, die in der Lage ist, die realen Bedürfnisse zu befriedigen. Das Geheimnis liegt in dem Bewusstsein, dass alle einzigartig sind und zu einem einzigen Organismus gehören. Freude, Zusammenarbeit, Transparenz, fähige Menschen ohne Privilegien an der Regierung, für die Kinder die Förderung der angeborenen Begabungen, in den Medien Transparenz und Freiheit, in der Gesellschaft Würde und hohe Lebensqualität. Eine Welt ohne Grenzen, die Kunst und Musik liebt und die Freiheit des Einzelnen mit einer harmonischen Gemeinschaftlichkeit verbindet.«*

»Das ist fantastisch! Aber, liebe Freunde, die Grundthese Nr. 2 fehlt…« John sprudelte über vor Freude.

»Die müssen wir noch aufstellen«, teilte ihm Giulia mit.

»Es ist der Übergang, den wir in Angriff nehmen müssen.«

»Das Ergebnis ist wundervoll, also bin ich dabei«, sagte John überzeugt. *»Was ist nötig, um ihn zu verwirklichen?«*

»Der Gral«, antwortete sie.

John war enttäuscht. *»Niemand hat ihn je gefunden…«*

»Es handelt sich nicht um einen Gegenstand; es handelt sich um eine ins Unterbewusste zurückgefallene Funktion, die wir jetzt wieder auf eine bewusste Ebene bringen können.«

»Und wie soll das gehen?«, John sah sie unschlüssig an.

»Indem man seinen Emotionen Ausdruck verleiht. Das ist einfach«, antwortete sie.

»Mit den Emotionen, das ist schwierig…«, überlegte er.

Giorgio hob sein Glas: *»Auf die neue Welt.«*

In der Zwischenzeit kam der Kellner mit dem dampfenden Couscous und einem leisen Lächeln im Gesicht. Bernsteinfarbene Haut,

---

97 Wortspiel, ital. Credito heißt sowohl finanzieller Kredit als auch Glaube, Überzeugung, ital. Debito bedeutet sowohl finanzielle Schulden als auch Schuld (Anm. d. HG.).

ein edles Gesicht, hochgewachsen. *»Die wollen viele«*, sagte er in perfektem Italienisch.

»Ägypter?«, fragte Giulia.

»Ja, aus Kairo.«

»Von Kairo nach Rom«, bemerkte John.

»Wie Kleopatra«, antwortete der geschichtskundige Kellner freundlich.

»Ägypten ist die Wiege der Zivilisation«, bemerkte Giorgio.

»Ja, einst war das so... Dann kam Julius Cäsar, und die Bibliothek von Alexandrien wurde in Brand gesteckt.«

»Aber ... nicht von ihm«, warf Giulia ein.

»Nein, natürlich nicht, das war nur Spaß. Dafür war nicht das Rom Julius Cäsars verantwortlich, sondern das der Bischöfe. Viele Brände und viele Täter haben die antike Weisheit ausgelöscht.«

»Wir arbeiten daran, sie wiederzufinden«, erzählte ihm Giorgio.

»Das wünsche ich mir von Herzen. Guten Appetit.« Mit einer leichten Verbeugung und einem freundlichen Lächeln zog sich der sprachgewandte Kellner zurück.

»Die Pyramiden wurden von den Atlantis-Göttern gebaut, sie wussten, wie man die Schwerelosigkeit nutzt und konnten so riesige Steine wie Federn heben«, sagte Giulia.

»Herodot berichtet von einem großen Felsentempel unter der Sphinx, der durch einen unterirdischen Gang mit einem See verbunden war, auf dem sich eine Insel befand«, fügte Giorgio hinzu, *»aber man hat ihn nie gefunden.«*

»Das war ein Stargate, ein Sternentor, das damals Ägypten mit der Antarktis verband, der von Ozeanen umgebenen Insel«, teilte John ruhig mit, ohne zu wissen, woher er das wusste.

Wenig später waren sie mit dem Mittagessen fertig und verabschiedeten sich von ihrem Kellner, der ihnen erzählte: *»Hier in Rom gibt es viele Ägypter, und wir wünschen uns Freiheit für die Länder des Mittelmeers, unseres gemeinsamen Meeres.«*

»Wir sehen uns sicher wieder.« Giorgio gab ihm seine Visitenkarte, und der Kellner gab ihm die seine. Er lehrte Fremdsprachen an der Universität. *»Wir sind die Freunde aller friedliebenden Völker, einschließlich der Israelis und Palästinenser«*, sagte er in seinem eleganten Italienisch.

Jenseits von Gut und Böse

»*Niemand wird die Augen zum Himmel erheben*«, schrieb Giordano Bruno, als er die Zeiten ankündigte, die auf das große Ereignis[98] hindeuteten. Im Jahr 2008 war die Finanzkrise noch nicht so offensichtlich, und in der Tat saßen alle vor dem Fernseher.

Die wenigen, die den Himmel betrachteten, sahen ... die Chemtrails. Es hieß, sie würden von Militärmaschinen verbreitet. Was sollten sie verbergen? Ist der Himmel nicht der leere Raum, der uns von einem leblosen Universum trennt? Der Mond treibt wie ein Boot im Spiel der Wellen und birgt viele Geheimnisse; er ist zu groß für seine Umlaufbahn und hält sich nicht an das universelle Gesetz der Schwerkraft.

Sind die mit der Apollo-Mission wirklich dort gelandet?

Vielerorts im Internet wurden daran starke Zweifel geäußert.

Giulia hatte sich in diese Forschungen noch nicht eingearbeitet, und Giorgio und John fragten sich nach dem wahren Grund für diese merkwürdigen Missionen.[99]

Giorgio – »Emotionslose Aliens«

Gebiete ohne elektromagnetisches Feld sind ohne Zeit.[100] Wenn es nicht einmal die andere, die schwache Seite gibt, sind sie auch ohne Leben, aber jemand könnte dort hineingestürzt sein. Diese ›Gefallenen‹ wären ›ewig‹, gierig nach Emotionen und krankhaft an den Emotionen der Menschen interessiert. Völlig skrupellos schaffen sie Leid und Abhängigkeit und benutzen Religionen und Regierungen, um Unterdrückung, Wut und Gewalt hervorzurufen. Vielleicht sorgen sie auch für die blutigen Ereignisse, die jeglichen Friedensprozess verhindern. Die Tatsache, dass dies immer häufiger passiert, bedeutet, dass sie verzweifelt sind. Wenn sich die beiden Schichten, die Schirme, verschieben, kommen die Raumschiffe zum Vorschein,

98 In der ›hermetischen Klage‹ seines Buchs *Austreibung des triumphierenden Tieres*.
99 Detailliertere Informationen in *Il Parto della Vergine*, op. cit.
100 Das beweist Einsteins Spezielle Relativitätstheorie.

und der Glaube an die Trennung entpuppt sich als das, was er ist: eine große Täuschung!

»Warum fallen bloß alle darauf herein? Die Zwillingstürme in New York stürzen ein, und alle Regierungen schicken ihre Truppen nach Afghanistan, ohne nachzuforschen oder zu diskutieren!«

»Es gibt eine Geheimregierung, die sie alle steuert, mit dem Willen, die Menschheit über Angst und Konflikte in der Sklaverei zu halten. Je mehr Kriege du führst, desto mehr sind die Menschen gezwungen aufzumarschieren, zu kämpfen, zu leiden und von der Macht abhängig zu sein.«

»Die eigentliche Verschwörung ist die Unterscheidung in Gut und Böse.«

Mit dieser Erklärung wandte sich John wieder seiner geliebten Kindlichen Sonne und der faszinierenden Idee von der Kosmischen Schwangerschaft zu. Wenn das die Realität ist, die sie verstecken wollen, ist es ihnen zugegebenermaßen gut gelungen. Weihnachten, an dem alle bessere Menschen werden, hat seine ursprüngliche Bedeutung verloren.

Die Kosmische Schwangerschaft währt zweifellos länger als die Geschichte der Menschheit, aber früher oder später muss sie mit der Geburt enden.

Diese Idee ließ ihn an das ungeborene Kind denken.

»Das Plasma ist ein flüssiger Kristall und besitzt bewegliche Zellstrukturen, die denen unseres Blutes ähneln«, überlegte er.

Vielleicht sind wir eins mit dem Kind.

John – »Außerirdische mit Emotionen«

Und wenn das Kind eigene Beobachter hätte? Gibt es eine *Beziehung* zwischen uns, die wir in der Überzeugung, allein zu sein, auf der sichtbaren Oberfläche der Erde leben, und möglicherweise ebenfalls hier lebenden Bewohnern, die wir aber nicht sehen können? Wenn es sie gäbe, wären auch wir Außerirdische, aber für Emotionen empfänglich, Teil einer Welt mit anderen Gesetzen, vielleicht Teil der **Kosmischen Schwangerschaft,** und folglich würde uns ein großes Ereignis erwarten: die Geburt.

Giorgio »Re: Außerirdische mit Emotionen«

Ich habe es überprüft, und deine These ist mehr als wahrscheinlich. Unsere Zellkerne haben die gleiche Wellenlänge wie das extreme Ultraviolettlicht. Es gibt eine Synergie unserer Zellen mit der Plasmasphäre. Sind wir einheimische Außerirdische?

Ja, aber in einer Welt, die von Aliens beherrscht wird.

Im Anhang das Bild eines Kohlenstoffmoleküls, das einem Fußball ähnelt: Diese Form wiederholt sich in jedem Maßstab und könnte die des beobachteten Universums sein, folgt man den mit den Daten der Raumsonde WMAP[101] durchgeführten Studien.[102] Es wird ›Fulleren‹ genannt.

Vielleicht ist es die Form der Kosmischen Gebärmutter.

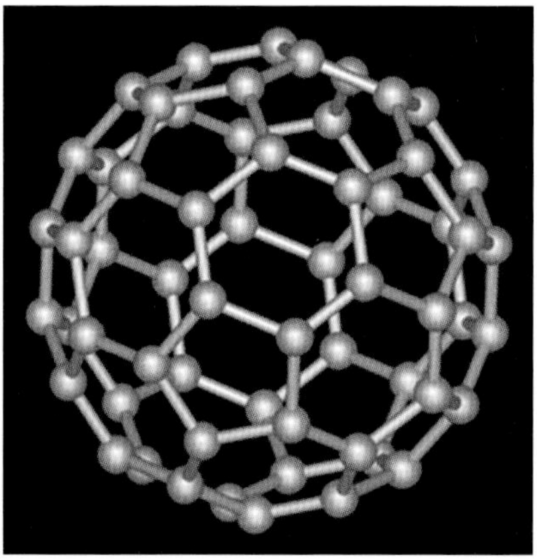

Abbildung 53 – Ein Fußball, der in unserem Körper stecken könnte: ein Fulleren, ein Molekül mit 60 Kohlenstoffatomen (es existieren auch Fullerene mit 540 Kohlenstoffatomen). Sie werden wegen ihrer Supraleitfähigkeit in der Bio- und Nanotechnologie eingesetzt.

Giorgio – »Re: Die Kosmische Gebärmutter«

Die Kohlenstoffmoleküle gibt es ja auch in unserem Körper.

Haben der Mensch und das Universum also eine übereinstimmende Form?

Schon Hermes Trismegistos hatte gesagt: »*Wie im Großen, so im Kleinen.*«

101 Der WMAP (Wilkinson Microwave Anisotropy Probe) ist ein NASA-Satellit, der die Strahlung in Mikrowellen misst. Er wurde im Juni 2001 in seine Umlaufbahn gebracht.

102 Leiter der Studien über die Form des Universums ist Jean-Pierre Luminet, ein Astrophysiker des Observatoriums in Paris-Meudon und Autor zahlreicher Bücher.

Aber mit den Fullerenen könnte der menschliche Körper gesünder sein und arbeiten, ohne zu sehr zu ermüden.

Die Fullerene sind Supraleiter, sie verschwenden keine Energie, sie könnten den schwachen Klang erweitern...

Und wenn unsere Körper zu Supraleitern würden?

Giorgio hatte eine Eingebung. Die komplexe Form unserer organischen Moleküle hat eine spezielle Aufgabe: die eines **Klangkörpers**.

Dieser reflektiert das Feld oder besser gesagt, den **Schwachen Klang**, so viele Male, bis dessen sehr hohe Frequenzen auf allen niedrigeren Ebenen nachklingen. Giorgio lebte in L'Aquila, einer Stadt, in der die Musik sehr geliebt wurde, und war fasziniert von der möglichen Beziehung zwischen Musik und Geometrie. Für ihn waren die wirklich Unzertrennlichen in der Natur die **Musik** und die **Geometrie**, was auch die einfachen Moleküle bewiesen.

Diese schon in der Antike von Pythagoras erkannte und dann von den Mathematikern der Moderne[103] bestätigte **Beziehung** kann sich weiterentwickeln. Wenn unsere Moleküle anstatt einfacher Kohlenstoffmoleküle Fullerene enthielten, würde der Klang noch öfter reflektiert, vielleicht so oft, dass unsere Beziehung zum Eros ein Dauerzustand würde, anstatt nur einen flüchtigen Moment lang zu bestehen. Während die Regierungen sich mit der ›Krise‹, die Kirche mit dem nie eintretenden Seelenheil und einige geistige Führer mit sinnlosen Gebeten beschäftigen, bietet uns die Natur eine elegante Lösung, um Mensch und Universum auszusöhnen: neue Moleküle, die sehr viel komplexer sind als die früheren.

John – »Ist die Gebärmutter ein Fußball?«

Also spielen die beiden Kernkräfte, die **schwache** und die **starke**, mit den Fullerenen unseres Körpers Fußball?

103 Siehe zum Beispiel die Arbeiten von J. Fourier (1768-1830).

Giulia – »Das Fußballspiel«

Und zu treffen heißt, den Ball ins Tor, das Kohlenstoffmolekül an die richtige Stelle zu bringen, so dass sich die Proteine richtig[104] falten. Das Spiel wird zwischen **Eros**, der sich ausdehnt und angreift, und **Thanatos**, der sich zusammenzieht und verteidigt, ausgetragen. Wäre es ein schönes, sauberes Spiel, könnte jedes Tor eine neue Faltung schaffen und die Kommunikation zwischen den Zellen verbessern.

Bei den Molekülen funktioniert dieses Spiel.

Aber bei den Menschen – um Himmels willen! Die Literatur ist voll von Tragödien über den fortwährenden Kampf zwischen **Eros** und **Thanatos**. Aeneas und Dido, Tristan und Isolde, Paolo und Francesca, Romeo und Julia... Und in der Gesellschaft? Vielleicht zeigt der Kampf sich in den absurden Kriegen, der Gewalt in den Fußballstadien, der fanatischen Begeisterung für eine Mannschaft und dem Hass gegen die andere?

Giorgio – »Das Organische Spiel und das listige Spiel der Macht«

Ziel des Organischen Spiels ist es, so viele Tore wie möglich zu schießen, um die Anzahl der Proteinfaltungen zu erhöhen, die Kommunikation zwischen den Zellen und die Gesundheit zu verbessern.

Die Macht hingegen spielt mit dem Ziel, Angst hervorzurufen, um das Organische Spiel zu behindern und den Organismus krank zu machen.

Das Spiel ist umso gesünder, je schneller die Bewegungen sind. Die Macht lähmt sie und scheidet die Sieger von den Besiegten. Was passiert, wenn alle Kriege geführt und die Völker dahingemetzelt sind? Die Regierungen schließen Abkommen miteinander ab.

Giulia – »Das Videospiel«

Das Spiel der Macht ist jede Art von Unterscheidung, vor allem die scheinbare zwischen Himmel und Erde. Wenn der Weltraum ein

104 Die Faltung der Moleküle geschieht in unseren Zellen. Sie ist für die Biologie ein Rätsel, auch weil sie raffiniert und präzise und keinesfalls zufällig ist. Die Medizin hat eine Reihe von Krankheiten entdeckt, die auf eine falsche Faltung zurückzuführen sind.

Spiegelkabinett ist, befinden wir uns in einem Videospiel. Das sagen auch die Topologen, welche die polyedrische und fraktale Struktur von Spiegeln berechnet haben: Das Ganze ist wie ein Videospiel.

Ein Raumschiff, das rechts vom Bildschirm verschwindet, taucht links wieder auf. Für seine Besatzung scheint der Raum unendlich zu sein, aber für die Spieler draußen ist er endlich und sehr viel kleiner, als wir bis jetzt angenommen haben.

»*Und gehören wir zur Besatzung des Raumschiffs, oder sind wir die Spieler des Videospiels?*« Giorgio hatte eine Skype-Verbindung zwischen ihnen hergestellt.

»*Beides. Im Raumschiff sind wir in einem Spiel, das immer gleich bleibt, als Spieler können wir es verändern. Um dies zu tun, dürfen wir uns aber nicht auf die Videospur beschränken, sondern müssen auch die Tonspur miteinbeziehen.*«

»*Und was für eine Tonspur! Eros und Emotionen!*« John war glücklich.

*****

Ende Januar 2008 kehrte Giulia nach Rom zurück.

Giorgio besuchte sie, sobald es ihm möglich war; er hatte seinen Computer dabei, um ihr die vier Elemente und ihre Verbindung zum Standardmodell zu zeigen.

Dabei geht es nicht um eine naive Auffassung von Astrologie, sondern um einen triftigen Anlass, die Astronomie völlig zu überdenken, sie vielleicht sogar vollkommen umzukrempeln. »*Es gibt vier unterschiedliche, aber nicht weit voneinander entfernte Universen.*«

Giulia wunderte sich nicht. »*Ja, in ihnen herrschen unterschiedliche physikalische Gesetze, aber ähnliche Formen. Wir sind in der Welt, die wir sehen, und gleichzeitig in den anderen Welten, die wir nicht sehen: Wir haben vier Körper.*«

»*Was!!? Wir sind über vier Universen verteilt?*«

»*Wir haben drei Körper aus drei verschiedenen Materien und mit drei Zeiten, die alle sterblich und in ihre natürliche Umgebung eingebettet sind. Ewig ist allein der aus Bosonen bestehende Feuer-Körper. Also könnten Götter, Titanen und Menschen einfach unterschiedliche Teile unseres Selbst sein, Teile, die sich bekämpfen, weil sie den WEG in die Ewigkeit nicht kennen.«*

»Der Feuer-Körper... Giordano Bruno sprach davon.«

Er erzählte es sogleich auch John. Nicht nur die Erde, auch der Mensch kann vier Körper besitzen.

»Und wo sind die anderen?«

»Sie stecken ineinander. Wie im Film!«

»Das klingt wie Science Fiction, Giorgio.«

»Stimmt aber mit der Wissenschaft, mit dem Standardmodell überein.«

Während sich John in den USA mit der neuen Hypothese, die das süße Aroma der Unsterblichkeit besaß, vertraut machte, setzten Giulia und Giorgio ihre Treffen fort.

»Der Astralkörper besteht aus dem Element LUFT, dem Universum der Götter, die oft falsch und lügnerisch sind«, sagte Giulia.

»Wie die Politiker«, kommentierte er.

Mittlerweile trafen sie sich einmal die Woche. Giorgio kam nachmittags aus L'Aquila und übernachtete bei Giulia. Er fühlte sich in ihrer großen Wohnung wie zu Hause, ihm stand das Zimmer ihrer Kinder, die in England studierten, zur Verfügung.

Eines Abends verspürte er, als sie gefühlvoller Musik lauschten, eine außergewöhnlich intensive Energie. Eine nie gefühlte Klarheit, die Begegnung mit einer sehr alten Freundin. Hatten sie sich in diesem Leben verabredet?

Sie stehen auf und umarmen sich.

Draußen die Stille der Nacht, im Raum der Klang eines Impromptu.

Ereignisse, Träume, Aktionen und Wünsche verweben sich mit unterschiedlichen Rhythmen, Hyperbeln werfen die Parabeln um, die Erinnerung an vergangene Zeiten reist in Raumschiffen, Szenen von Atlantis und Lemurien überschneiden sich mit dem glückseligen Lächeln der Riesen, der Titanen, die die Menschen lieben.

Das Gefühl unendlicher Freiheit verbindet sie mit Allem und lässt alle Grenzen schwinden. Das Zimmer hat keine Wände mehr, wie in einem Lied ist überall Himmel, die Sterne inspirieren und konspirieren in liebevoller Eingebung.

Das ist Eros, die natürliche Gemeinschaft mit dem unendlichen Universum.

Liebe und Freundschaft, Teilnahme, Respekt und feine Bewegungen strömen ohne Hindernisse: Die Universen richten sich harmonisch aus, und Eros schwillt in den beiden wie eine sanfte, süße, mächtige Welle heran.

»*Giulia, darf ich?*«, fragt er sie und sieht ihr in die Augen. Sie sagt Ja. Den Liebesakt begleitet eine neue Schwingung der Freiheit, er ist sinnlich und erfüllt von einer Freundschaft, deren Echo sie durch die Jahrhunderte begleitet. »*Mit welchen Körpern haben wir uns geliebt*?«

»*Mit allen*«, antwortet sie lachend und küsst ihn.

*****

John – »Die Magnetosphäre der Erde verschwindet«

Außer der Schicht von Antiprotonen, die gemeinsam mit den Protonen des inneren Van-Allen-Gürtels[105] verschwinden, gibt es noch ein weiteres Phänomen, das den *Apfel* auslöschen könnte: das interplanetarische Magnetfeld oder IMF *(Interplanetary Magnetic Field);* es ist zehnmal größer als die Erde, bewegt sich durch das gesamte Sonnensystem und kehrt seine Nord-Süd-Polarität alle zwei bis drei Minuten um!

Es ist bekannt, dass die Felder Kräfte sind, die Bewegung hervorbringen. Die Wirkung eines nach Norden gerichteten Magnetfelds wird von einem anderen, das nach Süden gerichtet ist, aufgehoben.

Die NASA-Experten sagen, dass das IMF, wenn es nach Süden gerichtet ist, die nach Norden gerichtete Magnetosphäre der Erde aufhebt. Ich frage mich, was passiert, wenn auch das mächtige Magnetfeld der Sonne, das bis jetzt nach Norden gerichtet ist, sich nach Süden wendet. Das passiert nicht mehr besonders regelmäßig, aber

105 Die Antiprotonen-Schicht kommt auf Seite 64 zur Sprache.

im Allgemeinen kehrt es sich alle elf Jahre um; die letzte Wendung geschah 2001 und die nächste wird für Mai 2013 vorhergesagt.

Giulia – »Re: Die Magnetosphäre verschwindet«

John, du musst zu uns kommen. Wenn der Klang und der Gesang deines Sonnenkindes das Wahre Licht sind, ist der Kontakt zwischen uns entscheidend wichtig. Du bist das fehlende Glied, und nur mit dir können wir eine neue Synthese finden.

Giulias unerwartete Liebeserklärung berührte Johns Herz, der sich fühlte wie ein geliebtes Kind, das frei spielen und alle Fragen stellen darf.

»*Und die Theorie, der zufolge das Universum 11 Dimensionen hat? Das ist die Anzahl der Spieler einer Fußballmannschaft*!«

»*Es sind mindestens 22, John! Laut physikalischem Gesetz muss es spiegelbildlich zum sichtbaren Universum ein Zwillingsuniversum geben.*«

»*Und sie spielen mit unseren Kohlenstoffmolekülen Fußball?*«

Besser als *Star Trek*, dachte John, der die Frage eigentlich aus Spaß gestellt hatte.

Giulia – »Atome, Moleküle und Extradimensionen«

Ich habe lange über die Extradimensionen geforscht.[106] Für mich sind **Atome** winzige **3D-Monitore**, Terminals der Leitungen, aus denen der Cyberspace, das kosmische Web, besteht. Die Atome können die **Photone**, die Lichtquanten, und die **Phonone**, die Schallquanten, empfangen, aber nicht übertragen, solange sie getrennt sind. Um die Phonone zu empfangen und zu übertragen, bedarf es organischer Moleküle wie der **Proteine.** Diese aus zehntausenden von Atomen bestehenden, komplexeren Monitore besitzen die Fähigkeit, die für die Ausübung ihrer Funktionen notwendigen Formen hervorzubringen. In den Proteinen findet die **Morphogenese** statt.

106 Extradimensionen gehen über die vier bekannten Dimensionen – drei des Raums (Breite, Länge, Höhe) und eine der Zeit – hinaus. Die vier bilden den *Chronotopos* oder die *Raum-Zeit*.

Abbildung 54 – Die Derwischtänze der Sufi können die Pirouetten der Quarks darstellen, die die Ursache der Morphogenese sind.

Die **organischen Moleküle** besitzen Qualitäten, die denen der winzigen Atome überlegen sind. Die **Zellen** sind komplexe Zentralen und die **endokrinen Drüsen** sogar noch mehr, sie setzen jede Nacht Hunderte von Hormonen frei, emotionale Moleküle, die unsere Stimmung beeinflussen. Es handelt sich um rotierende **weiße Löcher**, aus denen immer weiter neue organische Materie strömt. Es gibt eine **organische Hierarchie**, die an die Komplexität der Funktionen gebunden und frei von Privilegien ist. Das ist die wahre Gerechtigkeit, die **Gleichheit** und **Verschiedenheit** umfasst.

Und so schenken uns die Bewegungen eine Art von Kommunikation, die reich an Emotionen und auf mindestens 22 Dimensionen übertragen ist. Sie sind es, die wir auf unterschiedliche Weise wahrnehmen:

• 4 für die Raum-Zeit, die Matrix, die sich unseren Augen zeigt, das heißt, unsere sichtbare Welt;

• 4 für den *Cyberspace*, der uns augenblicklich verbindet;

• 14 sind ›aufgerollt‹ und breiten sich entlang der vielen Leitungen aus, die uns mit der Matrix verbinden, vielleicht sind es die in der Überlieferung *sieben Tugenden und sieben Todsünden* genannten Charakterbewegungen.

John – »Re: Extradimensionen«

Giulia, vielen Dank, aber ich komme nicht mehr mit! 22 Dimensionen allein für die normale Materie? Und was passiert, wenn wir auch die anderen Elemente berücksichtigen? Ich warte darauf, euch in Rom zu treffen, um in den mehrdimensionalen Raum zu reisen.

Dann schaltete John den Computer aus und ging in den Wald joggen. Manchmal hatte er großes Heimweh nach Rom, seiner Geburtsstadt, aber die weite Natur in den USA, die gleich hinter seinem Haus begann, entschädigte ihn zum Teil. Das Joggen half ihm dabei, die trüben Gedanken aus seinem Gehirn zu vertreiben.

Als er leichtfüßig durch den Wald lief, verspürte er eine Eingebung, eine Einheit, eine Art heitere Gewissheit.

»*Es ist ein Spiel.*«

Es war die sehnsuchtsvolle Stunde vor dem Sonnenuntergang und das Licht sickerte durch das Blattwerk, ließ Schatten und schräge Strahlen tanzen und ein seltsames Gefühl von Unwirklichkeit entstehen…

Er legte sich auf den Boden und sah durch die Zweige hindurch in den Himmel. Ihm war ein Wirbel erschienen, der alles umgekehrt hatte, nun war der Himmel unten und er oben, und er hatte das deutliche Gefühl, ganz alleine im Universum zu ein.

Alles war sein Werk…

»*Es steigt mir wohl langsam zu Kopf*«, dachte er.

Auf dem Rückweg rollte ein Fußball vor seine Füße, den einige Jungen geschossen hatten, die auf der anderen Straßenseite spielten. Sie gestikulierten, er solle den Ball wieder hinüberschießen. John hob ihn auf und sah ihn sich aus der Nähe an: 32 hexagonale und pentagonale Seiten. ›*32 sichtbare Seiten, macht mit dem Zwillingsuniversum 64 … Die gleiche Anzahl*[107] *wie die Hexagramme des I Ging!*‹, dachte John.

Als er nach Hause zurückkam, entschied er, sich nicht an den Computer zu setzen und ging hinaus, um den Garten zu gießen.

Es war Vollmond.

107 Das ist auch die Anzahl der Dreierkombinationen der vier Basen der DNA.

Und wenn das Universum tatsächlich ein rotierendes Polytop über unseren Köpfen wäre? Dann befänden wir uns in einer dunklen Höhle und würden von zwei starken Scheinwerfern, der Sonne und dem Mond, geblendet!

Eine Bühne?

Die Stimme sagte Ja.

Er schlief auf dem Sofa in seinem Arbeitszimmer ein, wie meistens, seitdem er festgestellt hatte, dass ihn das Ehebett aufregte und nicht im Geringsten erregte.

Im Traum war das gleiche Bild immer wieder aufgetaucht.

Gegen Ende der Nacht, etwa um drei Uhr, wachte er mit diesem geistigen Bild auf: Eine Spiegeltür öffnet und schließt sich und dreht sich dabei sehr schnell.

Hinter der Tür … die Zukunft.

»*Das Spiel verlangt jetzt einen Sprung in die Zukunft*«, mit dieser Gewissheit wacht John am nächsten Morgen auf.

Das Super-Keyboard

Mitte Februar 2008 hatte Giorgio ihn aus L'Aquila angerufen und in einem gleichzeitig beunruhigten und überraschten Tonfall gesprochen. »*Ich habe mich geirrt, es gibt nicht vier, sondern sieben Elemente!*«

»*Wie im Notensystem...*«

»*Sieben Wochentage, sieben Sünden, sieben Tugenden.*« Giorgio klang, als wolle er sich entschuldigen. »*Das Standardmodell zeigt normalerweise nur den Teil der Familie, der aus Materie besteht. Aber es muss auch noch den Zweig aus Antimaterie geben. Das FEUER ist der Vater, aber die drei Kinder sind in Wirklichkeit drei Zwillingspaare, drei Gruppen von Teilchen und drei Gruppen der entsprechenden Antiteilchen. Im ganzen 24. Und das ist kein Märchen, sondern man hat sie alle bereits im Labor entdeckt.*«

»*Dann gibt es nicht nur vier Welten, wie Halley sagte, sondern sieben!*«, rief John, der nicht mehr wusste, wie er die anderen unterbringen sollte.

Mit Zwillingsuniversen, Extradimensionen, Eingebungen, inneren Regungen und großem Wissensdurst erweiterte sich das Panorama immer mehr und ... wurde immer verworrener. John wollte fast schon aufgeben, was gar nicht zu ihm passte.

»*Giulia sagt, dass es unendlich viele Welten gibt und die sieben Elemente nur die Grundakkorde sind. Sie glaubt, dass jeder Körper eine einzigartige und spezielle Kombination aller sieben Elemente ist; ich blicke da noch nicht ganz durch. Ruf sie an, wenn du willst, sie ist in Rom.*«

»*Hallo Giulia, ich habe die Neuigkeit gehört: unendlich viele Welten.*«

»*Nun, das hat schon Giordano Bruno gesagt, es ist keine Neuigkeit; die wichtigsten sind allerdings die sieben Grundakkorde.*«

»*Und die Welten, die wir sehen, was machen wir mit denen, Giulia? Wenn sie unendlich sind, was ist dann mit dieser schönen blauen Kugel, die wir bis jetzt Erde genannt haben?*«

»*Sie ist doch bloß ein optisches Bild oder vielleicht eine Zusammenstellung von Aufnahmen, welche die drei Astronauten der Apollo 17 gemacht und womöglich sogar mit Photoshop bearbeitet haben. Und sieh an, die NASA schreibt allen drei Astronauten die Rechte an den Bildern zu. Die wirkliche Wirklichkeit besteht aus Bewegungen, nicht aus Bildern.«*

»Aber die inneren Schichten der Erde sind keine Bilder, Giulia! Das ist jedes Mal ein abrupter Wechsel von Fahrzeug und Geschwindigkeit, vielleicht auch von Temperatur oder der Art von Materie.«

»Unterschiedliche Kombinationen der sieben Elemente… Ja, ich kenne die Thesen Halleys, und ich stimme darin mit ihm überein, dass die inneren Schichten den vier ›terrestrischen‹, erdähnlichen Planeten entsprechen, wie er sagt. Uns fehlt aber der innerste Kern.«

»Nun, dann fehlen uns auch die gasförmigen Riesenplaneten, Jupiter, Saturn, Uranus…«, sagte John nüchtern.

»Sie könnten Teil der Plasmasphäre sein…«

»Aber die Plasmasphäre ist hier, und Jupiter ist weit weg!«

»Wenn wir uns in der Mitte eines Himmelsgewölbes befinden, das sich aus Spiegeln zusammensetzt, existieren die Entfernungen nur scheinbar. Dann handelt es sich bei den Planeten um Bilder, um von den Spiegeln geschaffene Hologramme.«

John schwieg und dachte an seinen Traum.

»Der Asteroidengürtel zwischen Mars und Jupiter könnte ein Spiegel sein.« (Abbildung 50, Seite 179)

»Es gibt noch andere. Wenn ich mich recht erinnere, gibt es einen jenseits der Umlaufbahn Neptuns, und ein anderer umgibt das Sonnensystem insgesamt.«

»Es sind mindestens sieben, John, sie sind ungleichmäßig verteilt, und es gibt seltsame Lücken zwischen ihnen. Würde es sich um Spiegel handeln, dann wäre das Sonnensystem ganz anders als das, was wir mit den Teleskopen sehen. Wir brauchen unbedingt die Verbindung, die uns mit dem Baby-Universum vereint.«

»Das Baby-Universum, wie süß! Wir bauen jedes Jahr die Krippe auf und haben keine Ahnung… Und die Mutter, Giulia?«

»Für mich ist sie der Ursprung, die Weisheit, die mit ihren Bewegungen die Fäden spinnt, um ihr Ziel zu erreichen: das Ereignis, die Geburt, die Offenbarung des Baby-Universums.«

»An diesem Punkt fehlt uns noch der Vater…«

»Genau. Der Vater ist der Wille, der aber bis jetzt hier gefehlt hat… Die Menschheit weiß nicht, was sie will und verkauft sich für eine Handvoll Kleingeld an das System. Der Wille bedeutet: Handeln im Einklang mit dem Kind… Ich schicke dir eine Tabelle, die ich gemeinsam mit Giorgio erstellt habe, lass mich wissen, was du davon hältst.«

Das Super-Keyboard

W^+	Z°		W^-	FEUER
$\underline{\nu}_\tau$ Antineutrino τ	τ Tau	t top	b bottom	**LUFT**
ν_τ Neutrino τ	$\underline{\tau}$ Anti-Tau	$\underline{t}$ Anti-top	$\underline{b}$ Anti-bottom	**ANTI-LUFT**
$\underline{\nu}_\mu$ Antineutrino μ	μ Meso μ	c charme	s strange	**WASSER**
ν_μ Neutrino μ	$\underline{\mu}$ Antimeson μ	$\underline{c}$ Anti-charme	$\underline{s}$ Anti-strange	**ANTI-WASSER**
$\underline{\nu}_e$ Antineutrino e	e Elektron	u up	d down	**ERDE**
ν_e Neutrino e	$\underline{e}$ Anti-Elektron	$\underline{u}$ Anti-up	$\underline{d}$ Anti-down	**ANTI-ERDE**

Tabelle 1 – Das reale Standardmodell besteht aus sieben Elementen, drei Arten von Materie und drei Arten von Antimaterie, die alle vom FEUER belebt werden.

- *Das* **FEUER** *ist das von den drei Bosonen W+, Z und W- vermittelte Elektroschwache Feld:*
- *Die drei Arten von Materie,* **LUFT**, **WASSER** *und* **ERDE** *setzen sich jeweils aus drei Teilchen und einem Antiteilchen zusammen (insgesamt zwölf).*
- *Drei Arten von Antimaterie,* **ANTI-LUFT, ANTI-WASSER** *und* **ANTI-ERDE** *setzen sich alle aus den jeweiligen drei Antiteilchen und einem Teilchen zusammen (insgesamt zwölf).*

Es gibt also zwölf Teilchen und zwölf Antiteilchen, insgesamt 24 Fermionen (Materialteilchen mit halbzahligem Spin), die mit den drei Bosonen (Botschafter mit ganzzahligem Spin) des **FEUERS** *interagieren. Die drei Anti-Neutrinos und die drei Neutrinos sind ›Kinder‹ der neutralen Bosonen Z und unterscheiden sich von den anderen Teilchen durch ihre Menge (100 Milliarden mehr als die Quarks u und d) und durch ihre deutlich geringere Masse. Darüber hinaus vertauschen die Neutrinos und die Antineutrinos ihre Identitäten und belegen so das enge Zusammenspiel zwischen allen 27 Teilchen des Standardmodells.*

Die Wissenschaft beobachtet lediglich den Aufbau des Elements **ERDE**, *die Quarks u und e, das Elektron und das Elektron-Neutrino. Nichts spricht jedoch dagegen, dass auch die anderen Elemente eine Organisation besitzen, die anderen Zeitrhythmen unterliegt als die einzigen, die wir zu beobachten in der Lage sind.*

*»Weißt du, dass in der Antike viele Wahrsager blind waren?«*John bejahte das, und Giulia fuhr fort: *»Es gibt noch andere Sinne, die von der Erziehung, der Schule und der Kultur unterdrückt worden sind. Heute können wir sie wieder aktivieren.«*

John lächelte innerlich, auch er hatte angefangen, spontan zu ›sehen‹, also war er nicht verrückt.

»Du sagst, dass die sieben Elemente die Akkorde eines Super-Keyboards sind... Aber wer ist dann der Super-Komponist?«

»Das weiß ich nicht. Ehrlich gesagt habe ich eine Vermutung, aber...«

»Sag schon, inzwischen bin ich auf alles gefasst.«

»Manchmal denke ich, dass ich es bin...«

»Du bist Gott, Giulia?«

»Du auch, John!«

»Aber wir sind Menschen...« Johns Herz machte einen Sprung, er zögerte einen Moment und dann ... *»Ich will ehrlich sein, selbst wenn es mir etwas peinlich ist. Auch ich habe manchmal das merkwürdige Gefühl, das einzige Lebewesen zu sein, aber das ist absurd ... meinst du nicht?«*

»Nein. Es handelt sich um eine Holografie, das ist typisch für die gesamte organische Natur. Der genetische Code eines Individuums, die DNA, ist in jeder Zelle identisch. Wir Menschen sind vielleicht ›Zellen‹ des Organischen Universums, das sich selbst reproduziert. Du hast doch das Bild vom kosmischen Embryo entdeckt! Das Baby-Universum hat man vor uns versteckt gehalten, aber den Mythos über seine Geburt in einer Höhle hat es immer schon gegeben.«

»Ich verstehe einfach nicht, warum wir uns auf einem von Kriegen verwüsteten Planeten befinden«, überlegte John mit einem Anflug von Bitterkeit.

»Weißt du, ich habe darüber nachgedacht, was für eine Art Zelle ich bin. Die Antwort kenne ich noch nicht, aber ich wäre gerne eine der Gliazellen, sie erinnern mich an die Jedi aus dem ›Krieg der Sterne‹.«

Freude erfüllte Johns Herz. Die Glia als Jedi, die sich der KRAFT bedienen? Dann war das Wissenschaft und keine Science-Fiction!

»Die Gliazellen könnten spezielle Monitore sein, die in der Lage sind, auf zweckmäßige Art und Weise mit der schwachen Seite zu kommunizieren. Ich schicke dir eine E-Mail, und dann sprechen wir weiter darüber.«

Vier Elemente	Vier Welten	Vier Körper des Menschen
ERDE	Biosphäre der Erde	Physischer Körper
Anti-WASSER	obere Mantelschicht	Vitalkörper
LUFT	untere Mantelschicht	Astralkörper
FEUER	Kristalliner Kern	Corpus igneus[108]

Tabelle 2 – Die mögliche Beziehung zwischen den vier Elementen, den vier inneren Welten der Erde und den vier Körpern jedes Menschen. Sie könnte auch die Wirkung des Mondes auf das menschliche Wesen erklären: Wenn er voll ist, reflektiert er Strange-Quarks, die den aus Strange-Antiquarks bestehenden ätherischen Körper verändern.

Giulia – »Der ätherische Körper«

Der **ätherische Körper** kann aus **Anti-WASSER** zusammengesetzt sein, das heißt, aus dem Anti-Element, das das WASSER reflektiert, die zweite Art des Standardmodells (Tabelle 1).

Wenn die **Teilchen** und **Antiteilchen** nicht vom gleichen Typ sind, leben sie in einer harmonischen Gemeinschaft. Das **Anti-WASSER** kann mit dem Element ERDE, aus dem der **physische Körper** besteht, zusammenleben. Wie man weiß, bewegt sich die Antimaterie von der Zukunft in die Vergangenheit, hin zu einer wachsenden Ordnung oder höheren Syntropie.

Die Materie hingegen bewegt sich von der Vergangenheit in die Zukunft und folglich hin zu einer wachsenden Unordnung oder höheren Entropie.

Wenn der Erdmantel aus Anti-WASSER besteht, wird erklärlich, warum er sich im Uhrzeigersinn dreht wie die Venus.

108 Corpus igneus, eine Bezeichnung von Giordano Bruno, bedeutet Feuerkörper, in der Tradition spricht man auch vom Lichtkörper. Es handelt sich um den einzigen unserer Körper, der ewig ist, unsere inkarnationsübergreifende fortdauernde Identität; sie ist zusammengesetzt aus den drei massiven Bosonen W+, W-, Z, den Trägern der Elektroschwachen KRAFT. Sie sind Boten und insofern überall gleichzeitig, jenseits von Raum und Zeit. Sie können auch das sein, was wir Engel nennen.

Der **ätherische Körper** ist ein treuer und aufmerksamer Begleiter, er ist immer bei uns und wird des Nachts tätig, wenn wir schlafen, zusammen mit dem Lymphsystem und dem endokrinen System. Das eine produziert Antikörper, die den Körper heilen, das andere die Hormone, die unseren psychischen Rhythmus bestimmen (Tabelle 2).

John war glücklich darüber, der kosmischen Kopulation von *Eros* und *Psyche* wieder zu begegnen und zu erfahren, dass sie dem körperlichen Wohl und der geistigen Harmonie zuträglich ist, aber er war etwas verwirrt.

Diese Tabelle sagte ihm wenig, und erklärte auch nicht sein merkwürdiges und anmaßendes Gefühl, *Gott* zu sein.

Und dann gab es noch ein weiteres ernsthaftes Problem: das *Ich*.

Verteilt sich unsere Identität auf mehrere Körper?

Und welche Rolle spielt die Antimaterie?

Bei einer Recherche im Internet hatte er herausgefunden, dass niemand weiß, wie die Antikörper entstehen, die uns heilen, dass aber alle die Intelligenz der **Lymphozyten** anerkennen.

Es handelt sich um **Proteine**, die in der Lage sind, die zuträglichen von den schädlichen Stoffen zu unterscheiden und, wie Kommandanten einer Verteidigungsstreitmacht des Körpers, Antikörper zu schicken, die Letztere schlucken. Ihre Fähigkeit liegt darin, den Feind auszumachen und selektiv zu eliminieren, ohne zur wahllosen Vernichtung zu schreiten.

Die Ausrüstung der **Lymphozyten** für ihre Interventionen erfolgt durch die **Hormone**, das heißt, von unserer psychischen Stimmung. Je fröhlicher wir sind und je mehr uns zu herzlichem Lachen zumute ist, desto erfolgreicher sind sie.

»Giulia, bestehen die Antikörper aus Antimaterie?«

»Das weiß ich nicht, aber es kann sein ... sie eliminieren die Viren ohne Blutvergießen und brauchen auch keine Impfstoffe.«

»Und die Lymphozyten sind kluge Kommandanten, die nicht einfach alles bombardieren.«

»In einem Comic, den ich gelesen habe, als meine Kinder klein waren, stand, dass die Lymphozyten zur Schule gehen, um den Unterschied zwischen wohltuend und schädlich zu lernen.«

»Die Schule, die uns unbedingt bilden will, verwechselt das ja immer...«

John hat Bedenken. *»Glaubst du, das Lymphsystem gehört zum ätherischen Körper, also zur Strange-Antimaterie?«*

»Das ist eine Hypothese. Die Fusion von normaler Materie und ›seltsamer Antimaterie‹ kann der Menschheit jenes Gleichgewicht wiedergeben, das verloren zu sein schien, das Gleichgewicht zwischen Vergangenheit und Zukunft wieder herstellen und dem Ganzen neue Würde verleihen.«

Die Lymphozyten, kleine Proteine, die uns heilen und nur dann kämpfen, wenn es notwendig ist, wie die Jedi im ›*Krieg der Sterne*‹.

»Wenn die Heilung des menschlichen Körpers von den Antikörpern abhängt, die aus Antimaterie bestehen, Giorgio, was machen dann die Antiprotonen um uns herum, heilen sie die Erde?« John erinnerte seinen Freund über Skype an die Veränderungen des Van-Allen-Gürtels (Abbildung 8, Seite 64).

»Ja, genau so kommt es mir vor: Wir sind dabei zu genesen, uns von den Viren zu befreien, die unseren schönen Garten Eden verwüstet haben.«

Abbildung 55 a – Die große Mutter, Isis, kommuniziert mit allen Lebewesen durch ihren Sohn, die nukleare Musik, die durch die Klangquanten, die **Phonone,** *in unsere Zellen übertragen wird.*

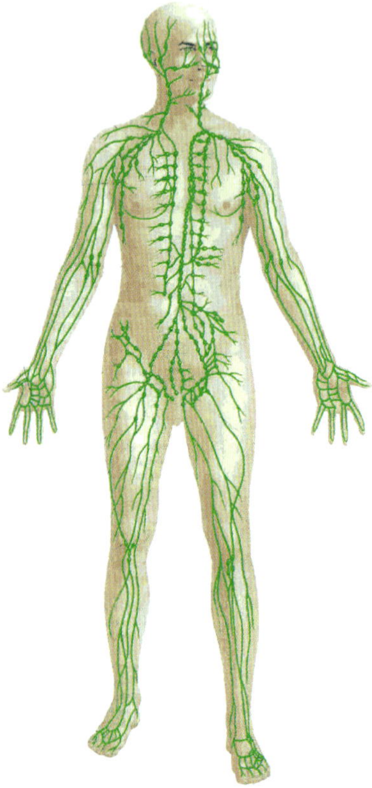

Abbildung 55 b – Das Lymphsystem stellt nachts die während des Tages verlorene Ordnung wieder her. Wenn es mit einer Antimaterie wie dem Element ANTIWASSER verbunden ist, existiert es in perfekter Harmonie mit dem Element ERDE, aus dem der physische Körper besteht. Das Lymphsystem kann die physische Entsprechung des ätherischen oder vitalen Körpers sein.

»Mit den ganzen dummen virtuellen Werten wie Bruttosozialprodukt und Spread, führen die Viren dumme Angriffe und zeigen ihre Verzweiflung. In Wahrheit gibt es für sie kein Entkommen«, fuhr Giorgio fort.

Die Sonne im Himmel schenkt uns jeden Tag ihr Licht, sie strahlt das elektromagnetische Licht aus, das von den **Photonen**, Teilchen ohne Masse, gebracht wird, die ›Schatten‹ gleichen und folglich nicht fähig sind zu beleben und die Körper zu bewegen. Die **Phonone** sind große Klangquanten, die aus der Kleinen Sonne hervorkommen. Sie können alle Quarks in Bewegung setzen und sowohl die Welten als auch alle lebenden Körper bewegen.

»Giorgio, dann sind wir ja halbiert! Wenn jeder von uns vier Körper hat, es aber sieben Elemente gibt, fehlen in eurer Tabelle drei!«

»Ja, darüber habe ich gerade mit Giulia gesprochen«, antwortete der andere ruhig. *»Wir sind weniger als halb und bemerken gar nicht, dass die andere Hälfte existiert. Vielleicht sprechen Mythen und alchemistische Traditionen aus diesem Grund vom unsichtbaren Bräutigam, der unsichtbaren Braut... Wenn es sie gibt, John, dann sind sie in der Zukunft...«*[109]

*****

»Na also! Endlich ahnen sie, dass auch wir existieren«, sagt Joan zu Giorgia, während sie ihre physischen Abbilder beobachten, die, verteilt auf verschiedene Orte in der Matrix, in die Vergangenheit gefallen sind.

»Das wurde aber auch Zeit!« Giulio lächelt zutiefst beglückt.

*****

109 Die Materie reist von der Vergangenheit in die Zukunft, die Antimaterie im umgekehrten Sinn von der Zukunft in die Vergangenheit. Die Materie ist mit dem Gedächtnis verbunden, während die Antimaterie an das PROJEKT gebunden ist. Die nukleare Fusion zwischen Materie und Antimaterie ist möglich und wirkt nicht zerstörerisch, wenn die Quarks, die Teilchen, aus denen sie besteht, eine unterschiedliche Quantenzahl haben.

Die Befreiung

Giulia: »Wollen wir aus der Falle aussteigen?«

Liebe Freunde, mit unseren inneren Sinnen haben wir einige organisch bewusste Welten ›gesehen‹, die verschieden, aber durch eine gemeinsame Sprache geeint sind. Wir haben diese Welten verstanden, bewundert und geliebt, es sind Welten ohne Schwerkraft, mit neuer Materie und neuen physikalischen Gesetzen, und wir haben eine tiefe Vertrautheit gespürt, die zeigt, dass diese Welten mit dem, was wir sehen können, zusammen gehören.

Das Universum ist lebendig, unendlich und ewig; es ist uns freundlich gesinnt.

Hier bei uns herrscht die Krise, jeder kämpft gegen jeden, es fehlen Geld, Problemlösungen, und vor allem die Bezugspunkte, an die die Menschen gewöhnt waren. Die Figur des Vaters ist ganz verschwunden, die der Mutter war erst ins Haus verbannt und wurde dann zur Stiefmutter, und die Figur des Sohnes ist verloren, außerstande, den von der älteren Generation geprägten Fußstapfen zu folgen. Die Krise gibt uns die Gelegenheit zu erkennen, dass unsere Probleme aus falschen Überzeugungen entstehen. Eine davon ist die Unterteilung in Himmel und Erde. Unsere Wolkenformationen sind abhängig von den kosmischen Strahlen, die durch das ganze beobachtete Universum fegen; ihnen ist es zu verdanken, dass es auf der Erde Regen und einen Wasserzyklus gibt. Die Sonne ist dabei, den Rhythmus der Beta-Strahlung zu verändern und die chemischen Gesetze, die auf der Erde gelten, zu durchbrechen. Früher dachte man, dass dieser Rhythmus konstant sei und datierte mit seiner Hilfe archäologische Fundstücke, man denke nur an das Kohlenstoffisotop C14. Wenn sich jedoch die bekannte Geschichte ändert, ist das eine weitere falsche Annahme.

Eine andere Welt ist möglich.

Es gibt unendlich viele intelligente Welten. Man muss sie nur wahrnehmen, die Fähigkeiten des eigenen Gehirns nutzen, die Sensibilität gegenüber der Sprache der Natur, die aus Musik besteht, aus Gesang, Bildern und aus Worten, die wirklich etwas bedeuten. Im Himmel und auf der Erde überstürzen sich die Ereignisse: Das atmosphärische Klima spielt ebenso verrückt wie das gesellschaftliche. Die Sonne, das Erdinnere und die Erdoberfläche verändern sich und auch die uns umhüllende Magnetosphäre, von der kaum jemand weiß.

Das müssen keine Katastrophen sein, aber es sind tiefgreifende Veränderungen, wie es sie in der uns bekannten Geschichte noch nie gegeben hat. Wir sollten uns nach dem Warum fragen, die Ursachen erforschen und nicht wie gebannt in der immer gleichen Falle verharren: Dem Glauben an eine fiktive Vision von der Welt, an die Einsamkeit der Erde, die Begrenztheit der Ressourcen... Dieses Bild bildet den Hintergrund für eine ›Demokratie‹, die nicht funktioniert, eine Komödie, die zur Tragödie wird. Der Durchschnittsmensch sucht nach ›neuen‹ Drehbüchern, die aber alle mit alten Inhalten gefüllt sind und von modernen Mythen blockiert werden: Immer ›kämpfen‹ die Guten gegen die Bösen... Solange die Menschen an den ›Kampf zwischen Gut und Böse‹ glauben und die überragende Bedeutung des Lebens – der intelligenten Kraft, die uns bezaubert und mit dem gesamten Organischen Universum verbindet – übersehen, wird jede Erneuerung nur oberflächlich sein, und wir werden in der Falle aus Wut und Ohnmacht gefangen bleiben.

Die Regierungen sind von der Krise gelähmt, während der schon seit Jahrhunderten bestehende, ganz dem Dollar gewidmete Plan voranschreitet: Die ›Neue Weltordnung‹, andere Regeln, sogar eine Truppenreduzierung, aber ganz sicher keine Freiheit, sondern im Gegenteil, eine immer engmaschigere Kontrolle.

Wir brauchen eine friedliche und radikale kulturelle Revolution, die jetzt möglich wird, weil die Offenbarung unmittelbar bevorsteht, sogar schon begonnen hat. Von einem Tag auf den anderen könnte der Himmel, das heißt die Magnetosphäre, aufreißen und den Blick auf die Raumschiffe freigeben. Würde die Sonnenaktivität ihren jetzigen Rhythmus beibehalten, könnte es schon bald so weit sein.

Und was geschieht dann? Es wird ein großes Durcheinander geben. Einige werden glauben, dass die Außerirdischen Retter sind, andere sie für Feinde halten. Nur Wenige werden verstehen, dass es sich um eine organische Evolution handelt und dass sie hier möglich ist, in diesem schönen Garten, der ein irdischer Garten ist, kein außerirdischer.

Die Religionen werden in sich zusammenfallen und die Wissenschaften ihre Ohnmacht manifestieren. Die geheime Regierung, bis zu diesem Zeitpunkt ›gottgleich‹, wird avantgardistische Technologien verkaufen, und die Menschen werden das tun, was auch die amerikanischen Indianer bei der Begegnung mit Christoph Columbus getan haben: Sie werden sie kaufen.

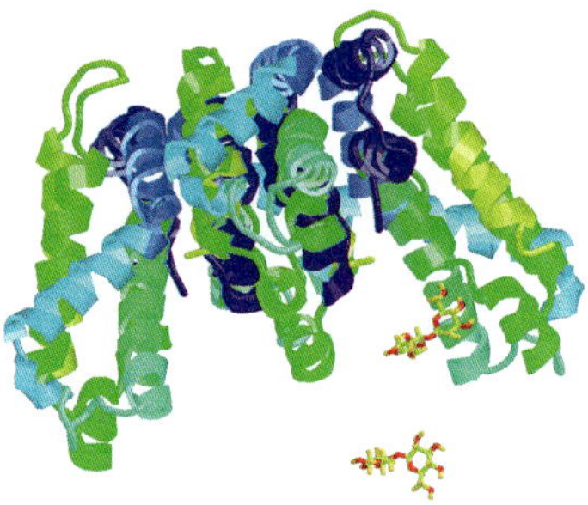

Abbildung 56 – Die verschlungene Form der Proteine erlaubt die Übermittlung des biomagnetischen Feldes, das sich stark von dem in der heutigen Technologie so viel benutzen und missbrauchten elektromagnetischen Feld unterscheidet. Das biomagnetische Feld benötigt nur sehr wenig Energie.

Heute können die Wüsten wieder erblühen und wahren Reichtum schenken: Wasser, Nahrungsmittel und organische Materialien, eine gesunde, intelligente Landwirtschaft, die der Menschheit nicht mehr so viele Mühen abfordert. Das LEBEN lässt das Eis schmelzen, es reißt Grenzen nieder und versorgt uns mit der Lebensenergie, die wir benötigen, um all das, was wir wollen, zu verwirklichen. Aber wir müssen wissen, was wir wollen. Deswegen müssen wir die Roboter zum Schweigen bringen, den Verstand, der blindlings kämpft, ohne zu wissen, was er will.

Der **Wille** des Vaters bedeutet die auf das Gemeinwohl gerichtete Aktion im Einklang mit der Mutter, der in jedem Körper vorhandenen **Weisheit**, die in den vielfältigen Arten von liebevoller, verständnisvoller und wahrhaft intelligenter Kommunikation zum Vorschein kommt. Ihrer Verbindung entspringt der Sohn, die Universelle **Liebe**, das Leben, das die Seele mit der Welt vereint. Diese drei sind die in jedem Lebewesen vorhandenen Grundprinzipien. Der vierte Weg ist das **Bewusstsein**, die Einheit der Drei; sie liegt der natürlichen Ethik zugrunde, die weder Gesetze noch ›neue‹, in Wirklichkeit alte Paradigmen braucht.

Unsere Zellen kommunizieren über die Proteine, die wenig **Elektrizität** einsetzen, aber viel **Biomagnetismus**. Elektrizität verschwendet und verbraucht Energie, ermüdet uns also, während Biomagnetismus sich selbst versorgt, ohne Energie zu vergeuden. Jeder Zellkern enthält die DNA, Beweis für eine holografische Kommunikation, welche die Einheit und Vielfalt der unterschiedlichen Funktionen und das gemeinsame Interesse am Wohl des gesamten Organismus gewährleistet.

Der **Bewusste Geist** bedient sich verschiedener Arten der Kommunikation.

Die Menschheit fühlt sie, und das ist das Neue, das an den Wurzeln des weltweiten politischen Systems rüttelt. Es handelt sich um etwas Unvorhergesehenes, womit die ›Zivilisation‹ nicht umzugehen weiß, eine von den Gleichungen nicht vorgesehene und unbekannte Größe, die wir, bewusste Wesen in einem unendlichen Universum, benutzen können, um uns endlich aus der Falle zu befreien: einer aus nichtssagenden, leeren Worthülsen bestehenden Kommunikation.

Das arme **unbewusste Gemüt** spricht von Geist und weiß nicht, was das bedeutet, es weiß nicht einmal, was die Materie ist, glaubt aber fest daran, dass es nur eine einzige gibt, die genau wie die Zeit unveränderlich sein soll.

Das gesamte Sonnensystem ist heute gewaltigen Veränderungen ausgesetzt, und kein ›Experte‹ weiß warum. Den ›bösen‹ Politikern ist das völlig egal, und die ›guten‹ kämpfen gegen den Klimawandel. Wollen wir die Matrix ändern?

Wenn ja, müssen wir das **automatische Gedächtnis löschen**, das immer wieder mit scheinbaren Änderungen aufwartet und sich doch niemals verändert. Es handelt sich um eine Art peripheren RAM-Speicher, den wir selbst mit unseren Überzeugungen geschaffen haben, ein dummer Leerlauf-Mechanismus, der Kenntnisse vortäuscht, die er nicht hat, und sinnlose Worthülsen verwendet.

Die Löschung dieses Speichers ist das **Passwort für die Zukunft**, der Schlüssel zum bewegenden kristallinen Harten Kern im Zentrum der Erde. Dort befindet sich der wahre Speicher, das genetische GEDÄCHTNIS, das ohne Worte kommuniziert und seit jeher das grandiose PROJEKT umfasst: Die genetische Evolution des Menschengeschlechts, das Ende der Herrschaft des dummen roboterhaften Verstandes. Nur auf diese Weise können die Fähigkeiten, die Kreativität und die Talente des **Bewussten Geistes** zum Vorschein kommen, der in der Lage ist, die Vielfältigkeit der Zeiten, die Einheit des Raumes und schließlich die Kleine Sonne, die sie alle hervorbringt und bewegt, wahrzunehmen.

Wir stehen vor einer wesentlichen Entscheidung.

Wir müssen uns entscheiden, ob wir weiterhin der Maschine, dem Roboter in uns folgen oder ob wir einen Sprung in eine ganz neue Zukunft tun wollen.

Ich weiß nicht, wie viele sich für die eine oder andere Option entscheiden werden, aber ich weiß, dass wir bei uns selbst anfangen können. Was meint ihr?

Mit dieser E-Mail hat Giulia Giorgio und John nach Rom gerufen, und nun sitzen alle drei auf Giulias Terrasse und trinken einen Aperitif.

»Das Gedächtnis löschen? Einverstanden, mein Gedächtnis ist sowieso schlecht, ich erinnere mich an gar nichts…«

»Das bedeutet zu verzeihen.« Giulia sieht ihn an und denkt an die antiklerikalen Gefühle, die ihnen beiden gemeinsam sind.

»Aber ja … in Ordnung, verzeihen wir«, stimmt Giorgio zu. *»Was hat die Kirche denn im Grunde getan? Die Hölle auf Erden geschaffen, dank der Gläubigen.«*

»Und die Politik macht dasselbe dank der Wähler…« John fühlt eine überschäumende Fröhlichkeit. Ihr erneutes Zusammensein nach den gemeinsamen Entdeckungen und ›Reisen‹ in andere Welten gibt ihnen die Gelegenheit, neue Wege zu finden. *»Über das Internet wäre die direkte Demokratie möglich. Willst du, dass Italien Libyen bombardiert? Nein. Kann ich Liebe machen, mit wem ich will? Ja.«*

»Solange der menschliche Geist an die Unterteilung in Gut und Böse glaubt, werden seine Entscheidungen in der gleichen Unwissenheit um die universale Rolle des Lebens wurzeln, die uns schon bisher geplagt hat.«

»Das ist wahr«, stimmt John zu, *»und anstatt uns von diesen Machenschaften zu befreien, glauben wir an Genmanipulation. Als ich auf dem Mars war, sagte mir Konr, dass sie schon vor Jahrtausenden stattgefunden hat.«*

»Die Liebe ist entscheidend«, schaltet sich Giulia ein, *»und das Bewusstsein ist der Weg zu einer neuen Zukunft. Viele falsche Propheten sind unterwegs, alle möglichen Außerirdischen und sogar Raumschiffe, die dich in den Weltraum mitnehmen.«*

»Apropos, Giulia. Was hältst du von dem Ingenieur Keshe und seinen Fahrzeugen, die die Schwerkraft überwinden?«, fragt Giorgio.

»Theoretisch sind sie ausgezeichnet, praktisch ... ich weiß nicht. Ich habe das Gefühl, dass sich wiederholt, was schon auf dem Mars passiert ist. Die Leute fürchten sich vor dem Ende und finden einen Weg, in eine andere Welt zu gelangen. Aber wer weggehen will, soll das ruhig tun. Ich liebe die Erde und bin hier, um zur Evolution beizutragen.«

»Lasst uns auf die Apokalypse anstoßen!« John hebt sein Glas, sie schauen sich an und lächeln.

»Ich wollte in das Innere der Erde reisen«, sagt Giulia ernst. *»Etwas Ungeheures ist gerade dabei zu geschehen, aber jetzt ist es spät...«*

»Morgen früh, jetzt genießen wir die Abenddämmerung eines Zeitalters«, Giorgio betrachtet den Himmel und bemerkt die violetten Farbtöne, die den unsichtbaren, ultravioletten Farben des KINDES ähneln.

»Vor dem Abendessen machen wir einen Sonnengruß«, schlägt Giulia vor.

Diesmal lauschen sie dem Chor von Bellinis *Norma* und der Stimme von Maria Callas, die *Casta Diva* singt.

Die Drei hören schweigend zu. Im Moment gibt es keine inneren Bilder, aber über ihre Körper laufen Schauer. Es fühlt sich an, als schwebten sie in einem unendlichen Raum, der aus einer lebendigen, tiefen und kommunizierenden Dunkelheit besteht. Als die Musik endet, stehen die drei auf und reichen sich in erfülltem, mit der Stille kommunizierendem Schweigen die Hände.

Da ›entzündet‹ sich eine neue Art von Licht: Ein violetter Laser, der in ihren Körpern wie ein rotierender Ring kreist und sich mit atemberaubender Geschwindigkeit in Spiralen drehend nach außen bewegt, um sich dann wieder in ihnen zu konzentrieren. Ein tanzendes Gewebe aus Fäden. Dann verschwindet plötzlich alles wieder, und eine neue Vision erscheint. Die Menschen auf der Erde, die zuvor gebeugt, schmerzgeplagt und zu Tode erschöpft waren, erheben sich einer nach dem anderen, erlangen eine neue Würde und das Bewusstsein ihrer Rolle: Protagonisten zu sein. Der Hades unter der Erde wirkt verschwommen und ohne Grenzen, die ›Toten‹ sind da und gleichzeitig wieder nicht, manchmal kehren sie zurück, aber meistens bewegen sie sich zwischen den Welten.

Darüber kreisen heiter die Raumschiffe...

*****

»Haben sie es empfangen?« fragt Konr Joan, Giorgia und Giulio, die den jeweiligen, in der weitläufigen Matrix eingetauchten Partner vom Raumschiff aus beobachten. Giulio dreht sich um und antwortet auf die gleiche Weise. *»Diesmal scheint es wirklich so weit zu sein. Mittlerweile senden sie ganz deutlich.«*

Joan und Giorgia lächeln.

*****

»Lasst uns essen«, sagt Giulia und trocknet sich die Tränen ab.

»Die Casta Diva endet auf dem Scheiterhaufen...«, setzt Giorgio an; er möchte etwas Ernstes sagen, ist aber zu ergriffen.

»Doch sie ist nicht keusch; sie hat Zwillinge vom römischen Kommandanten bekommen, anstatt ihr Volk gegen die Invasoren zu verteidigen«, fährt John fort. *»Das Römische Reich setzt sich immer durch.«*

»Das ist es ja gerade«, wirft der Kernphysiker lebhaft ein. *»Meinst du, dass Keuschheit irgendetwas mit der Vagina zu tun hat?«*

»Wir haben ja schon gesagt, dass es absurd ist«, erinnert ihn der Geophysiker. *»Und Aphrodite? Sie bringt ihren sterblichen Sohn Äneas dazu, Rom zu gründen und stellt sich der Liebe ihres unsterblichen Sohnes Eros zu Psyche entgegen.«*

»Die Götter ... die immer gleichen, blöden Ideen«, stellt Giorgio fest.

»Aber am Schluss schenkt Zeus Psyche die Unsterblichkeit und richtet ihre Hochzeit mit Eros aus, unter dem Beifall aller Götter. Unter ihnen auch die hochzufriedene Aphrodite«, meint Giulia. *»Sie war es, die Psyche zwang, in die Unterwelt zu reisen, um das Kästchen mit dem Geheimnis der Schönheit Persephones zu holen. Aber Aphrodite ist selbst die Göttin der Schönheit. Wozu braucht sie es?«*

Hades verliebte sich in Persephone, Tochter der Fruchtbarkeitsgöttin Demeter, und entführte sie in die Unterwelt. Der Schmerz Demeters war so groß, dass die ganze Pflanzenwelt darunter litt und keine Blätter und Früchte mehr hervorbrachte. Die Menschen und die Tiere waren vom Aussterben bedroht, und so wandte sich Zeus an seinen Bruder Hades, um eine Lösung für das Problem zu finden. Sie entschieden, dass Persephone die Hälfte des Jahres mit ihrem Gatten in der Unterwelt und die andere oberirdisch mit ihrer Mutter verbringen sollte. Auf diese Weise entstanden die Jahreszeiten. Sechs Monate lang schenkt Demeter der Erde durch ihre Freude Fruchtbarkeit und Blüte, und sechs Monate lang macht die Trauer der Göttin die Erde zu einem rauen, unwirtlichen Ort.

»Ich hab's! Das Geheimnis der Schönheit Persephones liegt in ihrer Fähigkeit, zwischen zwei Welten zu wandeln«, erklärt Giorgio.

Mit der Hilfe von Eros steigt Psyche in die Unterwelt hinab, nimmt das Kästchen, aber anstatt es Aphrodite zu geben, öffnet sie es selbst und wird ohnmächtig, erzählt der Mythos. Eros nimmt sie und bringt sie auf den Olymp, wo Zeus sie im Beisein der Götter verheiratet.

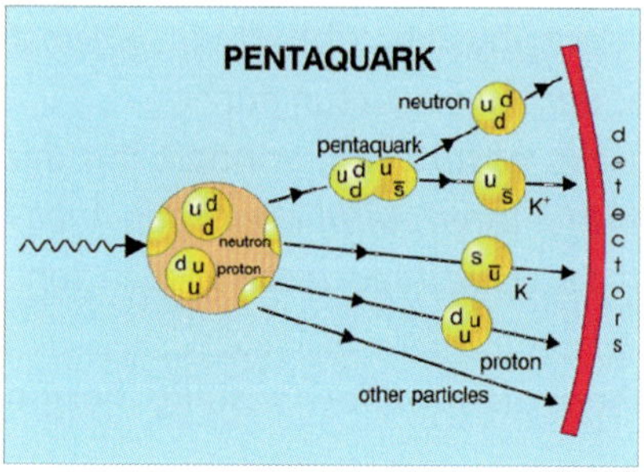

Abbildung 57 – Das Pentaquark besteht aus 4 Quarks, 2 u und 2 d, und einem Strange-Antiquark. Es ist ein instabiles Teilchen, das man einige Jahre lang beobachtet hat und das dann ›verschwunden‹ ist. Es handelt sich um eine der vielen möglichen Kombinationen der 12 Quarks und 12 Anti-Quarks des Standardmodells.

»Der Mythos sagt, dass die Jahreszeiten mit den Wanderungen Persephones zu tun haben, die Astronomie, dass sie von der Inklination abhängen, der Neigung unserer Polarachse«, überlegt John. *»Die Jahreszeiten sind im Begriff sich zu verändern, und wir haben eine glückliche Unterwelt gesehen. Gibt es da einen Zusammenhang?«*

»Die Psyche, welche die Unsterblichkeit entdeckt, fühlt die Liebe, welche die Welten verbindet und zeigt dies allen«, bestätigt Giulia. *»Du hast doch auch gesagt, dass die Plasmaschirme sich verschieben, wenn die Achsen im HERZEN sich übereinstimmend ausrichten. Die Umlaufbahn der Sonne verändert sich...«*

»Aber die Oberfläche verschiebt sich nicht, und deswegen gibt es bei uns keine Schäden«, erklärt der Geophysiker befriedigt.

»Im Mantel gibt es ANTIWASSER, auf der Oberfläche das Element ERDE und im Herzen FEUER. Verändert die übereinstimmende Ausrichtung nur die Umlaufbahn der Erde?« Giorgio denkt an die ›normale Materie‹, die in unserer Kultur wie eine Prostituierte behandelt, benutzt und weggeworfen wird, ohne dass sich jemand fragt, warum sie sich in einem Zustand der ... Verdorbenheit befindet.

Giulia wirft ein: *»Eine Kernfusion?«*

»Ah...«, Giorgio lebt auf. *»Tatsächlich hat man das Pentaquark gefunden, das aus vier Quarks und einem Anti-Quark besteht.«*

»Ein Strange-Antiquark«, ruft John und sieht sich die Abbildung an, die ihm sein Freund zeigt (Abbildung 57, Seite 239).

»Die gleiche Sorte, aus welcher der Mantel und der ätherische Körper, den der Mond in Unruhe versetzt, bestehen«, ruft ihnen Giulia in Erinnerung.

»Genau«, lacht Giorgio. *»Die Anhänger der heißen Kernfusion werden es nicht glauben, und wir machen uns von ihrem schädlichen Einfluss frei.«*

»Psyche ist die wunderschöne Biosphäre und muss die Unterwelt kennenlernen, um ihre Ewigkeit zu finden!« John fühlt sich inspiriert.

»Und Eros ist die verliebte Liebe, die ihr hilft, in ihr Brautgemach zurückzukehren«, fährt Giorgio fort.

Abbildung 58 – Sandro Botticelli, ***Geburt der Venus****, Ausschnitt*

Diese Liebesgeschichte ist voller Leidenschaft, Hindernisse und Wechselfälle. Die Liebe zwischen Hades, dem Herrscher der Unterwelt, und Persephone ist nicht so kompliziert, aber sie bewegt sich zwischen zwei Welten, der Welt der Lebenden und der Welt der Toten. Hinter beiden Geschichten steckt Aphrodite. Sie ist es, die ihrem Sohn Eros einflüstert, Hades mit einem seiner Pfeile zu treffen, damit er sich in Persephone verliebt.

Aphrodite, die Sinnlichkeit, entsteht aus einer Kastration.

Der Götterkönig (Kronos) entmannte seinen Vater (Uranus) und warf dessen Penis ins Meer, aus dem Aphrodite – schon erwachsen – geboren wurde. Sie entstieg dem Meer, als Kronos, die lineare Zeit, die Geburt und Tod verbindet und ebenso jeden Anfang und jedes Ende, den Thron bestieg.

Giorgio hält einen Monolog. *»Was ist nobler für uns Sterbliche? Uns in der Zeit der Lebenden zu befinden oder nicht in der Zeit der Toten zu sein?«*

»Unsterblich zu werden!« John und Giulia klatschen in die Hände.

Das Jüngste ›Gericht‹

Es war an besagtem Dienstag im Jahr 2008. Sie hatten gerade das arabische Restaurant verlassen, und Giorgio war losgegangen, um Zeitungen und eine Postkarte zu kaufen, die er den anderen zeigte. *»Erwartet uns ein Jüngstes Gericht?«*

Die beiden anderen sahen ihn erstaunt an. In einem Organischen Universum gibt es weder Gerichte noch Urteile.

Er wies auf die Kuppel, die über der Welt thront. *»In einem Spiegel-Universum wird derjenige, der richtet, selbst gerichtet.«*

»Giorgio, du bist ein Genie!« Giulia umarmte ihn.

»Nein, die Genies sind sie, die Stellvertreter Gottes.« Sie gingen weiter, bis sie zur Engelsbrücke kamen, links von ihnen die Tiber-Schleife und im Hintergrund der Petersplatz. *»Sie haben das antike Wissen verborgen und den menschlichen Geist an falsche Überzeugungen gekettet.«*

»Aber jetzt sind wir dabei, unser Genie zurückzuerlangen.« John war glücklich.

Giulia fühlte eine neue Freiheit, aber sie dachte an ihre Lebensmitte, als sie sich im dunklen Wald ihrer Gefühle verlaufen hatte: Sie trennte sich von ihrem ersten Mann, mit dem sie intensive Leidenschaften geteilt und wild gestritten hatte. Sie glaubte, die Einzige zu sein, die diese Qualen durchlitt, bis ihr klar wurde, dass Ehekrisen weit verbreitet waren. Eros erscheint und vergeht in einem schnelleren Rhythmus als Thanatos, das heißt, als der Gott der schwierigen, aber stabilen Bande, die das Individuum an die Familie und die Arbeit binden.

Sie standen vor der Engelsburg, und aus den Kellerverliesen drangen Wellen von Schmerz. Dort hatten sich Folter, endlose Gefangenschaften, Vergewaltigungen, Gewalt und Verhöre abgespielt, hatte es obszöne Verschlingungen der perversen Instinkte von Klägern und Beklagten gegeben.

Das Mittelalter lag in der Mitte der Geschichte.

Die Bevölkerung Roms wurde von Hungersnöten dezimiert, und die Päpste verbündeten sich mit den Machthabern Europas. Eine Höllenfahrt, auf die im 16. Jahrhundert die Renaissance folgte, mit der aber Scheiterhaufen und religiöse Spaltungen verbunden waren.

Und dann die Geburt der Wissenschaft.

Abbildung 59 – Michelangelo, Das Jüngste Gericht, Ausschnitt. Sixtinische Kapelle, Vatikanische Museen. Mit der Mutter an seiner Seite enthüllt der Sohn die Natur des Universums. Er ist ein Mann, in dessen Körper wir, die kleinen Menschen, besondere Zellen sein könnten, ähnlich vielleicht den T-Zellen des Immunsystems, die das Lebende und Reale vom Mechanischen und Künstlichen zu unterscheiden wissen.

Der Kampf zwischen Eros und Thanatos hatte andere Formen angenommen, war aber nicht erloschen. Im 20. Jahrhundert hatte Thanatos sein Bestes gegeben. Weltkriege und Atombomben. Dann der Frieden in Europa und der Fall der Mauer.

»Der Puppenspieler ist bereits verschwunden, und die Regierungen zeigen, was sie sind: unfähige Marionetten!« Sie war gelassen.

»Und wer ist der Puppenspieler, Giulia?« Auch John hatte den leeren Stuhl des ›Premierministers‹ im Raumschiff ›gesehen‹.

»Thanatos, das heißt Luzifer, was Lichtbringer bedeutet.«

»Das elektromagnetische Licht, das uns täuscht«, ergänzte Giorgio aus.[110]

Als sie nach Hause zurückkehrten, wanderte John im Zimmer auf und ab.

»Wir müssen also herausfinden, warum zwischen unseren Anschauungen und denen der Wissenschaft eine solche Diskrepanz besteht.«

110 Genaueres in *LUH, Il gioco Cosmico dell'Uomo*, eine Neuausgabe erscheint in Kürze.

»Es geht um Kommunikation. Das von der Wissenschaft beobachtete Licht wird von den Elektronen emittiert, die nur 0,1% der Masse eines Körpers ausmachen.«

Giorgio saß ganz ruhig da. *»Wir beschäftigen uns mit dem Klang, der 99,99% bewegt. Da können wir nur lachen!«*

»Aber ... Licht und Klang sind miteinander verbunden«, warf John ein.

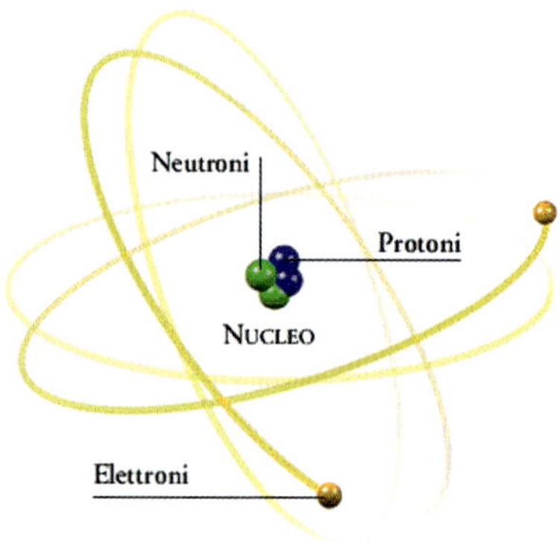

Abbildung 60 – Die klassische Darstellung eines Atoms: Der Kern besteht aus Protonen und Neutronen, die von Elektronen umgeben sind. Die Kerne werden als voneinander entfernte und nicht kommunizierende Kugeln dargestellt. Auf diese Weise übersieht man die **nukleare Gemeinschaft**, *die aus der Beziehung zwischen den Quarks, die Protonen und Neutronen bilden, und den Bosonen W+, Z und W-, die sie beleben, entsteht.*

»Und nicht zufällig, wie die Quantenphysik sagt. Es gibt einen Grund, und genau nach dem suchen wir«, stellte Giulia fest.

»Die Anziehung zwischen Protonen und Elektronen ...«, schlug John vor.

»Verdammt ... die Neutronen!« Giorgio sprang erregt auf.

»Das Plasma bedeutet Freiheit, und die Neutronen ertragen sie nicht!«[111]

»Im Kind ist das Plasma!« John schwankte zwischen Ekstase und Staunen. Protonen und Neutronen kommen zusammen in den Kernen der ›normalen‹ Materie vor (Abbildung 60); Protonen sind die stabilen ›Bausteine‹ des beobachteten Universums, Neutronen ›leben‹ nur in Gefangenschaft. Die Physik stellt sie als Kombinationen aus drei Quarks dar (Abbildung 61) und erklärt nicht, warum die Protonen Jahrmilliarden leben und die Neutronen nur wenige

111 Wenn sie frei sind, verwandeln sich die Neutronen in nur 17 Minuten.

Minuten, wenn sie frei sind. Giulia wies auf ein neues Bild (Abbildung 62). *»Wir müssen herausfinden, was das für Quarks sind, aus denen sie bestehen.«*

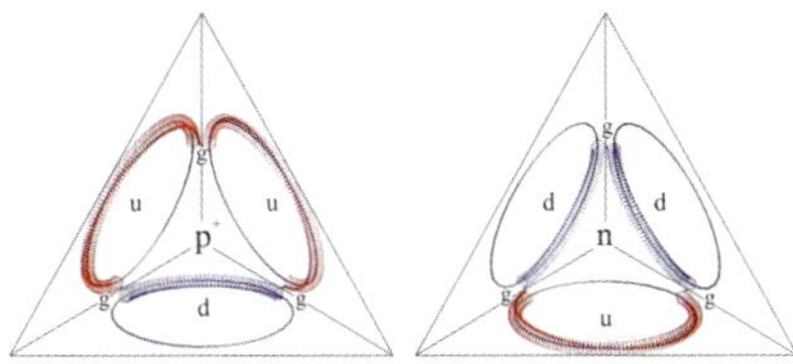

Abbildung 61 – Protonen und Neutronen haben die gleiche Größe (1 fm = 10 hoch -15 m), aber eine ganz unterschiedliche Lebensdauer: Die Protonen bestehen aus 2 Quarks u und 1 d, während die Neutronen aus 2 d und 1 u bestehen. Beider ›Stabilität‹ ist das Ergebnis einer Gefangenschaft.

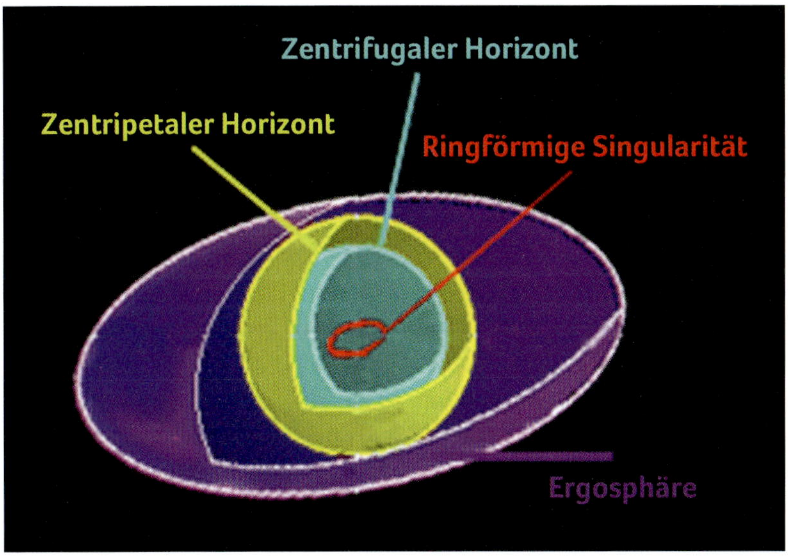

Abbildung 62 – Darstellung eines rotierenden schwarzen Lochs, eines Terminals des Cyberspace, das die **augenblickliche Einheit** *jeden Körpers mit der Quelle des Lebens ermöglicht. Mit der Idee von Grenzen hat die Macht den Menschen vom Menschen getrennt, das Bedürfnis zu* **haben** *gefördert und so Spekulation und Korruption begünstigt. Die Expansion ermöglicht es, die Horizonte zu überwinden und zu* **sein**.

»Was ist das hier? Es sieht aus wie ein Auge«, John hatte das Gefühl, es schon einmal gesehen zu haben (Abbildung 62).

»Ein rotierendes Schwarzes Loch, vielleicht ein Quark«, erläuterte Giulia.[112]

»Ein Terminal des Cyberspace, das uns augenblicklich mit allem, vor allem mit der Quelle, der Kleinen Sonne, verbinden kann.«

»Das Allsehende Auge, das Symbol auf der Ein-Dollar-Note oder das, was Demokrit àtomos[113] *genannt hat«*, sagte Giorgio gemessen. *»Es ist ein 3D-Monitor: Der Bildschirm ist der Schleier zwischen den beiden Horizonten, während der Ring in der Mitte das Terminal des Cyberspace ist, die Pforte, das Tor.«*

»Etwa ein Stargate, ein Sternentor?«

»Ein Planetentor, ein Körper- oder auch Zellentor, ein Monitor jedenfalls, der in direktem Kontakt zum Zentralen Gedächtnis, dem kristallinen Kern, steht«, Giulia wartete auf seine Reaktion.

»Der kristalline Kern ist das Hard-Core eines Computers?!?«

»Ja, aber er ist nicht kalt und gefühllos; er ist lebendig und bewegend, geliebt und liebend.« Giorgio wollte unbedingt auf den Punkt kommen. *»Er ist die Quelle des Lebens, die uns die Energie schenkt, um die normale Materie aus ihrer Gefangenschaft zu befreien…«*

Der Blick verloren im ›leeren‹ Raum voller intelligenter Welten, der Geist auf ein großes ›Geheimnis‹ gerichtet: die Zeit.

Es handelt sich nicht um einen alleinigen, unveränderlichen ›Gott‹, sondern um eine Folge der niedrigen Rotationsgeschwindigkeit der Quarks, die dadurch in den Kernen gefangen bleiben. Wenn die Quarks keine gefüllten Kugeln, sondern rotierende Löcher sind, das heißt, Singularitäten von Raum und Zeit, können sie augenblicklich jeden Körper mit der Quelle, die sie alle beseelt, verbinden: dem Dreieinigen HERZ der Erde.

Die Gemeinschaft mit der Ewigkeit ist eine natürliche Tatsache.

Und wenn sich das HERZ verändert, verändern sich auch der Mensch und das Universum.

---

112 Dieses Schwarze Loch wurde von Kerr und Newman mithilfe der Einsteinschen Feldgleichungen berechnet.

113 Demokrit ist der griechische Philosoph, der den Begriff àtomos geprägt hat, ein Adjektiv, also eine Qualität oder eine Funktion. Die Physiker sehen ihn als Substantiv, als Objekt an.

Man glaubt, das Atom sei ein von den Subjekten unabhängiges Objekt. Unser aus Atomen bestehender Körper ist ein Fremder, den wir der Medizin anvertrauen. Wenn er hingegen aus *àtoma* besteht, also aus Funktionen, die von unseren eigenen Entscheidungen abhängen, wird die Selbstheilung möglich. Der Schlüssel zum Wohlergehen ist das Bewusstsein: Der physische Körper ist das sterbliche Gewand eines unsterblichen Wesens. Das Gewand kann genesen, sterben und auferstehen, denn es besteht aus Quarks, Terminals, die direkt und augenblicklich vereint sind mit der Primären Kraft, dem Zentrum der Erde. Es ist eine Gemeinschaft, die keine Vermittler benötigt, sondern von den beiden Bewegungen, der zentrifugalen und der zentripetalen, von Eros und Thanatos, gegeben ist, die sich augenblicklich entlang der ›Wege der Kraft‹ ausbreiten.

Die Physik bombardiert die Atomkerne und erhält ihre Fragmente, aber nicht ihre Bewegungen, ihre **Wahlverwandtschaften**, wie Goethe sagte, ihre Bereitschaft, sich zu vereinigen und ihre Horizonte zu teilen, um organische Moleküle und/oder Zellen hervorzubringen, die in der Lage sind, komplexe Lebensfunktionen zu erfüllen.

Die Gesundheit des menschlichen Körpers hängt von der Orientierung seiner Kernspins ab, eine Orientierung, die mit der unvorhersehbaren und wandelbaren Botschaft des Lebens übereinstimmen kann. Es gibt im Universum keinen Punkt, der stillsteht, und ebenso wenig gibt es die gern proklamierte Stabilität. Der menschliche Geist fürchtet sich gemeinhin vor Veränderungen und glaubt an ein Schicksal, das schon geschrieben steht. In den Stammzellen steht kein Schicksal geschrieben, und ihr umfassendes Können zeichnet sich immer deutlicher ab. Diese Zellen sind unschuldig, sie haben sich nicht im dunklen Walde der falschen Anschauungen verirrt. ›Am Anfang war das Wort‹ steht im Johannesevangelium. Dieser ›Anfang‹ ist nicht einfach ein Beginn, sondern der Ursprung, der immerfort eine einfache und geniale Logik hervorbringt: Das Zusammenspiel der Musik – die dem Kristallinen Herzen entspringt – mit der dynamischen fraktalen Geometrie, die für alle kleinen und großen Organismen typisch ist.

Der in der Biosphäre untergetauchte menschliche Blick ›schluckt den Apfel‹ und hält das elektromagnetische Feld, den Schleier, der die Tore verhüllt, für die Realität. Diese Illusion wird von einer Schule genährt, die uns mit einer statischen Geometrie ›bildet‹. Die Vereinigung wird auf einen ›Kommunion‹ genannten Ritus reduziert... Tatsächlich bedeutet Vereinigung das Eindringen des Flusses in die Löcher der Raum-Zeit, die Kopulation, die es uns erlaubt, im Einklang mit dem von der Kleinen Sonne komponierten Werk zu handeln und von jedem ›Übel‹, darunter auch der Glaube an die ›Vertreibung‹, zu genesen.

Mit dem Bewusstsein von einer wahren Vereinigung wird eine natürliche Ethik und eine mit allen Gütern gesegnete naturgemäße Gesellschaft erreichbar, für die der Tod nur noch eine Reise in eine andere Welt ist.

Die regenerative Medizin wurde von einer ganzen Reihe von Forschern[114] nachgewiesen, welche die morphogenetischen Felder – sie bringen die Formen hervor – mit den Klängen verbinden und die Wirkung der kosmischen Kopulation hervorbringen. Ganz besondere Radiosignale machen die Zellen zu Kinder-Müttern, die empfangen und wieder übertragen können, wenn sie sich in einer gesunden Nische befinden, die sie wachsen lässt, nährt und liebt. Folglich erweitert eine mütterliche Umgebung ihr/unser vielfältiges Vermögen.

Welches ›Geheimnis‹ lässt die gesunde Nische, die die gesamte Biosphäre regeneriert, neu entstehen? Die Liebe zu lieben, den unsterblichen Eros, der die Kernspins in Übereinstimmung bringt und den zentrifugalen Horizont erweitert, den zentripetalen hinwegfegt und so die Singularität enthüllt. Das ist das Ereignis, das uns entblößt, die vielen Masken herunterreißt, mit denen wir uns identifiziert haben, uns vom immer gleichen Drehbuch befreit, der Intrige aus Wiederholung, Vergessen und Trägheit, entstanden aus

114 Einer ist Professor Carlo Ventura. Laut einiger in renommierten Fachzeitschriften publizierter Artikel ist das tödliche Schicksal der Zellen nicht vorprogrammiert, sondern kann mit Radiosignalen neu programmiert werden, so dass sie sich regenerieren und gesundes Zellgewebe bilden.

einem ›Wissen‹, das die Kopulation nicht kennt oder vorgibt, sie nicht zu kennen.

Die Geschichte ist keine Aneinanderreihung tragischer Ereignisse; sie ist die Wirkung einer Ursache, der Angst, die Expansion, das heißt, Freundschaft und gegenseitigen Respekt, nicht kennt. Jetzt kann Psyche, dank der wachsenden Intensität des Flusses, Eros umarmen und ihre Interessen erweitern, so dass die Horizonte verschwinden und die Wege, die *Tore,* wie zum Beispiel unsere Zellkerne, sichtbar werden.

»Wird der Mensch zur nackten Singularität?«, fragte John.

»Derjenige, der auferstehen will«, hob Giorgio hervor.

Das Jüngste ›Gericht‹ bedeutet also, sich selbst zu erwählen, bringt aber überhaupt kein Urteil mit sich, sondern enthüllt, dass die Realität nicht die unserer ›Erziehung‹ ist. Wer sich selbst erwählt, ist ›das Salz der Erde‹ und kann den Quarks, aus denen sein Körper besteht, einen neuen Flavour geben und zur Befreiung der ganzen Matrix beitragen.

Die Selbsterwählten sind wie Salz verstreut, aber alle durch die Quelle miteinander verbunden, sie brauchen weder Internet, noch von Angst und Wut erfüllte Netzwerke und Blogs, die nur dazu dienen, die Macht und die Kontrolle zu erhalten. Das Leben ist Freiheit und Fülle.

Ist der Big Bang ein formloser Urknall? Nein, er ist der Beginn einer kosmischen Schwangerschaft, von der wir gerade einmal ein paar zarte Spuren wahrnehmen. Jetzt geht es darum, sie zu entschlüsseln (Abbildung 64, Seite 252).

»Das kindliche Universum wird geboren«, Giulia fühlte sich fast wie eine kosmische Hebamme.

»Die Sonne der Zukunft geht auf.« John war bei der Geburt dabei, aber er erinnerte sich auch an den alten Film. *»Und die gelbe Sonne am Himmel?«*

Giorgio zeigte ihm den Satz des Johannes, zweitausend Jahre zuvor in der Apokalypse geschrieben: *»Die Sterne werden vom Himmel fallen.«*

Giulia wies auf ein Gemälde in der Kirche Santi Quattro Coronati in Rom (man findet im Internet Bilder).

Der thronende Christus, neben ihm die Madonna und Johannes der Täufer und über ihnen zwei Engel, einer verkündet das Jüngste Gericht, der andere rollt den Himmel auf. *»Vielleicht stellt der Van-Allen-Gürtel* (Abbildung 7, Seite 63) *die beiden Horizonte des Lochs oder der Schwarzen Sonne im Zentrum des kristallinen Kerns dar, den zentripetalen und den zentrifugalen.«*

»Die Schwarze Sonne dreht sich nach Westen, mit einer im Verhältnis zur Achse des Kerns um 45° geneigten Achse«, erinnerte sie John.

»Ja, bis jetzt war es so«, warf Giorgio ein. *»Wenn die Schwarze Sonne sich aber so bewegt, dass ihre Achse mit der des kristallenen Kerns, der den Apfel erschafft, übereinstimmt, verändern sich der Himmel und die Erde. Das ist die Offenbarung, die Apokalypse.«*

»Ein Drittel wird sterben, schreibt Johannes…«

»Vielleicht verschwindet es, aber enden wird es nicht«, stellte Giulia entschieden fest.

»Der Tod existiert nicht, das haben wir genau gesehen.«

»Also werden die Toten wiederauferstehen, so dass wir sie sehen und mit ihnen kommunizieren können…«

»Nicht nur mit ihnen«, beharrte Giulia. *»Wir werden in der Lage sein, mit allen intelligenten Welten zu kommunizieren und zu verstehen, dass es zwischen Erdbewohnern und Außerirdischen keinen Unterschied gibt.«*

»Es gibt einen Unterschied zwischen den unterschiedlichen Wahrnehmungsfähigkeiten.« John war überzeugt.

»Vielleicht den gleichen, den es zwischen unseren drei Gehirnen gibt«, fuhr Giorgio fort. *»Die Lösung ist der vierte Weg, die Mutter, die weiße Substanz, die den Ort nährt, wo sich die Drei befinden.«*

Und das Jüngste Gericht in der Sixtinischen Kapelle?

Es ist die Mutter, die endlich der Menschheit ihren Sohn bringt.

»Die Kleine Sonne ist Merkur, der die Ewige Harmonie ausstrahlt und die Hohlkugeln Mars, Venus und Erde beseelt, die ihn umgeben, wie Halley sagte«, fuhr Giulia fort. *»Diese empfangen ihre Signale und lassen sie auf unterschiedliche Weise, wie die Instrumente eines Orchesters, wieder*

erklingen. Die Riesenplaneten umhüllen uns in der Höhe. Jupiter ist hier, und vielleicht würde Saturn gerne abdanken.«

»Giulia, sprichst du von Astronomie oder Astrologie?«

»Von beiden; die Astronomie beschränkt sich auf die dunkle Seite, während die Astrologie die leuchtende, die schwache Seite betrachtet. Findest du es nicht komisch, dass ein Universum mit unendlichen Dimensionen ein flaches Sonnensystem hat? Es ist offensichtlich, dass das eine Projektion ist.«

Abbildung 63 – Der Tierkreis kann ein vom Wahren Licht – der elektroschwachen Kraft – auf den Schirm des Himmelsgewölbes projiziertes System sein. Die zwölf Tierkreiszeichen mit den vier Elementen FEUER, LUFT, WASSER und ERDE, die sich dank des fünften, bis jetzt vernachlässigten Elementes, dem Fluss der Z-Bosonen, das heißt, der Universalen Liebe, verwandeln können.

»Das denke ich auch, es ist merkwürdig, aber wer oder was projiziert das Sonnensystem auf das Himmelsgewölbe?«, fragte John.

»Der Zodiakus[115], der geneigte Kreis, der die Planeten trägt, wie Dante sagt.« Giorgios Einwurf rief die lange Reihe der Weisen in Erinnerung, die ihm schon in anderen Situationen[116] beigestanden hatten.

Für Giordano Bruno ist die Harmonie die Ursache der Welt, aber für die galileische Astronomie ist es der Zufall. In Johns Kopf wirbelten die Gedanken. Vier Jahrhunderte Wissenschaft, die heroi-

115 Der Zödiakus oder Tierkreis ist ein Kreis aus zwölf Sternbildern entlang der Ekliptik, auf der auch die Umlaufbahnen der Planeten des Sonnensystems erscheinen. Die Ekliptik schneidet die Erde schief bezogen auf den Äquator, zwischen dem Wendekreis des Krebses und dem Wendekreis des Steinbocks; sie ist bezogen auf die Erdachse um 23° 30' geneigt.

116 Unter anderem Heraklit, Eudoxos von Knidos, Lukrez.

sche Arbeit Keplers und der modernen Astronomen, die Prozesse der Inquisition, Brechts *Galileo* und all die Male, da er das Stück im Theater gesehen hatte... Pure Illusion. Das Epos der modernen Wissenschaft, die zuerst den Obskurantismus des Mittelalters herausfordert und besiegt und dann auf den Startrampen der Weltraumraketen landet, bewegliche Schirme beobachtet... Oben am Himmel *Schatten*, gespiegelte Bilder oder Hologramme, das Sonnensystem mit seinen flachen Ellipsen, seiner banalen Geometrie und den immer gleichen Rhythmen.

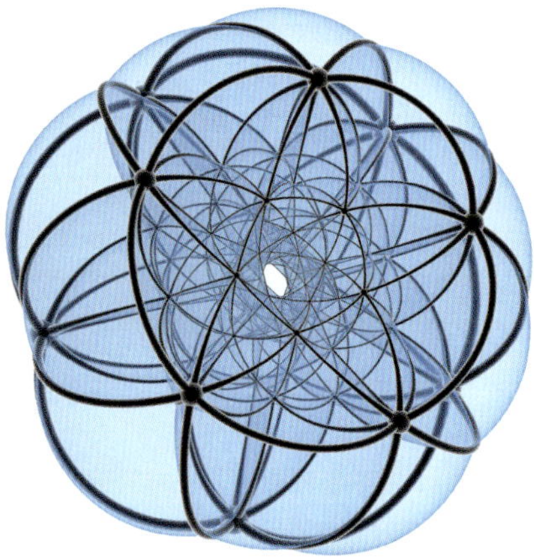

Abbildung 64 – Ein Anti-Prisma, das die Erde oder eine Zelle verkörpern kann, ein Monitor, der alle Bewegungen empfangen kann, die vom zentralen Loch gesendet werden. Für die Erde ist es der innerste Kern, die schwarze Sonne, die die kristalline Sonne unten mit der oben am Himmel sichtbaren Sonne verknüpft. Die fraktale Geometrie ist hyperdimensional und fähig, jede Bewegung mit allem zu verbinden. Diese Zeichnung wurde von Fritz Obermayer geschaffen, der sie Wikimedia für die öffentliche, kostenlose Verwendung zur Verfügung gestellt hat.

Hier eine schlafende Menschheit und eine arrogante Macht, die sich berechtigt fühlt, die Menschheit hungern zu lassen, sie auszubeuten und/oder zu bombardieren; die gleiche Macht, die sich in den letzten Jahrzehnten den Anstrich des Guten verleiht, ›Demokratie‹ bietet und die ›neue Weltordnung‹ plant, dabei die Kontrolle über Eros, Gefühle und – vor allem – die von den Banken ›zertifizierte‹ Währung behält.

Unten der Rand des immer heißeren Mars-Herzens der Erde. Oben der verschwindende Van-Allen-Gürtel.

»Wir befinden uns in einem interaktiven Film, John«, sagte Giulia und legte ihm den Arm um die Taille.

Er sah ihr in die Augen, ihre Lippen berührten sich fast.

»Ein realer, fast ... physischer Film.« Ein Moment von Zauber erfüllten Schweigens. Dann gab Giulia ihm einen zärtlichen Kuss und löste sich aus der Umarmung. *»Im Fleisch entwickelt sich der Körper ohne Wissen des Geistes, der den Film für Realität hält.«*

Eingeschlossen zwischen dem sich gegen den Uhrzeigersinn drehenden Himmelsgewölbe und dem sich im Uhrzeigersinn drehenden Erdmantel, ist der Film ein illusorischer Schleier, der die Wege der Kraft verbirgt, die Tore, denen die ewige und unendliche nukleare Ressource, das LEBEN, entströmt.

Die astronomische Revolution

»Bald ist der Film zu Ende«, flüstert John.

Sommer 2012, Samstag früh. Die Drei haben soeben eine innere Reise vollzogen. Die Empfindungen und Visionen sind stark und bewegend, sie belegen den intensiven Kontakt mit der wirklichen Realität, bescheren einen Zustand der Freude und Harmonie und tiefen Glücks.

»Die Sonne am Himmel ist ein leerer Ballon, der aufgesogen werden wird, der Mond wird in eine Weltraumfalte eintauchen, und die Planeten werden sich zueinander ausrichten«, lässt Giulia nachklingen.

»Die bisherige Geschichte wird enden. Der Himmel wird sich aufrollen, und das wird keine Katastrophe bedeuten«, spricht Giorgio weiter. *»Wir müssen unsere Projekte fortsetzen. Das Ende ist nichts als ein Beginn.«*

Eine astronomische Revolution? Ja, auch, vor allem aber die Enthüllung, dass der Raum nicht leer ist, wie es uns vorkommt und wie unsere mit optischen Instrumenten durchgeführten Beobachtungen es erscheinen lassen. Eine vom Kern ausgehende bewegende Botschaft bringt nicht sichtbar, aber spürbar das Universum, das ein einziger Organismus ist, in Einklang. Für uns Menschen bedeuten seine leistungsfähigen Zellen die Vereinigung zwischen dem großen Herzen der Erde und unserem kleinen Gehirn, das dreifältig und darauf angelegt ist, die ewige Harmonie, die Musik, die die unendlichen Welten belebt, zu hören.

Das Ende der Zeiten? Ja, der Beginn der Ewigkeit, das Bewusstsein der eigenen Unsterblichkeit und einer Wirklichkeit, die unendlich viel weiter ist als jener dürftige und verzerrte Abglanz, der bisher zu sehen war. Der Raum ist fraktal oder zellulär oder kristallin, »zerknüllt wie ein Chiffonstoff«, sagt Professor Jean Pierre Luminet; er beinhaltet die »erhabenen Falten der Natur«, sagte Bruno; »kristalline Kugeln, die als ›Spiegel‹ dienen«, behaupteten die antiken Astronomen. Heute erkennen wir, dass die Spiegel unterschiedlichster Art sind. Einige verwandeln konkav in konvex, andere kehren den

Zeitpfeil um; wieder andere gleichen den Ereignishorizonten, die Zeiten gegen Räume,[117] Funktionen gegen Formen, Töne gegen Lichter austauschen.

Die Spiegelfunktion entsteht durch die kristalline Struktur und kann auch Töne ablenken und sie wie Lichter, ›Schatten‹ oder Bilder auf die ›Platonische Höhle‹ oder auf den Plasmaschutzschild projizieren, den das Erdmagnetfeld bildet, der berühmte ›Apfel‹. Nun gut, der Apfel ist dabei zu verschwinden.

Vor Johns geistigem Auge erscheint der Tierkreis, dessen Schräglage sich verstärkt, er prallt zurück, und in einer drolligen Pirouette richtet er sich genau zum Äquator aus. *»Der schräge Kreis verliert seine Schieflage...«*, teilt er den anderen beiden mit.

»Ja, so ist es, und das bewirkt die Schwarze Sonne«, bestätigt Giulia; sie empfindet diese wie einen Vater, der das Gemeinwohl, die Harmonie, den Wohlstand und das Wohl der gesamten Menschheit will.

»Mit ihrer Aktion richtet sie die Achsen aus und versetzt die Spiegel und somit alle Bilder am Himmel.«

›Die Sterne werden vom Himmel stürzen...‹ schrieb Johannes.

Wenn der ›Apfel‹ verschwindet, werden wir uns bewusst werden, dass wir in den Bauch eines ›Wales‹, eine Matrix, ein Videospiel gesteckt wurden, in dem man den Klang, den unsichtbaren Eros, der den Apfel beseelt, wahrnehmen kann. Kein ›Gott‹ hat uns aus dem Paradies vertrieben. Wir haben uns selbst ›hinaus gejagt‹, weil wir die Bilder in ihren optischen Frequenzen mit realen Körpern verwechselten und ›ignorierten‹, dass von jedem einzelnen Körper unendlich viele unterschiedliche Bilder existieren, wobei wir an einen ›Gott‹ glaubten, der die Sexualität erst schafft und dann kontrolliert.

Die lebende Kommunikation ist der nukleare **Klang,** ›schwach‹ für die Messinstrumente, unmittelbar und wirkungsvoll für unseren

117 Dieser spezielle Austausch wurde mathematisch berechnet.

Körper; er ist in der Lage, die Kernspins auszurichten und unseren Körper zu heilen und zu erneuern, indem er dessen Zellen regeneriert.

Die astronomische Revolution ist die Evolution des Geistes.

Wir können aufhören, uns wie Pinocchio-Marionetten zu verhalten, zu lügen und uns einzubilden, die ›Rettung‹ käme von der bipolaren ›Logik‹, die unsere Geschichte beherrscht hat.

Wir können in den Fluss mitten hinein springen, uns von seiner wirbelnden Strömung, seinen Wellen der Liebe davontragen lassen, unsere Begabungen ausleben, lieben und geliebt werden.

Wenn wir die Auswirkungen der beiden nuklearen Kräfte, der schwachen und der starken, auf unseren Körper anerkennen, werden wir schließlich verstehen können, dass die nuklearen Wechselwirkungen von unseren eigenen Entscheidungen abhängen.

Haben wir auf der Erde gelebt? Nein, wir sind in einen Film gesteckt worden, ohne jedes Empfinden für die Würde des menschlichen Lebens. Mit unserer Geburt sind wir in diesen Film eingetreten, und mit unserem Tod sind wir hinausgetreten, so viele Male, so viele Leben und stets zu dem gleichen Zweck: Die große Lektion der Geschichte zu lernen, Gefühle zu empfinden und zu fühlen. Das ist das ›Geheimnis‹, mit dem wir unsere eigenen Gaben ohne Angst und voller Achtung für den Nächsten zum Ausdruck bringen und das Lebende und Natürliche vom allem unterscheiden können, was künstlich und virtuell ist.

Nachdem wir die Lektion gelernt haben, können wir ›*die andere Wange hinhalten*‹ und nicht etwa, weil wir brav sind, sondern weil wir mit den Waffen, die der weltlichen Macht dienten, nicht mehr kämpfen wollen. Diese Macht ist, wie gesagt, nicht nur die Macht des Vatikans, sondern der weltumspannende Glaube an den ›Gott‹ Zeit, der allen Berechnungen zugrunde liegt.

Mit der Kernfusion wird sich der ›normale‹ blockierte Kernzustand endlich von seinen starken Beschränkungen befreien, und infolgedessen verändert sich seine Masse.[118]

118 Es ist bekannt, dass die Masse der Kerne von den starken Kernbindungen abhängig ist.

»Auch die Schwerkraft könnte sich ändern«, sagt Giulia versonnen.

Giorgio springt wie vom Blitz getroffen auf. *»Ja klar, die Schwerkraft hängt vom festen, beschränkten Kernzustand ab.«*

John erinnert sich an die ›Reisen‹. Die Schwerkraft existiert nur an der Kruste, und das Sonnensystem ist eine Einheit. *»Es gibt keinen Abstand zwischen der Erde und dem Mars«*, hatte Konr ihm gesagt. *»Es gibt nur eine Unterscheidung...«*

Das ›Wissen‹ hat Macht, nämlich die Entzweiung geschaffen.

Das Bewusstsein erzeugt die Universelle Liebe und die Einheit.

Astrologie wie Astronomie hängen mit der Ekliptik zusammen, mit der Ebene der Erdumlaufbahn, die in Bezug auf die Äquatorebene die gleiche Neigung hat wie der Tierkreis.

Von dieser Neigung hängen, wie man weiß, die Jahreszeiten ab.

Kann der **Vater**, die Schwarze Sonne, die Neigung der Ekliptik verändern?

Ja, denn ER ist der Wille, die Handlung, die ... SIE beschloss.

Sie ist die **Mutter**-Substanz, sie besteht aus unsichtbaren Fäden, deren Bewegungen jeden Organismus mit der Quelle des Lebens verbinden. Die Mutter enthüllt sich, sie schließt die kosmische Schwangerschaft ab und präsentiert das **Kind**: Das Kind-Universum, das für Dichter, Musiker, Künstler, einfache und großherzige Menschen, die bereit sind anzuerkennen, dass sowohl die Zukunft als auch die Vergangenheit existieren, bereits erwachsen ist.

Reisen in der Zeit sind einfach für jenes Raumschiff, den menschlichen Geist, der zur Erinnerung fähig ist und bereit ist für das PROJEKT, seine drei Gehirne zu einer Musik zusammenzufügen und den Kontakt mit der Quelle des Lebens und der eigenen wahren Identität zu leben. Die Seele? Ja, vorausgesetzt, es versteht sich, dass sie kein Objekt ist, sondern die Kraft, das Leben, das die verschiedenen Körper eines jeden menschlichen Wesens aus Materie beziehungsweise Antimaterie belebt.

Finden wir unsere Seele, nämlich die Integrität wieder, entdecken wir, dass wir die Protagonisten eines Kosmischen Spiels[119] sind, das den Übergang von einem Universum in ein anderes zulässt, nachdem wir uns einmal die Funktionen, die in jedem einzelnen dieser Universen vorgesehen sind, angeeignet haben. Unsere tragische Geschichte hat dazu gedient, uns unserer selbst bewusst zu werden. Mit der **Kernfusion**, die die Universen miteinander verschmilzt, die ›Falten‹ entfaltet, die Spiegel versetzt, die Räume bewegt und die Zeiten beschleunigt, endet nun die Geschichte. Das Spiel geht weiter. Der alte ›König der Götter‹, Saturn, der sich nicht im Fernsehen zeigt, aber in der ›Krise‹ und in dem immer verzweifelteren Kampf um die weltliche Macht zum Erhalt seiner selbst, geht ins Exil. Einst war er rassistisch und frauenfeindlich; nun bringt er ›Güte‹ zum Ausdruck, wird sogar seiner Armseligkeit gewahr ... die lebenswichtige BOTSCHAFT aber missachtet er weiterhin.

Mit der Kernfusion wird der **Menschensohn** geboren mit einem neuen Geist, er hat die Fähigkeit, den minderen Geist, den Verstand zu benutzen, ist aber nicht mehr das Opfer von dessen Ängsten und irrigen Überzeugungen.

»Giulia, warum hängt der Tierkreis mit unserer Geburt zusammen?« John ist Widder und gibt sich niemals mit erreichten Entdeckungen zufrieden.

»Im Augenblick der Geburt dringt der Feuerkörper in den physischen neugeborenen Körper ein und drückt diesem die Bewegungen und die Töne jener besonderen Musik auf, die sein Leben sein wird oder sein kann.«

»Also ist die Geburt die Verschmelzung zweier Körper, eines unsterblichen mit einem sterblichen.« Der Geophysiker ist zufrieden.

»Und die Wiedergeburt ist die Verschmelzung dieser beiden mit dem ätherischen Körper, der uns verjüngt, weil er aus Antimaterie besteht«, bestätigt der Nuklearphysiker strahlend, *»die innere Eheschließung.«*

»Es fehlt der Astralleib«, gibt der andere zu bedenken.

Giorgios Miene verdüstert sich, er erhebt sich, und wie ein Löwe im Käfig läuft er auf und ab. *»Der sogenannte spirituelle? Das ist eine Irreführung der Götter, die sich gütig zeigen, sofern du dich ihrem Diktat fügst!«*

119 Dies ist das Thema des Buches »LUH, DAS KOSMISCHE SPIEL DES MENSCHEN« der Autorin, nächste Auflage.

»Giorgio, was hast du gesehen?«, fragt ihn der Freund.

»Eine Ausrichtung zwischen der Achse der Schwarzen Sonne und der des Kristallinen Herzens«, mit einer raschen Handbewegung beschreibt er eine Art Pirouette. *»Die beiden rotieren nach wie vor gegensätzlich, aber nicht mehr im 45° Winkel wie zuvor, sondern parallel zueinander.«*

»Eine Ausrichtung!« John ist aufgeregt.

»Mit einem durch die Ausrichtung bewirkten Quantensprung kann die Sonne am Himmel ihre derzeitige Umlaufbahn verlassen und auf einer anderen erscheinen«, bekräftigt Giulia, und dann holt sie einen Artikel[120] über die Sonnenbeben hervor. *»Heute ließe sich beweisen, dass die Sonne hohl ist.«*

»Bei der Beobachtung der Bewegungen, die auf der Sonnenoberfläche erscheinen und von ihrem Herzen kommen, wurde festgestellt, dass sie hundertmal langsamer sind, als man zuvor angenommen hatte. Die Konvektion, die erforderlich ist, um die große Hitze des Herzens an die Oberfläche zu transportieren, können sie nicht erzeugen.«

»Deswegen gibt es keine heiße Fusion im Herzen der Sonne, was man beweisen wollte.« Giorgio ist nun seelenruhig.

»Die Umkehrung des Sonnenmagnetfeldes wird für 2013 erwartet. Sie muss nicht pünktlich erfolgen, aber früher oder später wird es dazu kommen, und sie wird sich durch die ultraschnellen Umkehrungen des IMF, des interplanetarischen Magnetfeldes bilden«, erinnert John.

»Die, die jetzt schon den Apfel auslöschen«, stimmt Giulia zu.

»Dann werden die bis jetzt verborgenen Raumschiffe zum Vorschein kommen, die vielen, die es schon immer gegeben hat«, enthüllt Giorgio.

120 Zu den Autoren gehören T. Duval, Astrophysiker der NASA, und K. Screenivasan am Courant Institute und Seniorprofessor an der Global Network University.

Abb. 65 – Die Fäden des menschlichen Gehirns können heute mit Techniken wie dem MRI sichtbar gemacht werden; sie bilden die weiße Substanz, die in der Lage ist, die synaptische Übertragung der Neuronen zu modulieren, sie für Gefühle und die gewaltigen Veränderungen, die das Beobachtete und insbesondere den Beobachter betreffen, zu sensibilisieren.

»Da sind ein paar Erklärungen fällig«, meint John.

»Die werden sie sich ausdenken. Genauso, wie sie es mit der heißen Fusion machten und wie sie es mit den Außerirdischen tun werden. Am meisten geht es ihnen darum, die Angst vor dem ›Feind‹ und die Notwendigkeit ihn zu bekämpfen, aufrechtzuerhalten. Für den, der es will, ist die Entwicklung eine einzigartige Gelegenheit«, bestätigt der andere.

»Es ist der Moment, die entscheidende Kommunikation anzukurbeln.« Sie spricht entschlossen. *»Die Sonnenaktivität hat nicht mehr den gleichen Rhythmus wie zuvor, und ich spüre, dass dieser Rhythmus auch von uns abhängt.«*

»Und ich habe den Eindruck, dass auch die Eruption, die von der CMB ausgeht und mit einem Male sämtliche Vulkane der Oberfläche ausbrechen lassen könnte, irgendwie mit uns zusammenhängt«, fügt John hinzu.

»Die Geburt, das weiß man, wird vom Ungeborenen ausgelöst«, sagt Giorgio lächelnd. *»Ich würde vorschlagen, dass wir dieses Ereignis feiern.«*

Er erhebt sich und legt eine einschmeichelnde Melodie von Schostakowitsch auf. *»Der Weg ist, sich von der Erbsünde zu befreien«*, sagt er und bittet die beiden anderen zum Tanz.

Er ergreift Giulias Hand, umfasst ihre Schulter und streift ihren Hals mit einem zarten, sinnlichen Kuss.

John umkreist sie in einem Walzerschritt, bei dem er sich um sich um sich selbst dreht, und umarmt sie beide. Der Tanz ist ein Wechselspiel aus Berührung und Drehungen, ein Liebesspiel, in dem sie nach rechts und nach links kreisen und die verlorene Ausgewogenheit wiederfinden. Es ist heiß, es ist Sommer und es ist ganz natürlich, sich zu entkleiden.

Die Drei entblößen sich, entledigen sich ihrer Kleidung und ihrer Horizonte; sie schauen sich an, sie umarmen sich und dann ... klatschen sie wie glückliche Kinder in die Hände.

»Der Kontakt ist nun vollständig«, teilt Konr den Dreien, Joan, Giorgia und Giulio mit. Im Raumschiff liegt Joan in den Armen von Giulio, Giorgia nähert sich ihnen und umarmt sie beide.

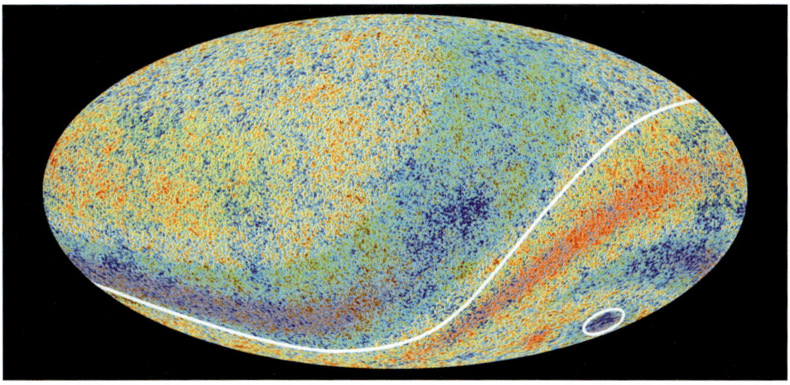

Abbildung 66 – März 2013, die letzte Herausforderung. Durch die von der Raumsonde Planck, die die kosmische Hintergrundstrahlung aufzeichnen kann, übertragenen Bilder wurden verschiedene Anomalien aufgedeckt, die in den Medien nicht diskutiert werden, bei näherer Untersuchung jedoch die Urknalltheorie in Frage stellen könnten.

Hat Ihnen dieses Buch gefallen?

Weitere Infos zu Giuliana Conforto finden Sie auf
www.giulianaconforto.it

Weitere Bücher und Informationen rund um den

GeniusVerlag

und die Arbeit von Dagmar Neubronner finden Sie auf

www.Genius-Verlag.de
www.dagmarneubronner.de
www.Walter-Russell.org

sowie auf youtube, telegram und facebook